Stacy Cretzmeyer

Ruths Geschichte

Stacy Cretzmeyer

Ruths Geschichte

Die abenteuerliche Rettung eines jüdischen Mädchens

Vorwort von Beate Klarsfeld
Aus dem Amerikanischen von Michaela Link

Herder
Freiburg · Basel · Wien

This translation of „Your Name is Renée“,
originally published in English in 1999,
is published by arrangement with Oxford University Press, Inc.
Titel der Originalausgabe: „Your Name is Renée.
Ruth Kapp Hartz's Story as a Hidden Child in Nazi-Occupied France“, 1999.
Übersetzung aus dem Englischen
mit freundlicher Genehmigung von Oxford University Press, Inc.

Gedruckt auf umweltfreundlichem,
chlorfrei gebleichtem Papier

Satz: Rudolf Kempf, Emmendingen
Herstellung: Freiburger Graphische Betriebe 2001
ISBN 3-451-27609-7

Dieses Buch widme ich meinen lieben Eltern,
dank deren Mut, Stärke und Weitblick
wir die finsteren Jahre von 1939 bis 1945
überstanden haben.

Ich widme es auch meinem Mann, Harry,
der mir den Mut und die Liebe gab,
meine verlorene Kindheit wiederzufinden.

Und schließlich widme ich es meinen
Kindern, Diane und Eric, und deren Kindern,
damit sie erfahren, was sich zugetragen hat.

Ruth Kapp Hartz

Inhalt

Vorwort

Im Juni 1940 lebten zum Zeitpunkt der Niederlage Frankreichs annähernd 320 000 Juden im Land. Vier Jahre später, nach der Befreiung, war ein Viertel dieser Menschen umgekommen: 76 000 waren deportiert, 3000 in französischen Lagern interniert und 1000 hingerichtet worden. Die Hälfte der 320 000 Juden waren Franzosen, viele davon naturalisiert. Die andere Hälfte waren Ausländer. Manche davon waren in den zwanziger Jahren, nach dem Ersten Weltkrieg, nach Frankreich gekommen, als das Land Arbeitskräfte brauchte. Andere wiederum waren aus Hitlers Deutschland oder dem angeschlossenen Österreich geflohen. Für die jüdischen Flüchtlinge aus Deutschland und Österreich war die Gefahr der Verfolgung und Vernichtung am größten.

Am 2. September 1939, zu Beginn des Krieges, wurden im ganzen Land alle Männer, die Frankreich als „Staatsangehörige von Feindstaaten" betrachtete, in Lagern interniert. Verdächtige Frauen legte man in Südfrankreich im Lager von Rieucros in Lozère zusammen. Im Mai 1940, als die Deutschen in Frankreich einmarschierten, wurden weitere Frauen und auch Kinder in großer Zahl unter Arrest gestellt; die meisten davon kamen in das Lager Gurs in den Pyrenäen. Zwar wurden nach dem Waffenstillstand viele wieder auf freien Fuß gesetzt, doch nur wenige Monate später, am 4. Oktober 1940, ermächtigte die judenfeindliche Gesetzgebung in Marschall Pétains Vichy die Präfekten, „Ausländer jüdischer Rasse" nach Belieben festzunehmen und in speziellen Lagern gefangen zu halten.

Wiederum füllten sich die Lager mit unschuldigen Opfern. Mancher, der noch vor einem Jahr als Deutscher oder Österreicher interniert worden war, wurde nun, da Frankreich mit den Nazis kollaborierte, als „Ausländer jüdischer Rasse“ eingesperrt.

Für die kleine Ruth beginnt die Saga ihrer deutsch-jüdischen Familie 1941 in Toulouse, im unbesetzten Frankreich, das von Vichy aus regiert wurde und wo es keinen einzigen deutschen Soldaten gab. Auch dort waren Tausende ausländischer jüdischer Familien in Lagern interniert, manchmal unter unmenschlichen Bedingungen. In der besetzten Zone begann man im Mai 1941, Lager zunächst lediglich für jüdische Männer einzurichten. Ab Juli 1942 allerdings wurden auch jüdische Frauen und Kinder inhaftiert.

Ruths Geschichte ist beispielhaft; sie fügt sich nahtlos in den historischen Kontext ein. Ruths Familie bestand aus ihren Eltern – Benno und Elisabeth Kapp –, dem Bruder ihres Vaters – Heinrich – sowie dessen Frau Sophie mit der gemeinsamen Tochter Jeannette, und dem Bruder ihrer Mutter – Oscar Nussbaum –, dessen Frau und den gemeinsamen Kindern Evelyne und Raymonde.

Im Frühjahr 1942 befanden sie sich alle im Südwesten Frankreichs. Heinrich und Benno waren gerade aus Marokko zurückgekehrt, wo sie der Fremdenlegion beigetreten waren, um ihre Familien davor zu bewahren, als Deutsche verhaftet zu werden. Als deutsche Juden gehörten die Kapps und Nussbaums zu den bevorzugten Opfern des kriminellen Antisemitismus des französischen Staates, des Staates Pétains. Pétain war nicht Unteroffizier wie Hitler, sondern ein berühmter „Maréchal de France“, den fast jeder in Frankreich anbetete – auch die kleine Ruth, die trotz großer Vorbehalte ihrer Eltern die Erlaubnis bekam, bei der Straßenparade des Marschalls bei seinem Besuch in Toulouse dabei zu sein.

Bei Kriegsende hatte die Familie im engeren Sinne zwei Opfer zu beklagen – zwei von zehn. Die Verlustrate für die gesamte jüdische Bevölkerung Frankreichs lag bei eins zu vier. In ganz Europa entsprach der Anteil der Kinder an den deportierten Juden dem der Kinder an der gesamten jüdischen Bevölkerung, nämlich dreiundzwanzig Prozent, aber in Frankreich belief er sich nur auf vierzehn Prozent. Woher rührte dieser Unterschied? Gewiss nicht daher, dass Vichy jüdischen Kindern gegenüber Gnade hätte walten lassen. Ausschlaggebend war vielmehr, dass man von einem anderen Frankreich beobachtet wurde, ja, dass außerhalb des Landes das wahre Frankreich General de Gaulles an der Seite der Alliierten kämpfte. Die Kinder sind durch das Eingreifen aufrechter Menschen gerettet worden, die es nicht ertragen konnten, mit anzusehen, wie ihr Land seine Tradition an Ehre und Gastfreundschaft mit Füßen trat, indem es Tausende jüdischer Familien an ihre schlimmsten Feinde auslieferte – Feinde, die aus ihren verbrecherischen Absichten keinen Hehl machten. Die Geschichte von Ruth/Renée ist die Geschichte der Rettung der Juden. Es ist ein persönliches Schicksal, das stellvertretend für die kollektive Geschichte derjenigen ausländischen Juden steht, die ihrer Deportation und den Gaskammern entrinnen konnten – obwohl es doch so einfach gewesen wäre, jeden einzelnen von ihnen zu denunzieren.

Der französische Beamte, der atemlos herbeigelaufen kam, um die Kapps vor der am 26. August 1942 bevorstehenden Razzia zu warnen, gehört ebenso zu dieser Geschichte wie die Schutzengel, die in St. Juéry in Aveyron über Benno, Elisabeth und die kleine Ruth wachten, wo sie zuerst Zuflucht bei Onkel Oscar fanden und dann direkt gegenüber auf dem anderen Ufer des Tarn in Arthès. Diese Engel waren die Familien Fedou und Valat, zwei typische französische Familien. Wenn Henri Valat auch den gleichen Schnurrbart trug wie der Maréchal, so unterschied er sich von diesem doch durch das Mitleid, das er den Kapps entgegenbrachte. Ruths Charme und Phantasie waren vermutlich der Schlüssel, der die Herzen und das Haus der Valats aufschlossen.

Doch natürlich herrschte weiterhin Gefahr. Die Razzien der Gestapo schlossen sich unmittelbar an jene der Vichy-Polizei an. Aber von einigen wenigen Kollaborateuren abgesehen organisierte sich die Bevölkerung, um die Juden zu schützen, die in der Region Unterschlupf gefunden hatten. Als die Gefahr immer bedrohlicher wurde, brachten die Eltern Ruth bzw. Renée und ihre jüdischen Freunde Jean-Claude und Emmy in einem katholischen Waisenhaus in Sorèze bei Castres unter. Die Mutter Oberin schützte sie vor den Razzien der deutschen Polizei, die manchmal dort erschien und die Herausgabe dort vermuteter jüdischer Kinder verlangte.

Ruths Geschichte ist auf ihre klare, einfache Weise erschütternd. Über alle Hoffnungen, Schrecken, Wiedervereinigungen und Trennungen hinweg ist es die Geschichte eines Kindes, das niemals vergaß, dass es jüdisch war. Es ist zugleich die Geschichte vieler Kinder, die vor dem Holocaust bewahrt blieben, und Tausender von Kindern, die auf ähnliche Weise überlebten, bis sie schließlich dennoch Opfer des Judenhasses wurden. Die Geschichte und die Einzelschicksale dieser versteckten und umgekommenen Kinder sind auf den zweitausend Seiten des Buches „French Children of the Holocaust" festgehalten. Die Geschichte eines versteckten und geretteten Kindes dagegen finden wir in diesem Buch, Ruths Geschichte, einem Buch, das jeder lesen sollte, der die komplexe Situation im damaligen Frankreich und die Bedingungen, unter denen die Juden dort überleben konnten, verstehen will.

Beate Klarsfeld

Vorbemerkung

Die Umstände meiner Zusammenarbeit mit Ruth Kapp Hartz sind selbst der Stoff für eine Geschichte – eine Geschichte, die unser beider Leben verändert hat. Seit wir zusammen auf zahlreichen Lesungen versuchen, Kindern, Jugendlichen und Erwachsenen die Erfahrungen der in der Nazi-Zeit versteckt gehaltenen Kinder und den Beitrag von nichtjüdischen Bürgern zum Schutz und zur Rettung jüdischer Flüchtlinge vor dem beinahe sicheren Tod näher zu bringen, ist uns immer deutlicher geworden, dass unsere Geschichte auch ein Teil dessen ist, was hier erzählt wird.

Ruth Hartz war auf der Springside High School in Philadelphia, Pennsylvania, meine Lehrerin. Wir kannten sie als „Madame Renée Hartz". Als Lehrerin war „Madame" fordernd und voller Wärme, einfühlsam und anspruchsvoll zugleich. Sie besaß eine stille Würde und eine Haltung, die mir bis heute Respekt abnötigen. Sie nahm auch nach dem Schulabschluss ihrer Schüler und Schülerinnen regen Anteil an deren Leben, interessierte sich für deren berufliche Laufbahn und pflegt bis heute einen lebhaften Briefverkehr mit vielen Ehemaligen.

Auf der High School wusste ich bereits, dass ich einmal schreiben wollte. Ich interessierte mich für den Holocaust und speziell für das Schicksal der jüdischen Kinder in dieser Zeit. Als ich aufs College kam, stand für mich fest, dass ich über einen bisher kaum untersuchten und dokumentierten Aspekt des Holocaust schreiben wollte: über die Frage, was während der deutschen Besatzung Frankreichs aus den jüdischen Kindern geworden war. (Das war Anfang der achtziger Jahre, noch bevor u. a. durch den Prozess gegen Klaus Barbie das Ausmaß deutlich wurde, in dem der größte Teil der französischen Bevölkerung mit den Nazis kollaboriert hatte.)

In der Schule hatte meine Französischlehrerin nie von ihrem Leben als jüdisches Kind im besetzten Frankreich erzählt. Ich wusste weder, dass sie Jüdin war, noch dass ihre Eltern aus Deutschland kamen – sondern nur, dass sie in Paris aufgewachsen war und sich an meiner schriftstellerischen Laufbahn sehr interessiert gezeigt hatte. Wir standen in Briefkontakt, und als ich endlich beschloss, nach Frankreich zu fahren, um dort für ein Buch über das Schicksal der jüdischen Kinder im besetzten Frankreich zu recherchieren, schrieb ich ihr und bat sie um ihre Empfehlung, wen ich interviewen solle und wo ich Material für meine Arbeit finden könne.

Zu meinem Erstaunen beantwortete Ruth meinen Brief und vertraute mir an, dass sie selbst eines dieser „versteckten Kinder" gewesen sei und den Krieg nur dank eines Netzwerkes von Widerstandskämpfern überlebt habe, die ihr – und ihren Eltern – in einem Dorf in Südfrankreich Unterschlupf gewährt hätten. Sie lud mich zu sich nach Philadelphia ein, um mit mir über ihre Geschichte zu sprechen. Da ich ohnehin vorhatte, in diese Gegend zurückzukehren, trafen wir uns eines Sonntagmorgens zum Brunch.

Ruths erste Frage an mich lautete: „Warum wollen Sie über dieses Thema schreiben? Warum ist es Ihnen wichtig?" Ich erzählte ihr, dass ich als Fünftklässlerin den persönlichen Bericht einer Katholikin gehört hatte, die während der ersten Kriegsjahre jüdischen Familien Zuflucht gewährt hatte. Sie und ihr Mann hatten viele Familien zu „sicheren Häusern" geführt – bis schließlich Gestapospitzel auf sie aufmerksam geworden waren. Die Frau war von den Nazis gefoltert worden, um sie zu zwingen, das Versteck ihres Mannes preiszugeben. Ihr Peiniger hatte ihr die Fingernägel einen nach dem anderen ausgerissen, aber sie war standhaft geblieben. Leider hatten die Nazis ihren Mann dennoch gefangen genommen und schließlich umgebracht. Die verwitwete Frau war nach Paris gegangen, wo sie in einen katholischen Orden aufgenommen wurde. Als Nonne lebte und arbeitete sie in einem Kloster. In den sechziger Jahren wurde sie nach Amerika geschickt und an unserer Schule in Philadelphia beschäftigt. Dort hörte ich ihre Geschichte.

Ihr Schicksal hat mich als Kind bleibend beeindruckt. Nie werde ich die Stimme und das Gesicht der Frau vergessen, als sie ihre Geschichte erzählte. Damals habe ich wahrscheinlich zum erstes Mal in meinem Leben über die Macht des Bösen in der Welt nachgedacht und mich gefragt, woher der Mut mancher Menschen rührt. Ich konnte nicht verstehen, wie die Menschen es zulassen konnten, dass solch schlimme Dinge geschahen, und ich war erstaunt über die Heldenhaftigkeit dieser Frau angesichts so großer Gefahr. Warum widersetzten sie und ihr Mann sich den Befehlen der Nazis und versuchten stattdessen, anderen das Leben zu retten? Viele andere hatten das – so erfuhr ich – nicht getan.

Ich erklärte Ruth, dass mich diese Geschichte nie wieder losgelassen hatte und dass ich einfach ein Buch über die jüdischen Kinder während des Holocaust schreiben *müsse*. Mich interessierte vor allem, was die Katholiken und die Anhänger anderer christlichen Konfessionen getan hatten – oder eben auch nicht getan hatten –, um den Juden zu helfen. Ich wollte herausfinden, warum nur so wenige Menschen geholfen und sich so viele einfach abgewandt hatten. Damals war mir noch nicht klar, in welch erschreckender Anzahl die Menschen während der Besatzung Frankreichs bereitwillig mit den Nazis gemeinsame Sache gemacht hatten. Aber ich sollte es bald erfahren.

Ruth offenbarte mir, dass sie selbst in ein katholisches Kloster in Südfrankreich gebracht worden war, ohne überhaupt zu wissen, ob ihre Eltern noch am Leben waren. Unter Tränen erzählte sie mir: „Ich wurde auf der Straße zurückgelassen. Man sagte mir, ich sei eine ‚Kriegswaise'." Bis zu jenem Tag hatte Ruth vermutlich kaum jemandem außerhalb des engsten Familienkreises diesen schmerzlichen Aspekt ihrer frühen Kindheit anvertraut.

Ruth fragte mich, ob ich mir vorstellen könne, ihre Geschichte aufzuschreiben statt des Buches, das ich eigentlich schreiben wollte. Sie wünschte sich für ihren Mann und ihre Kinder einen schriftlichen Bericht ihrer Erfahrungen während des Krieges. Englisch sei nicht ihre Muttersprache, und sie bringe meinen schriftstellerischen Fähigkeiten großes Vertrauen entgegen. Ich fühlte mich unglaublich geehrt von Ruths Bitte, ihre Geschichte zu schreiben. Wir unterhielten uns dann ausführlich über unsere geplante Zusammenarbeit.

In der folgenden Zeit interviewte ich Ruth viele Male. Nach und nach fügten sich für mich die verschiedenen Mosaiksteinchen ihres Lebens als Kind im besetzten Frankreich zu einem Ganzen, und ich konnte miterleben, wie die erwachsene Ruth allmählich die furchtbaren Emotionen bewältigte, die sie während ihrer Kindheit durchlebt hatte. Durch die Rekonstruktion der wichtigsten Ereignisse ihrer frühen Lebensjahre söhnte sich Ruth langsam mit ihrer eigenen Geschichte aus. Schließlich bat sie mich, sie Ruth zu nennen, nicht mehr Renée.

Für Ruth war es eine Reise in ihre persönliche Vergangenheit, für mich eine in die mir noch neue Welt des professionellen Schreibens. Ich war entschlossen, die unglaublichen Erfahrungen eines Kindes und seiner Familie in der Sprache eines Kindes wiederzugeben. Ich reiste allein nach Frankreich und bewegte mich dort auf den Spuren von Ruth und ihrer Familie während der Zeit ihres Lebens im Versteck. Ich fuhr von Paris über Alençon und Ribérac nach St. Juéry, Arthès und Sorèze. Und während des ganzen Sommers 1985 führte ich eine Reihe von Interviews.

Es gelang mir, sowohl Ruths Eltern als auch Verwandte der Helfer, die Ruth und deren Familie Zuflucht gewährt hatten, zu befragen. Ich führte Interviews mit französischen katholischen Geistlichen und Ordensleuten, die mir genannt worden waren, und fragte sie, warum sie sich entschieden hatten, den Juden zu helfen, obwohl sie damit bewusst ihre Verhaftung und vielleicht sogar ihr Leben riskiert hatten. Ich erhielt Einblick in Ruths Akte im „Oeuvre de Secours aux Enfants" (O.S.E.), einer Organisation, die während des Krieges viele jüdische Kinder zu ihrem Schutz in nichtjüdischen Familien untergebracht und darüber hinaus versucht hatte, sie in die Schweiz und später in die Vereinigten Staaten zu schmuggeln. Ruth hatte weder von dieser Akte noch von der Existenz des O.S.E. gewusst. Durch Zufall traf ich jemanden, der den Leiter dieser Organisation kannte. Er schickte mich zu den Büros dieser Organisation. Ohne seine Hilfe wäre ich nicht in der Lage gewesen, zuvor unbekannte Aspekte von Ruths Geschichte aufzudecken und zu erklären, wieso sie in ein katholisches Kloster gebracht worden war.

Noch während ich meine Recherchen durchführte, entdeckte ich die Stimme des Kindes Renée. Damals begann man gerade erst, sich mit dem Phänomen der versteckt lebenden Kinder während des Holocaust zu beschäftigen. Ich hatte mich dafür entschieden, dieses Thema mit Hilfe der Eindrücke, der Emotionen und der Stimme der kleinen Renée zu erkunden. Ich sah keine andere Möglichkeit, der Geschichte zu ihrem Recht zu verhelfen.

Renée war Ruths französischer Name, den ihr ihre Cousine Jeannette verliehen hatte. Wie viele andere der versteckten Kinder erhielt Ruth zu ihrem Schutz einen französischen Namen. Wenn es ihr gelang, eine neue Identität anzunehmen, französisch zu sprechen und ihre deutsch-jüdische Herkunft vergessen zu machen, hatte sie eine Überlebenschance – selbst im besetzten Frankreich. Diese Erfahrung teilten viele der versteckt lebenden Kinder in ganz Europa. Die Nachwirkungen dieser Traumata unterscheiden sich zwar von denjenigen der Überlebenden der Konzentrationslager, sind aber ebenso zerstörerisch und waren in letzter Zeit Gegenstand mehrerer Forschungsarbeiten. Ruths Geschichte wird nicht aus einer psychologischen Perspektive der Rückschau und Reflexion erzählt, sondern aus dem Blickwinkel der kleinen Renée – als Versuch, dem Leser die schreckliche Welt, die das Kind damals durchlebte, unmittelbar zugänglich zu machen.

Anders als bei einem Ghostwriter, der ein festes Honorar nimmt und das schreibt, was sein Auftraggeber von ihm verlangt, vertraute Ruth mir ihre Erfahrungen an, damit ich die Geschichte erzählen konnte, die erzählt werden musste. Ich bin zwar die Autorin dieses Buches, doch haben wir beide während unserer dreizehnjährigen Zusammenarbeit viel dazugelernt. Uns erstaunt immer wieder die Kraft, mit der diese Geschichte von Freundschaft und Zusammenarbeit ihre Leser ergreift und Kinder und junge Leute davon überzeugt, dass es auf das ankommt, was sie selbst tun. Die Vorstellung, dass das Leben einer Lehrerin durch deren Schülerin schriftlich festgehalten wird, nachdem sie den Mut gefunden hatte, dieser Schülerin ihre Geschichte anzuvertrauen, berührt Kinder und Erwachsene immer wieder. Ich kann ehrlich sagen, dass ich dieses Buch aus Liebe und Achtung für meine Lehrerin geschrieben habe, deren persönliche Erfahrungen meine Sicht der Welt grundlegend verändert haben.

Man sagt oft, dass Schriftsteller ihren Stoff nicht eigentlich suchen, sondern dass der Stoff vielmehr den Schriftsteller findet. Das Privileg, dieses Buch schreiben zu dürfen, ist ein Teil meiner Geschichte als angehende Schriftstellerin und als Mensch. Kann ein Lehrer seinem Schüler ein größeres Geschenk machen?

Stacy Cretzmeyer

Zum Geleit

Die gemeinsame Arbeit an diesem Buch mit meiner ehemaligen Schülerin Stacy Cretzmeyer hat nicht nur zu einer interessanten Erzählung geführt, sondern auch zu einem Dokument, das die Erfahrungen meiner Kindheit für meine Familie festhält. Und, was noch wichtiger ist: Sie hat mir ermöglicht, mich den Geistern der Vergangenheit zu stellen und das Erwachsensein anzunehmen.

Wie so viele versteckte Kinder wuchs ich in völliger Unkenntnis dessen auf, was während der Kriegsjahre vor sich ging. Meine Eltern, die so viel seelisches Leid erdulden mussten, weil ihre Familien ausgelöscht worden waren, wünschten über dieses schmerzliche Thema nicht mit mir zu sprechen. „C'est trop triste" (Es ist zu traurig), pflegte mein Vater zu antworten, wann immer ich Fragen dazu stellte. „Lasst uns nach vorn schauen und nicht zurück in die Vergangenheit", fügte er meist noch hinzu.

Die französischen Geschichtsbücher nach dem Krieg erwähnten den Holocaust und die beschämende Kollaboration der französischen Vichy-Regierung mit den Nazis kaum. Mein Bild von diesem Land, mein Verhältnis zu Frankreich waren ungebrochen. Erst nach der Lektüre des Buches „The French Against the French" von Milton Dank, einem persönlichen Freund, wurde mir das Ausmaß der Kollaboration Vichys mit den Nazis bewusst.

Als junge Frau kam ich in die Vereinigten Staaten, heiratete, bekam zwei Kinder und wurde Lehrerin für französische Sprache und Literatur. Meine Kinder machten ihre Schulabschlüsse ungefähr zu der Zeit, als die ersten Leugner des Holocaust Aufmerksamkeit erregten. Es wühlte mich damals stark auf, dass man diesen Leuten überhaupt die geringste Beachtung schenkte, und ich entschloss mich, meine Geschichte der Dokumentation des Holocaust beizufügen, die damals gerade zusammengestellt wurde.

Die Zusammenarbeit mit meiner ehemaligen Schülerin Stacy Cretzmeyer war daher eine sehr glückliche Fügung. Es ist ihr gelungen, meine Erfahrungen in eine überzeugende Erzählung über jene unselige Zeit zu verwandeln, dargestellt aus dem Blickwinkel des Kindes, das ich damals war. Nur dank der besonderen Beziehung, die sich zwischen uns entwickelte, konnte Stacy auf Erinnerungen zurückgreifen, denen ich mich selbst viele Jahre lang nicht gestellt hatte. Ebenso einfühlsam erwies sie sich bei Interviews mit meinen Eltern und anderen Menschen, die in jener schwierigen Phase Teil meines Lebens waren.

Ich werde ihr für immer dankbar dafür sein, dass sie meine Geschichte so sorgsam und einfühlsam erzählt und mir geholfen hat, meine verlorene Kindheit wiederzufinden.

Ruth Kapp Hartz

ENGLAND
BELGIEN
DEUTSCH-
LAND
Paris
Alençon
Seine
Orléans
Loire
Tours
SCHWEIZ
Atlantischer
Ozean
Demarkations-
linie
Vichy
ITALIEN
Dordogne
Rhone
Albi
St. Juéry
Arthès
Sorèze
Toulouse
Marseille
SPANIEN
Mittelmeer
FRANKREICH,
FRÜHJAHR 1942

Teil 1: Entkommen

FRÜHJAHR 1942 – AUGUST 1942

Und die Hand unseres Gottes war über uns,
und er rettete uns vor Feinden und vor solchen,
die uns auf dem Wege nachstellten.
Esra 8:31

„Der Marschall kommt!"

In Toulouse gab es im Frühjahr manchmal schwere Gewitter. Unmittelbar bevor das Unwetter losbrach, senkte sich ein gewaltiger Schirm von bleifarbenen Wolken über die Stadt, und eine merkwürdige Stille breitete sich plötzlich und unerklärlich auf der Straße draußen vor unserem Mietshaus aus. Die Wohnung meines Onkel Heinrichs lag von uns aus direkt um die Ecke an der Eisenbahnlinie. In seinem Wohnzimmer spürte man zuerst einen jähen Windstoß; dann ratterten Tür- und Schrankgriffe und die Türen schlugen zu. Die Vorhänge vor den halb geöffneten Fenstern bauschten sich.

Als nächstes schienen in der Ferne Frauen zu weinen oder zu wimmern.

Jeden Nachmittag nach der Schule besuchte ich meinen Onkel. In diesem speziellen Frühjahr regnete es besonders oft und ich gewöhnte mich so an das Jammern des Windes, dass ich mich nur noch zu Onkel Heinrich umdrehte und sagte: „Da weinen sie wieder, die Frauen."

„Das stimmt", nickte er mir dann von seinem Sessel aus zu, in dem er saß und las. „Laut und deutlich heute. In einer Minute wird es vorbei sein."

Dieses Weinen ängstigte mich. Es war voller Not und Trauer. Jahre später hörte ich es manchmal im Schlaf.

„Wer sind sie, Onkel?"

„Die, die wir hinter uns gelassen haben."

Wie viele Male habe ich dieses Gespräch in meinen Träumen aufs Neue geführt! Wind, der durch einen Fensterrahmen heult, lässt mich stets an das Weinen von Frauen denken, und diese Vorstellung hat Onkel Heinrich mir in Toulouse eingepflanzt, als ich vier Jahre alt war.

Der Tag geht zur Neige.

Ich stehe auf dem Schulhof und warte auf meine Cousine Jeannette. Die Zeit vergeht, aber keine Jeannette weit und breit. Schließlich kommt jemand aus meiner Kindergartenklasse, um mir zu sagen, dass Jeannette kurz nach Mittag krank nach Hause gegangen sein müsse. Ich drehe mich um, renne die Stufen hinunter, quer über den Schulhof und dann hinaus auf das Kopfsteinpflaster der Straßen von Toulouse.

Jetzt höre ich alle Geräusche der Straße; es ist, als ob alles lebendig würde, sobald ich aus der Schule komme. Der Mann vom Möbelgeschäft schreit einem Freund auf der anderen Straßenseite etwas zu; eine Frau lacht über etwas, das sie aufgeschnappt hat. Ich renne an ihnen vorbei. Ich könnte jetzt irgendein Mädchen sein. Ich renne an ihnen allen vorbei und keiner versucht, mich aufzuhalten. Sie wissen nicht, dass ich Jüdin bin.

Ich platze beinahe, so viel Neues habe ich meinem Onkel zu erzählen, aber zunächst einmal bin ich Jeannette böse, weil sie mich nach der Schule so lange hat warten lassen. Vielleicht hat sie die Neuigkeiten Onkel Heinrich schon erzählt. Jeannette ist sechzehn, sie ist klug. Sie weiß vieles, sie kennt sich zum Beispiel in französischer Geschichte aus. Sie weiß, dass Toulouse die Hauptstadt von Südfrankreich ist. Manchmal versucht sie, mir den Krieg zu erklären.

Ich bin den Weg schon so oft mit Jeannette gegangen, dass ich keine Schwierigkeiten habe, ihn allein zu finden. Während ich nach Hause renne, lache ich. Es ist das erste Mal, dass ich ohne Jeannette aus der Schule heimlaufe. Rue de l'Aqueduc, so heißt unsere Straße. Ich sage es mir wieder und wieder, damit ich es nicht vergesse. Ich biege um eine Ecke und komme an vielen Läden vorbei. Manchmal möchte ich in die Läden gehen, vor allen Dingen, wenn es dort Süßigkeiten gibt. Ich mag den Duft von Schokolade, aber ich habe schon lange Zeit keine Süßigkeiten mehr gesehen. Die Läden in Toulouse sind ziemlich leer. Maman sagt, man bekäme in den Warenhäusern nichts mehr von dem, was dort vor dem Krieg noch billig zu haben gewesen sei. Sie geht jeden Morgen, bevor ich wach werde, aus dem Haus, um etwas zu essen zu besorgen.

Ich komme an den Schildern der Bäckerei und des Buchladens an der Ecke vorbei, „boulangerie" und „librairie"; in das Fenster des Buchladens schaue ich kurz einmal hinein, weil dort ein Buch über unseren Marschall liegt, Marschall Pétain. Als ich an der Straßenlaterne an der Ecke bin, kommt eine Frau aus einem Hauseingang und verstellt mir den Weg. Ich kenne sie, aber ich kann mich nicht an ihren Namen erinnern. Ihr Gesicht macht mir Angst. Wieso kennt sie mich?

„Ah, kleine Renée, ich habe auf dich gewartet", sagt sie. „Wohin willst du so eilig?"

„Nach Hause", erkläre ich ihr.

Sie spricht mich mit meinem französischen Namen an, den Jeannette mir gegeben hatte, als sie mich hier in Toulouse zum ersten Mal in die Schule brachte. Zu Hause werde ich immer noch Ruth gerufen; aber die anderen Leute sollen alle denken, ich sei eine Französin, und deshalb hat mir Jeannette, die ja immer sehr klug und praktisch ist, diesen neuen Namen gegeben.

„Wo wohnst du denn?", fragt die Dame mich.

Ich blicke auf ihre schwarzen Schuhe hinab und schüttle den Kopf. „Ich habe den Namen der Straße vergessen", antwortete ich ihr. Ich darf niemandem verraten, wo wir wohnen, selbst meinen Freunden in der Schule nicht. Maman sagt, es sei zu gefährlich, es irgendjemandem zu erzählen. Die Frau starrt mich an. Es ist eine alte Dame mit grauem Haar und einem dicken Bauch. Ihr Mantel ist um den Saum herum staubig. Vielleicht ist es Kreidestaub aus der Schule. Ich finde, sie sieht aus wie eine der Figuren in der Geschichte, die wir gerade in meiner Klasse lesen. Ihr Gesicht ist das einer gemeinen Frau, einer Person, der man nicht vertrauen kann.

„Wie kannst du auf dem Weg nach Hause sein, wenn du nicht weißt, in welcher Straße ihr wohnt?", fragt sie. Ihr Gesicht ist von Falten durchzogen. Zwischen ihren Brauen verläuft eine tiefe Furche. „Wo ist Jeannette heute?"

Ich bin verwirrt. Ich schüttle den Kopf. Plötzlich fällt mir ein, wo ich die Dame gesehen habe. Sie arbeitet in der Schule im Büro. Ich erfinde eine Lüge. „Ich muss zu meiner Freundin Monique nach Hause. Sie wohnt dort hinten." Ich zeige weit die Straße hinauf, dahin, wo sie sich in einer Kurve verengt. „Papa kommt und holt mich dort ab, wenn seine Schicht vorbei ist." Meine Stimme zittert. Ich muss mehrfach schlucken. Vielleicht hätte ich Papa nicht erwähnen sollen. Jetzt weiß sie, dass er irgendwo in der Stadt sein Geld als Schichtarbeiter verdient.

Die Frau schaut die Straße entlang in die Richtung, in die ich deute. Dann versucht sie, meinen Arm zu nehmen, als ob sie mich irgendwohin führen wolle. Gerade als ihre Hand den Ärmel meiner Jacke berührt, schieße ich los und renne um die Ecke. Ich laufe in ein Café und verstecke mich dort eine ganze Weile, bis der Mann hinter der Theke fragt: „Nun, was wünscht du, junge Dame?" Ich hätte gern etwas Süßes zu trinken, aber ich habe kein Geld. Langsam gehe ich wieder hinaus, mit einem Gang wie eine Dame. Ich gehe so, wie man es uns in der Schule beigebracht hat. Ich werde den längeren Weg zu unserer Wohnung nehmen. Niemand darf mich sehen.

An der Straße liegt eine Kirche. Ich gehe in die dunkle Kirche. Jeannette und ich haben uns schon früher dort versteckt. Wenn man in eine Kirche geht, ahnt niemand, dass man Jude ist. Drinnen ist es kühl; ich höre das Flüstern einer Frau, die auf einem der Stühle mit Sitzen aus Strohgeflecht kniet und betet. Sie hält eine Kette mit Perlen in der Hand. Eine nach der anderen lässt sie sich die Perlen durch die Finger gleiten. Ich sehe ihr zu, wie sie vor einer Marmorfigur eine Kerze anzündet. Ringsumher stehen noch mehr Figuren. Ich schlendere den Seitengang entlang und versuche, nicht in die weißen Gesichter zu blicken. Alle diese Statuen scheinen mich anzustarren; sie sind wie Fremde in einem Traum. Ich weiß nicht, wer sie sind. Die Statue einer Frau ist um den Kopf mit rosafarbenen Blüten bekränzt. Sie trägt ein langes Kleid und hat die Hände ausgestreckt. Ich gehe niemals von einer der Figuren weg, ohne mich umzuwenden und zu prüfen, ob sich vielleicht ein Arm bewegt hat oder ob ein Auge blinzelt. Jeannette meint, dieses Spiel sei dumm. Standbilder könnten einen nicht beobachten, nur die Leute hier aus Toulouse könnten das.

Manchmal, wenn viele Leute in der Kirche sind, setzen Jeannette und ich uns nach hinten und machen ihnen alles nach. So hat man wenigstens etwas zu tun, zumindest, bis es wieder sicher ist, auf die Straße zurückzukehren. Manchmal müssen wir dabei kichern, fangen uns aber schnell wieder und sind dann genauso ernst wie die anderen. Vor allem vergessen wir auf diese Weise, warum wir in die Kirche gekommen sind.

Ohne Jeannette fühle ich mich in der Kirche verloren. Es ist so finster, es ist ein so gruseliger Ort, dass ich wie von allein zu der breiten hölzernen Tür zurückstrebe. Wenn ich wieder hinaus auf die Straße laufe, ist es dort so hell, dass ich meine Augen schließen muss. Ich öffne sie langsam wieder, blinzle und sehe, dass niemand da ist.

Also ist es sicher, weiterzugehen. Schließlich bin ich fast zu Hause. Statt die Rue de l'Aqueduc entlangzugehen, biege ich um die Ecke und in die Rue St. Jean ein. Bevor ich nach Hause gehe, muss ich noch Onkel Heinrich die Neuigkeit erzählen. Onkel Heinrich ist der ältere Bruder meines Vaters. Ich steige die beiden Treppenabsätze zu seiner Wohnung hinauf. Jeannette öffnet auf mein lautes Klopfen hin die Tür. Lachend und außer Atem platze ich ins Zimmer.

Wenn ich meinen Onkel besuche, rieche ich zuallererst seine Pfeife. Ich liebe diese Pfeife. Der Rauch erinnert mich an einen Kiefernwald. Onkel Heinrich hat den Tabak aus Marokko mitgebracht, wo er als Soldat in der Fremdenlegion kämpfte. Tante Sophie meint, es werde ihm noch sehr leid tun, dass er jeden Nachmittag seine Pfeife raucht, weil sein Tabakbeutel fast leer und derzeit in Frankreich kaum Tabak aufzutreiben sei.

„Onkel Heinrich! Weißt du was? Weißt du was?"

Er blickt von seiner Arbeit auf, und ich laufe hinüber zu seinem Schreibtisch, um ihn zu begrüßen. „Pétain kommt nach Toulouse! Le Maréchal kommt hierher nach Toulouse!"

Er ist etwas überrascht. Er zieht die Augenbrauen hoch, wie er es immer tut, wenn er glaubt, dass ich mir etwas zusammenfantasiere.

„Und wer ist dieser Pétain?", will er wissen. Er prüft mich, um herauszufinden, wie viel ich von dem weiß, was in Frankreich geschieht.

„Er ist unser Marschall!" Ich hüpfe durchs Zimmer, bis Jeannette eine Schüssel auf den Tisch knallt.

„Hm!" sagt sie. „Wer will denn den schon sehen?"

Ich starre sie an. Wie kann sie so etwas über unseren Marschall sagen? Jetzt sehe ich, dass sie alles andere als krank aussieht. Vielleicht ist sie früher nach Hause gegangen, um ihrem Freund zu helfen, Flugblätter zu drucken. Das tut sie manchmal, aber es ist ein Geheimnis. Jeannettes Freund und einige andere aus der Nachbarschaft wollen diese Flugblätter überall im Wohnblock und in der Nachbarschaft verteilen. Ich darf es Tante Sophie nicht sagen, die darüber sehr böse sein würde. Jeannette sagt,

Pétain sei ein schlechter Mann, dem man nicht trauen könne. Er mache in Vichy Gesetze gegen die Juden. Jeannette erklärt mir, Vichy sei diejenige Stadt im Süden Frankreichs, in der Pétain sich niedergelassen habe und von wo aus er und seine Helfer den nicht besetzten Teil Frankreichs regierten. In den Flugblättern soll etwas über die jüngsten Gesetze aus Vichy stehen, mit Erklärungen, wie sie sich auf die Juden auswirken werden. „Er will uns zwingen, Frankreich zu verlassen!", sagt Jeannette.

„Warum?", frage ich. „Er kennt uns doch gar nicht."

„Also, Jeannette", mischt sich mein Onkel ein. „Ruth hat keine Ahnung, wovon du redest. Rede ihr nichts ein. Wir wissen nicht, ob Pétain für all unsere Schwierigkeiten verantwortlich ist. Wir müssen abwarten. Er könnte versuchen, die Deutschen zunächst einmal hinzuhalten, bis er die Zeit für gekommen hält, die Dinge selbst in die Hand zu nehmen. Du hörst zu viel auf deine Freunde. Das meiste von dem, was sie sagen, ist wahrscheinlich Geschwätz von Angstmachern."

„Ich hoffe für uns, dass du Recht hast, Papa", sagt Jeannette ruhig. „Aber es ist schwierig, das ‚Statut des Juifs' von vor zwei Jahren zu vergessen, das er unterzeichnet hat. Verstehst du nicht, dass wir aufgrund dieses Statuts interniert und in eins dieser Lager gesteckt werden können, nur weil man uns als ‚jüdische Ausländer' ansieht? Wie würde es dir gefallen, in irgendeinem Dorf mitten in der Einöde unter Polizeiaufsicht zu leben? Du kannst mich nicht davon überzeugen, dass Pétain nicht hinter dem Statut stand." Jeannette wendet sich ab und rührt in der Schüssel. Wenn sie ein ernstes Gesicht macht, ist sie kaum wiederzuerkennen. Ich bin eine Jeannette gewohnt, die immerzu lächelt, aber es gibt auch Augenblicke wie diesen, da sie mir Angst einjagt. „Ich höre lieber auf meine Freunde als gar keine Vorstellung davon zu haben, was sich wirklich abspielt", sagt sie.

Onkel Heinrich zieht mich auf seinen Schoß. „Soll Ruth doch ihren Spaß haben", meint er zu Jeannette. „Lass sie doch gehen und ihren Marschall anschauen."

Ich nicke. Dazu bin ich fest entschlossen. Ich werde Papa fragen, ob er mitgeht, wenn Jeannette nicht will. Alle anderen aus der Schule werden sich die Parade ebenfalls ansehen. Jeannette wird als einzige aus ihrer Klasse in der Schule zurückbleiben und dort niemanden haben, mit dem sie sich unterhalten kann.

„Und was ist heute sonst noch in der Schule passiert?", fragt mich Onkel Heinrich.

Ich blicke in seine freundlichen dunklen Augen und habe Angst, es ihm zu erzählen, aber vor ihm kann ich einfach nichts geheim halten. „Eine Dame hat mich nach der Schule auf der Straße angehalten", erzähle ich ihm. „Sie hat auf mich gewartet. Sie hat mich gefragt, wo ich wohne!"

Jeannette dreht sich abrupt zu uns herum. Sie und Onkel Heinrich tauschen einen Blick, den ich nicht deuten kann. „Wie sah sie aus?", fragt Jeannette.

„Sie hatte graues Haar. Ich glaube, es ist die alte Dame, die an unserer Schule im Büro arbeitet."

„Hat sie dich noch etwas anderes gefragt?", will Onkel Heinrich wissen.

„Sie fragte mich, wo Jeannette sei und wo ich hingehe."

„Hast du es ihr gesagt?"

„Nein. Ich habe ihr gesagt, ich müsse zu meiner Freundin Monique gehen, weil Papa mich dort abholen werde. Dann bin ich fortgelaufen."

„Ruth", sagt Jeannette jetzt sehr ernst, „hat sie gesehen, wo du hingelaufen bist? Ist sie dir gefolgt?"

Ich rutsche von Onkel Heinrichs Schoß hinunter und gehe zum Fenster hinüber. Ich schaue über das Fenstersims hinweg nach draußen. Auf der Straße ist nur ein Junge mit einem Fahrrad. „Nein. Sie ist nicht da. Außerdem bin ich schnell weggelaufen. Sie konnte mir nicht folgen. Dann habe ich mich in der Kirche versteckt."

Jeannette und Onkel Heinrich tauschen einen weiteren Blick, jetzt erleichtert, aber sie sagen nichts. Dann geht Jeannette mit der Schüssel hinaus. Ich laufe ihr nach zu dem Spülbecken im Alkoven.

„Du hast mir ja gesagt, ich soll lügen, wenn mich jemand fragt, wo wir wohnen, Jeannette. Werden wir Schwierigkeiten bekommen?"

„Ich glaube nicht, Ruth. Es war gut, dass du daran gedacht hast zu lügen. Du hast genau das Richtige getan. Aber vielleicht werden wir für eine Weile nicht mehr in die Schule gehen."

„Aber ich doch. Ich muss Marschall Pétain sehen!"

Jeannette sagt nichts mehr. Onkel Heinrich ruft mich und nimmt mich wieder auf den Schoß.

„Was wirst du tun, Onkel?", frage ich ihn auf Französisch. „Qu'est-ce que vous faites, mon oncle?"

Ich liebe diesen neuen französischen Satz, den ich in der Schule gelernt habe. Ich frage jeden, was er zu tun beabsichtigt. Aber zu Hause bin ich mir nie sicher, ob meine Familie mich versteht oder nicht, wenn ich Französisch spreche. Mein Onkel spricht immer noch die meiste Zeit Deutsch. Manchmal antwortet er mir sehr langsam auf Französisch. Ich lache über seine Fehler.

Er sagt mir, dass er Briefe an seine Familie in Deutschland schreibt. Meine beiden Tanten väterlicherseits, Sittie und Hettie, meine Großmutter, also Papas Mutter, und meine Großtante sind, soweit wir wissen, noch in Deutschland. Mamans Vater und Stiefmutter und deren Tochter Lottie sind vermutlich auch noch dort. Papas Familie lebt in einer kleinen Stadt namens Hechtsheim im Rheinland. Jeannette hat mir den Ort einmal auf einer Landkarte in der Schule gezeigt, nachdem alle anderen heimgegangen waren. Sie ist in Deutschland geboren, aber ich bin in Palästina zur Welt gekommen. Papa hat nichts mehr von seiner Familie gehört, seit er und Maman Deutschland 1936 verlassen haben, um nach Palästina auszuwandern.

„Onkel Heinrich, warum schreibst du ihnen denn nicht auf einem Blatt Papier und schickst es ihnen als Brief?"

„Das habe ich zuerst versucht, aber meine Briefe sind nie beantwortet worden. Vielleicht haben die Briefe sie niemals erreicht. Da ist es doch besser, wenn ich ihnen in dieses Buch schreibe und es ihnen zu lesen gebe, wenn der Krieg vorüber ist. Dann werden sie auf einen Schlag erfahren, was uns alles so passiert ist, seit wir Deutschland verlassen haben."

„Glaubst du, dass sie uns auch schreiben?"

„Das weiß ich nicht, Ruth. Vielleicht."

Er blättert in seinem Buch ein paar Seiten zurück und liest mir einen Brief vom September 1939 vor. Onkel Heinrich sagt, er habe den Brief in einer Stadt namens Strasbourg geschrieben. Damals lebten er und Tante Sophie dort. Beim Lesen ist seine Stimme weich und traurig. Er spricht langsam, und das Licht des Nachmittags lässt die Falten in seinem Gesicht deutlich hervortreten. Das Vorlesen des Briefes scheint ihn irgendwie älter zu machen.

Liebe Mutter!

Uns wurde gestern Abend befohlen, Strasbourg zu verlassen. Wir haben nur noch Zeit, ein paar Habseligkeiten und Kleider zusammenzupacken. Die Strafe für diejenigen, die die Stadt nicht verlassen, wird, so fürchte ich, hart sein.

Alle gehen nun nach Südfrankreich. Man hat uns versichert, dort seien wir in Sicherheit. Ich hoffe, dass wir bis zum Morgengrauen fort sein werden, versuch also nicht mehr, uns hierher zu schreiben. Wir werden Dir aus dem Süden schreiben.

Von Benno und Lissy habe ich nichts mehr gehört. Sie müssen zusehen, dass sie aus Paris herauskommen, sonst werden sie dort womöglich noch in der Falle sitzen – das Schlimmste, was ihnen jetzt passieren könnte. Wir vermissen Dich und hoffen, bald von Dir zu hören.

„Was war denn mit mir, Onkel Heinrich?“, unterbreche ich ihn. „Was ist mit mir passiert, als Maman und Papa Paris verlassen mussten?“

„Du warst bei ihnen, Dummerchen. Du warst noch ein Baby, so dass du nicht mehr weißt, was damals passiert ist.“ Jeannette hat sich in einen Sessel gesetzt, und wir hören meinem Onkel zu, der einen weiteren Brief vorliest.

„Diesen hier habe ich letztes Jahr geschrieben“, erklärt er uns. „Im April 1941, gleich nach meiner Rückkehr aus der Fremdenlegion. Wisst ihr, man hatte Onkel Benno und mir gesagt, dass wir uns als Ausländer zur französischen Fremdenlegion melden könnten. Dann würden wir auch nicht in irgendein Lager gesteckt, und unsere Familien stünden dadurch ebenfalls unter Schutz.“ Onkel Heinrich erklärt Jeannette den Zusammenhang ganz ernsthaft, als wäre es das erste Mal. Ich verstehe nichts von dem, was er sagt. „Es sind sehr viele von uns zur Fremdenlegion gegangen, vor allem, um unsere Familien zu schützen, und wir waren im Mai 1940 bei den französischen Truppen im Einsatz, aber manche wurden dann nachher doch gefangen genommen und in Zwangsarbeitslager gesteckt.“

Liebe Familie!

Ich bin aus Marokko zurückgekehrt, und wir sind jetzt alle zusammen in Toulouse. Ich erkenne Jeannette nicht mehr wieder. Sie ist in den vielen Monaten, die ich fort war, groß geworden.

Auch Benno ist vor einigen Tagen von der Fremdenlegion zurückgekehrt. Er war in Marrakesch und Fez. Wir können Euch manche Geschichte erzählen, wenn dieser Krieg erst vorüber ist. Wir beide haben in der Legion viele Freunde gefunden; die Truppe wird zur zweiten Familie, weil die eigene Familie so weit fort ist. Im Rückblick war es sehr klug von uns, der Legion beizutreten. Wir haben dadurch unsere Familien davor bewahrt, in ein Konzentrationslager zu kommen. Wir hören jetzt, dass alle Flüchtlinge, die keine französischen Bürger sind, in die französischen Lager Gurs, Rivesaltes und Les Milles geschickt werden. Benno und ich bleiben davon verschont, nur weil wir bei der Legion waren. Aber dennoch sind einige unserer Freunde gefangen genommen worden, und wir haben seither nichts mehr von ihnen gehört. Wir sind fürs Erste sicher hier. Wir befinden uns in der freien Zone, dem Teil Frankreichs, der nicht von den Nazis besetzt ist. Jeder fragt sich natürlich, wie lange diese Situation andauern wird. Aber wie glücklich sind wir alle, dass wir überhaupt so weit gekommen sind! Heutzutage gelingt es vielen nicht einmal mehr, die Demarkationslinie, die den von den Nazis besetzten Norden vom Frankreich Vichys trennt, zu überwinden. Ohne einen Führer, einen Nichtjuden, der einem hilft, ist es so gut wie aussichtslos. Oft sieht man Kinder, die allein zu Fuß unterwegs sind. Man kann nur ahnen, welchem Schicksal sie entronnen sind.

Benno und ich wünschten, Ihr könntet hier bei uns sein. Wir denken ständig an Euch. Sophie und Jeannette senden Euch liebe Grüße.

Es ist merkwürdig, wenn mir mein Onkel von meinen eigenen Eltern vorliest und deren Namen benutzt. Es ist, als kämen sie in einer Erzählung vor, als wäre ihr Leben von meinem getrennt. Ich weiß noch, wie Papa aus der Legion zurückkam, aber ich weiß nicht mehr, wie er uns davor bewahrte, in ein Konzentrationslager zu kommen. Ich weiß nicht, was das bedeutet.

Mein Onkel blättert eine Seite weiter und will noch einen Brief vorlesen, als Jeannette plötzlich vom Tisch aufspringt.

Sie sagt: „Lass uns ein Spiel spielen, Renée!“

Für Jeannette bin ich wie eine kleine Puppe. Sie spielt Spiele mit mir und kümmert sich um mich, wenn Maman nicht zu Hause ist. Meine Lieblingsbeschäftigung ist, ihr das Haar zu bürsten, während sie mir Geschichten darüber erzählt, wie unser Leben aussehen wird, wenn wir erwachsen sind. Sie ist meine große Schwester, die mich überall mit hin nimmt. Manche Leute sagen, wir sähen sogar wie Schwestern aus, weil wir beide etwas schräg stehende Augen haben. Wenn ich doch bloß schon sechzehn wäre, dann könnte ich all das tun, was sie tut.

Onkel Heinrich sagt: „Renée wird bald nach Hause müssen."

„Er hat Recht", sagt Tante Sophie, die aus dem kleinen Schlafzimmer neben dem Alkoven kommt. „Es ist schon nach fünf. Lissy wird sich bereits Sorgen machen. Bring sie nach Hause, Jeannette."

Nachmittags macht Tante Sophie ein Schläfchen. Man sieht auch, dass sie geschlafen hat. Sie hat eine Falte auf der Wange, mit der sie auf dem Kopfkissen gelegen hat. Sie zieht ihre Schürze an und steht eine Minute vor dem Spiegel, um sich das kurze Haar zu bürsten. Ihre geschwungenen Augenbrauen lassen sie hellwach aussehen. Maman sagt, Tante Sophie käme nicht aus Deutschland, sondern aus einem anderen Land, das Polen heißt. Deswegen spricht sie mit einem merkwürdigen Akzent. Sie liebt Onkel Heinrich sehr; seit er zurückgekommen ist, sind sie ständig zusammen. Onkel Heinrich klappt sein Buch zu und gibt mir einen Kuss auf die Wange. Ich ziehe meine Jacke über, und Jeannette knöpft sie mir zu. Ich möchte noch bleiben. Ich möchte hier zu Abend essen und Onkel Heinrichs Geschichten hören, aber ich bin brav und gebe meiner Tante einen Gutenachtkuss. Dann laufen Jeannette und ich auch schon die Treppe hinunter und hinaus in den warmen Frühlingsabend. Jeannette hält im Hauseingang kurz inne, um ihr langes dunkles Haar aufzustecken. Dann dreht sie sich zu mir um, lächelt mit ihren dunklen Augen und nimmt mich an die Hand.

Ich frage sie, wie es dort war, wo meine Eltern vorher gewohnt haben, in Paris.

„Oh, es ist schwer, sich daran zu erinnern", sagt sie. Wir gehen den Bürgersteig entlang und biegen in die Rue de l'Aqueduc ein. „Es ist eine große Stadt. Ich bin nur einmal dort gewesen, mit Papa. Sie ist voller alter, schöner Gebäude und Museen. Die Leute sagen, Paris sei die Hauptstadt der zivilisierten Welt; keine andere Stadt könne sich mit ihr messen."

„Haben Maman und Papa in einem schönen Haus gewohnt?"

Jeannette lacht. „Nein, Renée. Deine Eltern mussten in einem kleinen Zimmer wohnen, als sie dort waren. Früher einmal muss es das Schlafzimmer von irgendjemanden gewesen sein. Es standen nur ein paar Möbel darin. Ein Tisch und zwei Stühle, ein Bett. Ich glaube, du hast viel Zeit bei der Familie deines Onkels Oscar zugebracht."

Onkel Oscar ist Mamans einziger Bruder. Ich glaube, mich an ihn zu erinnern zu können, aber Maman sagt, ich sei noch zu klein gewesen, als wir ihn das letzte Mal sahen. Ich bin irgendwie traurig, wenn ich daran denke, dass meine Eltern nicht in einem schönen Haus gewohnt haben.

„Warum mussten wir Paris verlassen?"

Jeannettes Gesicht wird ernst. „Weil es dort Leute gab, Renée, die dich und deine Familie und alle anderen, die nicht in Frankreich geboren waren, zusammentreiben und aus dem Land schaffen wollten."

„Aber warum wollten sie das?"

Ihr Griff um meine Hand wird fester. „Sie glauben, dass die Menschen, die in anderen Ländern geboren sind, nicht hierher gehören. Obwohl unsere Eltern nach Frankreich gezogen sind und alles daran gesetzt haben, ihre Wohnungen und Häuser zu behalten, wollen diese Leute sie uns fortnehmen. Nur, weil wir Juden sind." Sie macht mitten auf dem Bürgersteig Halt und blickt sich um. Sie will sichergehen, dass niemand gehört hat, was sie gerade gesagt hat. Ich blicke in ihre tiefbraunen Augen, auf ihr dunkles Haar, in ihr freundliches Gesicht, und kann nicht glauben, dass irgendjemand uns etwas zuleide tun will. Ich weiß, dass Jeannette mich beschützen wird, solange ich bei ihr bin.

Sie beugt sich zu mir herunter und sieht mir ins Gesicht. „Renée“, flüstert sie, „du musst so tun, als hättest du nicht gehört, was ich gerade gesagt habe. Benutze nie, wirklich nie dieses Wort. Und wenn dich jemand fragt, dann tu so, als wüsstest du nicht, was es bedeutet.“

„Warum denn, Jeannette?“

„Das ist eine lange Geschichte“, sagt sie und nimmt wieder meine Hand. „Du wirst es eines Tages schon verstehen. Ich glaube auch, das ist der Grund, warum diese Frau heute nach der Schule auf dich gewartet hat. Hüte dich vor Leuten wie ihr. Trau niemandem außerhalb der eigenen Familie.“

Wir sind jetzt vor dem Haus angekommen, in dem ich wohne. Viele Blumen blühen bereits. Es sind Osterglocken und Narzissen, die den Bürgersteig säumen. Sie geben mir das Gefühl, dass es schön ist, hier zu wohnen, aber Maman ist in unserer Wohnung nicht glücklich. Sie hasst die Farbe, die an den Wänden in unserem Zimmer abblättert, den Geruch, die Treppe und das Treppenhaus, das immer zittert, wenn jemand die Treppe hinunter- oder hinaufgeht. Maman wartet direkt hinter der Tür auf mich.

„Wo bist du gewesen, mon petit chou?“, schimpft sie mit mir, aber sie nennt mich trotzdem auf Französisch ihren kleinen Kohlkopf. „Danke schön, Jeannette, dass du sie heimgebracht hast.“

„Maman, Maman! Weißt du was?“

„Was denn?“ Sie und Jeannette lachen und schauen auf mich herab. „Was gibt es denn?“

Und ich erzähle meine Neuigkeit noch einmal ganz von vorn. „Le Maréchal! Le Maréchal kommt nach Toulouse! Alle in der Schule dürfen zu der Parade gehen und werden ihn sehen. Gehen wir auch hin, Maman?“

Maman antwortet nicht. Ich laufe die Treppe hinauf, um zu sehen, was unsere Freundin Sylvie macht, die auf „le premier étage“ wohnt, der ersten Etage über dem Erdgeschoss. Alle im

Haus sollen wissen, dass Pétain kommt. Aber Sylvie macht nicht auf.

Am Fuß der Treppe unterhalten Maman und Jeannette sich leise.

Ich höre, dass Jeannette Maman von der Frau erzählt, die nach der Schule auf der Straße auf mich gewartet hat. Mamans Gesicht ist ernst und ängstlich. Sie schüttelt den Kopf und sagt mit ihrer dunklen Stimme: „Oh nein, nein." Jeannette gibt Maman Ratschläge. Sie weiß, was in der Nachbarschaft vorgeht; Maman ist zu ängstlich, um auszugehen, wenn sie nicht unbedingt muss. Also hört sie auf Jeannette, die sie ihre „kleine Spionin" nennt. Kurze Zeit später ist Jeannette wieder fort, und Maman ruft mich zu sich. Sie sieht mir nicht in die Augen, und ihre Stirn liegt in Falten. Ich weiß, was das bedeutet. Ich werde morgen nicht zur Schule gehen dürfen. Ich werde vielleicht Marschall Pétain nicht sehen dürfen.

Meist las mir mein Onkel aus dem Buch mit seinen Briefen vor; manchmal aber auch die französische Fassung von „Rotkäppchen" oder irgendeinem anderen Märchen. Oft schrieb er etwas auf ein Blatt Papier, Kleinigkeiten, die er sich merken wollte, um sie seinen Schwestern zu schreiben. Er war ein gebildeter Mann, hatte mehr von einem Intellektuellen als mein Vater, und er war entschlossen, alles, was unsere Familie erlebt hatte, in seinem Buch aufzuschreiben.

Rechts neben dem Fenster in seiner Wohnung stand ein alter Schrank. In einem seiner Fächer bewahrte Onkel Heinrich sein Buch auf. In den Geschichten, die er darin aufschrieb, ging es um Orte und Ereignisse, an die ich mich nicht erinnern konnte; allerdings tauchte mein Name oft genug auf, um mich neugierig zu machen, was mir als nächstes zustoßen würde. Ich bat Onkel Heinrich, mir alles vorzulesen, was er über mich geschrieben hatte. Ich staunte über die Zeit, als ich mir meiner selbst noch nicht richtig bewusst gewesen war. So viele wichtige Dinge hatten sich zugetragen, Ereignisse, die mich schließlich dorthin gebracht hatten, wo ich jetzt war – aber ich hatte keinerlei Erinnerung an sie und verstand auch nicht, was sie bedeuteten. Vieles von dem, was Onkel Heinrich mir vorlas, ergab für mich keinen Sinn: Was waren Konzentrationslager? Was war die Demarkationslinie? Wie war Paris? Aber dennoch las er die Briefe immer wieder vor, bis die Geschichten ihren Weg in meine Erinnerung gefunden hatten und ich sie nicht mehr vergessen konnte.

Ich habe meine Großmutter und meine beiden Tanten nie kennen gelernt. Ich glaubte, ihre Stimmen zu kennen, aber das war auch schon alles. Und Onkel Heinrich hatte mir ja, als ich noch klein war, erzählt, dass ich Sittie und Hettie weinen hörte, wenn ich nur dem Wind lang genug lauschte. Er erzählte mir nie, warum er glaubte, dass sie weinten. Das sollte ich selbst herausfinden.

Immer wieder tauchte die Erinnerung an merkwürdige, halberleuchtete Zimmer auf. In meiner Erinnerung waren diese Zimmer die verschiedenen Orte, an denen wir bis zu unserer Ankunft in Toulouse gewohnt hatten. Ich beschrieb Maman manchmal ein Möbelstück oder ein bestimmtes Muster eines Polsters, und sie sagte dann: „Das war in der Wohnung in Alençon" oder: „Das hat Tante Hanna gekauft, bevor sie von St. Juéry fortging." Diese Namen waren für mich bedeutungslos, und weil ich mich kaum daran erinnern konnte, jemals an diesen Orten gewesen zu sein, war Toulouse meine erste „Heimat". Dort ging ich zur Schule und sprach die Sprache, die dort gesprochen wurde. Ich war so durch und durch französisch aufgewachsen, dass ich nicht mehr für einen Flüchtling gehalten werden konnte. Seit ich denken konnte, betrachtete ich mich selbst als Französin. In jenem Frühjahr 1942 war ich knapp fünf Jahre alt.

Warten auf Papa

Maman und ich waren vor mehr als zwei Jahren, im Sommer 1940, nach Monaten des Umherreisens und Versteckens, nach Toulouse gekommen. Papa diente bereits seit fast anderthalb Jahren in der Fremdenlegion, als Maman und ich endlich „la zone libre" erreichten, den südlichen, nicht besetzten Teil des Landes.

Wir waren mit dem Zug gekommen, zusammen mit Hanna, Raymonde und Evelyne, der Frau und den Kindern Oscars, des Bruders meiner Mutter. Nachdem die Deutschen Paris besetzt hatten, waren wir in die Dordogne geflohen. Dann fuhren wir stundenlang, bis wir endlich eine Bahnstation erreicht hatten, die an der gleichen Bahnlinie lag wie Toulouse. Hunderte von jüdischen Familien waren auf dem Weg nach Süden, in die unbesetzte Zone, und alle hatten ähnliche Pläne. Als Flüchtlinge schwebten wir in großer Gefahr: Vichy hatte vor, alle ausländischen Juden aus dem nicht besetzten Teil Frankreichs zu vertreiben, bevor sie die dahinsiechende französische Wirtschaft weiter durcheinanderbringen und Arbeit und Geschäfte an sich reißen konnten, von denen Vichy meinte, sie gehörten in die Hände französischer Bürger. Deshalb versuchten die Machthaber in Vichy, die Flüchtlinge in die besetzte Zone zurückzuschicken, wo sie den deutschen Besatzungstruppen auf Gedeih und Verderb ausgeliefert waren. Und die Deutschen kannten keinerlei Gnade; die besetzte Zone sollte, wie ganz Deutschland und schließlich ganz Europa, „judenrein" gemacht, von allen Juden „gesäubert" werden.

Im August 1940 wurde die Demarkationslinie von beiden Seiten her abgeriegelt, so dass die Juden nur noch illegal in die nicht besetzte Zone gelangen konnten. Wenn Maman und ich 1940 auf unserem Weg nach Toulouse gefasst worden wären, hätte man uns wahrscheinlich zurück in die besetzte Zone geschickt und letzten Endes deportiert. Mehrfach glaubte Maman schon, wir würden ausgesondert und festgenommen, aber wir zogen ständig von einem Ort zum nächsten, so dass man uns nicht zu fassen bekam. Und so erreichten wir schließlich den Süden.

Maman wusste, dass Onkel Heinrich mit seiner Familie aus dem Elsass nach Toulouse gekommen war, einer großen Stadt, wo die Chancen für sie besser standen, nicht aufzufallen. Sie verließ sich darauf, dass mein Onkel uns helfen würde, eine Wohnung zu finden, bis Papa aus dem Krieg zurückkehrte. Aber als wir in Toulouse eintrafen, erfuhr Maman, dass Onkel Heinrich ebenfalls zur Fremdenlegion gegangen war und noch nicht feststand, wann er zurückkehren würde.

Maman gelang es schließlich, uns in Toulouse eine Art Zuhause zu schaffen; unsere Hauptbeschäftigung bestand darin, darauf zu warten, dass Papa zurückkehrte, und genug zu essen zu finden, um zu überleben. Unser Zimmer war ohne elektrische Versorgung und nur mit dem Allernotwendigsten ausgestattet: einer Petroleumlampe, einem Bett für Maman und einer kleinen Couch für mich. Man hatte das Gefühl, dass das Haus jedes Mal in seinen Grundfesten erbebte, wenn eine Straßenbahn vorbeifuhr. Später, nachdem Onkel Heinrich von der Fremdenlegion zurückgekommen war, besorgte er noch einen Tisch und zwei Stühle für unser Zimmer.

Maman musste morgens schon sehr früh aus dem Haus, um sich auf dem Markt – auf dem großen Platz, in dessen Mitte „le Capitol" lag – in einer Schlange anzustellen. Wenn sie sich anzog, war es noch dunkel, und noch vor Tagesanbruch war sie fort. Oft kam sie vormittags mit leicht betretenem Gesichtsausdruck zurück, weil sie erst, als es draußen hell geworden war, bemerkt hatte, dass sie einen blauen Strumpf und einen braunen trug.

Ich weiß noch, dass es in den Läden sehr wenig zu kaufen gab. Tante Sophie und Jeannette gingen regelmäßig zu den Bauern in den Dörfern ringsum, um etwas zu essen zu besorgen. In den großen Städten wie Toulouse konnte man manche Lebensmittel auf dem schwarzen Markt bekommen, aber die Preise dafür waren entsetzlich hoch. Maman versuchte, etwas von der Bett- und Tischwäsche zu verkaufen, die sie auf der Flucht hatte mitnehmen können, aber das tat sie nur, wenn sie wirklich verzweifelt war.

Alles war rationiert, einschließlich der Kleider. In Städten wie Toulouse war es während des Winters unmöglich, irgendetwas Essbares aufzutreiben. Manchmal kam Maman mit leeren Händen vom Markt heim. An solchen Tagen bestand unser Abendessen nur aus ein paar Scheiben Brot.

„Es tut mir leid", entschuldigte sich Maman dann, „aber mehr habe ich nicht."

* * *

Maman machte sich ständig Sorgen wegen unserer Verwandten, die in Deutschland geblieben waren. Gerüchte und Berichte von Pogromen, Verhaftungen und Konzentrationslagern machten überall die Runde. Je mehr sie hörte, desto mehr hoffte und betete sie, dass unsere Verwandten irgendeinen Weg fänden, um unterzutauchen, so wie wir es getan hatten. Von Toulouse aus gelang es Maman nicht mehr, mit ihnen in Kontakt zu treten.

Ich konnte mich mit meinen viereinhalb Jahren noch an Papa erinnern, und unsere Wohnung kam mir ohne ihn leer vor. Ich hatte Angst, dass er überhaupt nicht zurückkommen würde. Maman sagte, ich dürfe Papa nie vergessen und müsse auch immer daran denken, dass wir in Deutschland noch Familie hätten. Meine Verwandten seien ein wichtiger Teil meines Lebens, sie seien meine Familie; aber es war schwierig für mich, mich an Verwandte zu erinnern, die ich nie gesehen hatte, und weder Maman noch ich konnten uns vorstellen, welchem Leid sie in Deutschland ausgesetzt waren. Ich verstand nur, dass wir uns mitten im Krieg befanden und in Lebensgefahr schwebten, weil wir keine Franzosen waren. Wir waren Juden.

Ich fragte Maman einmal, warum Großmutter und meine beiden Tanten nicht mit Papa gegangen wären, als er 1936 Deutschland verließ.

„Papa hat sie darum gebeten“, erklärte mir Maman, „aber sie haben ihn ausgelacht. Sie fanden, er sei verrückt, Deutschland zu verlassen. Sie wollten ihr gewohntes Leben nicht aufgeben. Die meisten Leute dachten, Hitler würde bald erledigt sein und der ganze Lärm schnell abklingen.“

Jedenfalls waren wir froh, zumindest mit einem Teil unserer Familie wieder vereint zu sein. Und wir verbrachten viele glückliche Stunden zusammen mit Tante Sophie und Jeannette.

Als der Sommer in Toulouse zu Ende war, nahm Jeannette mich mit in die „École Maternelle“ und meldete mich dort im Kindergarten an. Als sie nach meinem Namen gefragt wurde, antwortete Jeannette nachdrücklich: „Sie heißt Renée.“ So kam ich zu meinem französischen Namen. Von jenem Tag an ging ich mit Jeannette zur Schule und nach der Schule wieder nach Hause; meist liefen ein paar Jungen einige Schritte hinter uns her – es sollte nicht so aussehen, als gingen sie mit den Mädchen zusammen. Jeannette schärfte mir ein, niemals irgendjemandem gegenüber zuzugeben, dass ich Jüdin war, vor allem nicht in der Schule. Auch in der Öffentlichkeit sollte ich nie meinen wirklichen Namen gebrauchen. Sie wollte ganz sicher gehen, dass ich diese Lektion begriffen hatte; sie erfand Rollenspiele, in denen sie verschiedene Menschen mimte, die mich zum ersten Mal treffen. Wenn ich dann in irgendeiner Weise zu erkennen gab, dass ich Deutsche oder Jüdin war, schimpfte sie mich aus.

An die Schule habe ich keine gute Erinnerung; oft machten sich die anderen Kinder über mich lustig – nicht, weil sie gewusst hätten, dass ich Jüdin war, sondern einfach, weil ich neu war. Alle Kindergartenkinder waren in einem Raum untergebracht, und weil wir noch so klein waren, wurden wir hauptsächlich mit beaufsichtigten Spielen beschäftigt. Für mich begann der Tag erst gegen Abend, wenn Jeannette mich aus dem Kindergarten abholte und nach Hause brachte. Sie kam auch oft zu uns in unsere Einzimmerwohnung herüber und passte auf mich auf, während Maman unsere Kleider wusch oder unterwegs war, um etwas zu essen zu beschaffen.

Manchmal, wenn ich mich schlecht benahm und Jeannette nicht da war, um auf mich aufzupassen, schloss Maman mich in den Kohlenkeller hinter unserem Haus ein. Sie war immer ängstlich, besonders, weil Onkel Heinrich nicht bei uns war, und sie hatte Angst, dass ich, wenn ich zu ungezügelt und wild war, die Polizei auf unsere Wohnung, wenn nicht gar auf das ganze Haus, aufmerksam machen würde. Ich war oft laut, und laute Kinder waren nicht sehr willkommen in einem Haus, wo sich so viele ausländische Juden vor der französischen Polizei und den in Toulouse allgegenwärtigen Denunzianten verbargen.

Schon vor dem Morgengrauen stand Maman auf und zog sich im Dunkeln an. Ich wurde meist wach, wenn sie mit schwerem Schritt die Treppe vor dem Haus hinunter und dann draußen vor dem Fenster über das Kopfsteinpflaster ging. Manchmal hatte sie mir irgendeine Süßigkeit neben mein Bett gelegt. Das bedeutete, dass Maman sich auf dem Markt in eine Schlange stellte, Essen besorgte und bald wieder zu Hause sein würde. Maman machte ihre Besorgungen immer früh am Morgen, weil sie glaubte, dass nur dann überhaupt Lebensmittel zu bekommen waren. Diese Angewohnheit verminderte außerdem die Wahrscheinlichkeit, beobachtet zu werden. In einer Stadt wusste man nicht, welches Schicksal einen ereilen würde, aber essen musste man auf jeden Fall.

Im Laufe der Zeit passten wir uns der immer gefährlicheren Lage an. Wir verzichteten immer mehr auf jede Form von Freiheit, bis wir schließlich feststellten, dass keine mehr übrig geblieben war. Es war, als hätte uns jemand langsam und kaum, dass wir es überhaupt merkten, den Teppich unter den Füßen fortgezogen, und wir entdeckten jetzt, dass sich unter diesem Teppich kein Boden befand. Die grausame Wirklichkeit, die unser Leben in Frankreich während des Kriegs bestimmte, und die Furcht, die Nazis könnten den Süden übernehmen, verdrängten in Maman immer mehr die Erinnerung an bessere Zeiten. Sie sprach damals so wenig Deutsch, dass ich mich fragte, ob sie wirklich jemals in Deutschland gelebt hatte.

Onkel Heinrich kehrte im Oktober 1940 aus der Fremdenlegion zurück, eine ganze Weile vor Papa.

Er war etwas länger als ein Jahr fort gewesen und hatte Papa nur während der ersten Zeit gesehen. Ich fühlte mich von Anfang an zu meinem Onkel hingezogen – vielleicht, weil ich meinen Vater so sehr vermisste. Manchmal zog Onkel Heinrich abends seine Uniform an und erzählte Geschichten aus Marokko. Er war sehr groß, viel größer als Papa, braungebrannt und trotz seiner unregelmäßigen Gesichtszüge attraktiv. Seine freundlichen, verträumten Augen hatte Jeannette von ihm geerbt. Sie und Tante Sophie waren so glücklich, ihn wiederzuhaben, dass sie vor Erleichterung und Liebe fast platzten, nur weil er mit ihnen am Tisch saß. Unseligerweise schien ihr Glück Mamans Elend nur noch zu vergrößern. Sie machte sich große Sorgen um Papa und konnte nicht verstehen, warum er nicht mit dem gleichen Schiff wie Heinrich zurückgekehrt war. Maman war damals oft launisch und litt unter Stimmungsschwankungen, und ich fand es zu Hause nur dann erträglich, wenn Jeannette da war. Ich wollte immer mit meiner Cousine spielen oder mich mit Onkel Heinrich unterhalten; Mamans Traurigkeit dagegen ängstigte mich, und manchmal zog ich mich von ihr zurück.

Eines Morgens im Jahre 1941 schaute ich aus unserem Fenster und sah einen Mann die Straße entlangkommen. Ich beobachtete ihn einige Minuten lang, bevor ich hinaus in den

Flur lief und die Haustür aufriss. Aus irgendeinem Grund rief ich aus dem Hauseingang heraus: „Papa! Papa!“, obwohl ich den Mann überhaupt nicht kannte. Er blickte auf, sah mich und lächelte. Als er mein Winken erwiderte, wusste ich, dass es nur mein Vater sein konnte. Maman trat nach mir in den Hausflur und spähte über mich hinweg ebenfalls hinaus. Und bevor ich mich versah, rannte sie schon auf die Straße und rief meinen Vater beim Namen. Sie umarmte den Mann in der Uniform und begann zu weinen. Ich habe sie niemals so viel weinen sehen. Ja, es war wirklich Papa! Ich rannte zu ihnen hinaus, und der Mann nahm mich mit beiden Händen und hob mich hoch. Jetzt lachte Maman. Der Mann pflückte zwei Blumen aus dem Garten vor unserem Haus; eine gab er mir, die andere Maman. Dann trug er mich in unsere Wohnung und hielt uns lange Zeit fest umschlungen.

Papa saß auf einem Stuhl, während Maman sich daran machte, das Mittagessen vorzubereiten. „Du bist aber mager geworden!“, sagte sie zu Papa. Papa antwortete: „Und du machst ja wirklich schöne Komplimente!“ Maman lachte. So hatte sie schon lange nicht mehr gelacht. Ich erzählte Papa von meiner neuen Schule, von meiner Cousine Jeannette und wie ich gelernt hatte, Französisch zu sprechen. Jedes Mal nannte er mich Ruth; ich berichtigte ihn und erklärte, dass ich nun Renée heiße und dass mir Jeannette am ersten Morgen auf unserem Weg zur Schule eingeschärft hatte: „Ab jetzt heißt du Renée.“ Papa nickte und wechselte mit Maman einen Blick. „Das ist gut so“, sagte er zu ihr.

Maman schilderte, wie Jeannette mir eingeschärft hatte, mich wie ein französisches Kind zu benehmen. Maman erzählte Papa auch von dem Mann, der in der Wohnung nebenan wohnte und auf der Präfektur arbeitete. „Glaubst du, man kann ihm trauen?“, fragte Papa.

„Ja“, sagte Maman. „Er war uns gegenüber sehr freundlich und hilfsbereit.“

Papa war braungebrannt, und Maman sagte, die Uniform stehe ihm besser, als sie es in Erinnerung habe. „Aber ich bin froh, dass du sie nicht mehr tragen musst", fügte sie hinzu.

Ich hatte an diesem Abend Angst, schlafen zu gehen. Ich befürchtete, Papa würde vielleicht wieder fort sein, wenn ich am nächsten Morgen wach würde. Er schüttelte den Kopf und versicherte mir, er werde nicht mehr fortgehen. Mit seiner leisen, sanften Stimme erzählte er mir Geschichten von Marokko, bis ich schließlich einschlief.

Papa fand Arbeit in einer Altmetallfabrik in Toulouse. Er arbeitete dort – illegal – von acht Uhr morgens bis sechs Uhr abends. Maman ging wie gewohnt mit Tante Sophie zusammen zu den Bauernhöfen in der Umgebung, um Gemüse zu besorgen. Draußen auf dem Land überkam Maman jedes Mal eine besondere Ruhe, aber sobald sie in die Stadt zurückkehrte, war ihr Gesicht wieder voller Anspannung. Jeannette und ich gingen regelmäßig zur Schule, und soviel wir wussten, vermutete dort niemand, dass wir Juden waren.

Das Leben war beinahe normal.

Nachdem Onkel Heinrich und Papa aus der Fremdenlegion zurückgekehrt waren, verbrachten unsere beiden Familien viel Zeit miteinander. Zum ersten Mal im Leben hatte ich das Gefühl, in einer richtigen Familie zu leben. Onkel Heinrich machte sich Sorgen, dass ich nicht schnell genug lesen lerne; deswegen ging ich nach der Schule zu ihm, um mit ihm zu üben. Ich verbrachte viele Stunden in seiner Wohnung, und zwischen uns entwickelte sich eine tiefe Freundschaft, sehr zum Leidwesen von Maman, die es lieber gesehen hätte, ich wäre bei ihr zu Hause geblieben – am liebsten ständig.

In der Schule sprachen wir über Marschall Henri Philippe Pétain, den Helden von Verdun. Unsere Lehrerin erklärte uns, der Marschall sei ein umsichtiger und entschlossener Soldat, der trotz der Kriegswirren den Wiederaufbau Frankreichs in Angriff genommen habe. Sie hängte ein Bild von ihm in unserem Klassenraum auf, damit wir eine richtige Vorstellung von ihm bekamen, wenn sie von ihm redete. Später erzählte Onkel Heinrich mir, dass Richard Kapp, sein und Papas ältester Bruder, 1916 bei Verdun gefallen war. Er hatte auf der deutschen Seite gekämpft.

Und eines Tages in jenem Frühjahr erzählte uns unsere Lehrerin, dass Pétain höchstpersönlich nach Toulouse kommen werde. Es würde eine große Parade am Place Jean Jaurès stattfinden, und der Marschall würde dort eine Ansprache an die Bürger der Stadt halten. Ich bat Papa inständig, mit mir dorthin zu gehen, damit ich den Marschall sehen konnte. Meine Lehrerin hatte betont, dass Pétain der Stadt eine große Ehre erweise, indem er sich entschieden habe, gerade Toulouse zu besuchen, und dass es unsere Pflicht sei, ihn willkommen zu heißen. Er liebte es besonders, sich in seinen Ansprachen an die Kinder Frankreichs zu wenden.

Papa zögerte, bevor er auf meine Bitte einging. Er versuchte, mir zu erklären, dass es für uns zu gefährlich sei, zu der Parade zu gehen. Weil wir keine richtigen Franzosen seien, erklärte er, werde von uns nicht der gleiche Patriotismus erwartet wie von allen anderen. Allerdings wurde Papa immer unentschlossener, je mehr ich drängte. Schließlich griff Maman ein. „Der Lehrerin wird es vielleicht merkwürdig vorkommen, wenn sie feststellt, dass eine oder zwei ihrer Schüler nicht mitgekommen sind, um den Marschall willkommen zu heißen", sagte Maman.

„Wie soll sie in dem Gedränge bei der Parade irgendetwas davon merken können?", wollte Papa wissen.

„Vielleicht", sagte Maman vorsichtig, „gehen sie alle zusammen. Möchtest du, dass Ruth sich ausgeschlossen fühlt?"

„Wenn sie als Gruppe geschlossen gehen, so ist das ihre Sache. Ruth wird mit mir hingehen."

Maman lächelte mir zu. Sie machte sich ständig Sorgen, wir könnten irgendwie unsere deutsch-jüdische Herkunft und unser Dasein als Flüchtlinge verraten. Sie sagte immer, wir müssten lernen, uns so zu benehmen wie jede andere französische Familie in Toulouse auch. Wenn die anderen Schüler hingingen, um Pétain zu sehen, dann müsste ich auch gehen. Papa stimmte mir zu, dass es schließlich ein historisches Ereignis sei. Aber dennoch waren seine Befürchtungen nicht unbegründet. Es sollte nur noch Monate dauern, bis es keine „unbesetzte Zone" Frankreichs mehr gab und wir nicht nur vor der französischen Polizei, sondern auch vor der deutschen Gestapo fliehen mussten. Pétain würde für das französische Volk bald nur noch eine Galionsfigur sein, von vielen verachtet und schließlich als Verräter Frankreichs verurteilt werden.

Der letzte Zug von Toulouse

Wir stehen inmitten einer Menschenmenge auf dem Bürgersteig am Place Jean Jaurès. Maman ist nicht mit uns gekommen, um sich die Parade anzuschauen. Die Menge lärmt; die Leute sind aufgeregt und können es kaum abwarten, den Marschall zu begrüßen. Ich habe noch nie zuvor so viele Menschen gesehen. Alle blicken in die gleiche Richtung, aber ich kann nichts erkennen als die dunklen Röcke und Hosen der Leute, die vor mir stehen. Am Rande des Platzes bellt ein Hund, aber niemand aus der Menge kann sich darum kümmern, da wir alle hinter Absperrungen aus Metall stehen. Schließlich läuft einer der Gendarmen hinüber, nimmt den Hund und trägt ihn davon.

„Die Wagen kommen", sagt Papa.

Ich ziehe ihn am Arm, bis er mich auf seine Schultern hebt. Jetzt kann ich alles sehen. Die schwarzen, offenen Wagen mit dem Marschall kommen näher, und hinter seiner Wagenkolonne marschieren die Legionäre von Toulouse-Pyrenées. Papa sagt mir, ich solle winken. Ringsum winken die Menschen mit Hüten, Handschuhen und Flaggen. Eine Welle der Freude und Erwartung geht durch die Menge, als der Marschall an uns vorüberfährt. Ich finde den Lärm herrlich. Die Leute rufen: „Vive le Maréchal!“, und manche fangen an, „la Marseillaise“ und „Marschall, wir sind hier!“ zu singen. Konfetti wird in die Luft geworfen. Es sieht aus wie bunter Schnee und landet auf dem Haar der Frau vor mir. Papa meint, anscheinend hätte ganz Toulouse sich hier auf dem Platz versammelt; er habe gehört, dass über zwanzigtausend Legionäre da seien. Menschen versuchen, sich einen Weg durch die Menge zu bahnen. Einige der Leute, die in einer kleinen Gruppe hinter uns stehen, sind wütend und schreien etwas in Richtung Wagenkolonne. Ich weiß nicht, warum sie das tun. Papa hört zu, was diese Leute unter sich reden. Vielleicht sind es Juden wie wir, und sie haben Angst.

Der Platz selbst ist schön. Die Bäume tragen breite, tiefgrüne Blätter, wie ich sie sonst noch nirgends gesehen habe, und Hortensien und Geranien säumen die Straßen.

Papa geht den Bürgersteig entlang, so dass ich die Wagen besser kommen sehe. Aber da er am Ende einer ganzen Kolonne von Menschen geht, kann er gar nichts erkennen. Wir suchen uns einen anderen Platz direkt neben einem Baum, von wo aus wir eine bessere Sicht haben. Papa sagt, der Marschall sei nicht im ersten Wagen, sondern im zweiten oder dritten, er werde gleich aussteigen, uns zuwinken und zu der Menge sprechen. Ich entdecke meine Lehrerin, aber sie sieht mich nicht. Wir warten lange Zeit. Die Wagen fahren sehr langsam und rollen schließlich an uns vorbei. „Ich sehe ihn! Ich sehe ihn!“, rufe ich, obwohl ich mir nicht ganz sicher bin, ob ich ihn tatsächlich gesehen habe. Papa sagt, der Marschall sei der weißhaarige Mann, der in dem offenen Wagen stehe und nach links und rechts grüße. Alle Männer in den Wagen tragen Hüte und winken mir zu.

Die Wagen biegen um eine Ecke. Wir können sie nicht mehr sehen. Dann warten wir wieder lange Zeit. Ich entdecke

Monique, meine Schulfreundin. Sie steht mit ihren Eltern auf der anderen Straßenseite. Ich erkläre Papa, wer sie ist. Sie lächelt und nickt mir zu. Ich bin so glücklich, dass Monique meinen Papa sehen kann. So lange Zeit musste ich jedem in der Schule erzählen, dass Papa fort war, im Krieg. Jetzt können sie alle sehen, dass ich einen Vater habe, genau wie sie selbst.

Der Jubel schwillt weiter an, Willkommensrufe werden laut. Alle applaudieren. Wenn ich mich auf den Bordstein setze, kann ich zwischen den Beinen der Leute hindurchschauen, aber Papa meint, dann würde ich den Marschall verpassen. Ein weißhaariger Mann steigt auf eine Bühne mitten auf dem Platz. Er trägt einen Schnurbart. Ich weiß, dass das der Marschall selbst ist, weil er weiße Haare hat. „Das ist er, Papa!", sage ich, und Papa nickt. Ich winke. Ich sehe ihn sehr deutlich. Er hält seine Hand an seinen Hut. Papa sagt, das sei ein Gruß. Marschall Pétain trägt einen dunklen Militärmantel. Die Leute rufen: „Vive le Maréchal!" Alle rufen zur gleichen Zeit das gleiche, aber Papa ruft nicht; er sagt überhaupt nichts.

Der Marschall und der Bürgermeister von Toulouse schütteln sich die Hände. Dann überreicht der Marschall den französischen Soldaten eine Flagge. Es ist ein feierlicher Augenblick, und plötzlich herrscht vollkommene Stille. Marschall Pétain hebt die Hände und beginnt zu sprechen. Alle hören ihm schweigend zu. Er spricht von der Gemeinschaft aller Franzosen. Jeder müsse helfen, Frankreich wieder aufzubauen. Das sei unsere Pflicht. „Alle müssen helfen, dieses Bündnis des ganzen Volkes Wirklichkeit werden zu lassen, das so notwendig ist für die Rettung Frankreichs", sagt er.

Der Marschall redet nur kurz. Seine Stimme dröhnt über die Menge hinweg. Das liegt an dem Mikrofon, das er benutzt. Ich verstehe nicht alles, was der Marschall sagt. Er ist ein sehr alter Mann. Es ist Nachmittag, und die Sonne scheint warm auf mein Gesicht. Der Marschall wischt sich mit einem Taschentuch über die Stirn. Er beendet seine Rede, und der Jubel setzt erneut ein. Papa hebt mich von seinen Schultern herunter. Ich kann nicht sehen, wo der Marschall hingegangen ist. Papa nimmt mich an die Hand, und wir entfernen uns von der Menge. Er will heimgehen, aber ich will noch bleiben und auf die Wagen warten. Papa sagt, der Weg zurück zu unserer Wohnung sei noch lang. Der Wind wirbelt Staub auf und bläst ihn mir in die Augen. Die Menschen stehen jetzt dicht gegen die metallene Absperrung gedrängt und warten darauf, dass der Marschall noch einmal erscheint.

„Ich weiß gar nicht, wo all diese Menschen herkommen“, sagt Papa.

Wir kehren auf dem Rückweg in ein Café ein und setzen uns dort ans Fenster. Papa bestellt einen Kaffeeersatz und lässt mich einen Schluck davon trinken. Er sagt, dieser Kaffee sei aus Zichorie gemacht. Er schmeckt ihm nicht, aber er trinkt ihn trotzdem. Man bekäme in Frankreich keinen echten Kaffee mehr, sagt er. Papa fragt mich noch einmal nach der grauhaarigen Dame, die mich vor einigen Wochen nach der Schule auf der Straße angehalten hat. „Was hast du ihr gesagt?“, fragt er mich wieder. „Hast du sie seither noch einmal gesehen? Bist du dir sicher, dass sie nicht eine eurer Lehrerinnen ist?“ Ich kann mich nicht mehr erinnern. Warum ist das so wichtig? Papa erklärt mir, dass die Frau vielleicht eine Denunziantin sei, jemand, der die Verstecke der Juden, die auf der Flucht sind, verrät.

„Sie ist eine gemeine Frau“, erkläre ich Papa.

Er blickt über meinen Kopf hinweg zum Fenster hinaus, wo immer noch der Staub durch die Straßen wirbelt.

Wir verlassen das Café und gehen weiter. Papa kennt von hier aus den Weg nach Hause. Wir haben Frühsommer, und die Bäume in Toulouse stehen in vollem, tiefen Grün. Manche Häuser haben Blumenkästen vor der Tür. Papa hält mich an der Hand, aber er sagt nichts.

„Magst du Marschall Pétain, Papa?“, frage ich ihn.

Papa schaut die Straße entlang. „Oh, ich weiß nicht. Was meinst denn du, meine kleine Renée?"

„Ich mag ihn, Papa. Er ist mein Marschall. Aber er ist für einen Marschall von Frankreich schon sehr alt."

Papa lacht nur. Ich kann es gar nicht abwarten, Jeannette von der Parade zu erzählen.

Am nächsten Tag, dem 15. Juni, liest Papa mir aus der Zeitung „La Dépêche" vor. Die Überschrift ist fettgedruckt: LE MARÉCHAL EST ACCLAMÉ AVEC UNE FERVEUR ET UN ENTHOUSIASME INDESCRIPTIBLES. Dazu gibt es ein Foto des Marschalls, wie er den Legionären auf dem Platz Jean Jaurès die Flagge überreicht. Papa sagt, diesen Tag würde ich nie in meinem Leben vergessen; ich hätte einen historischen Augenblick miterlebt.

Das Schuljahr in Toulouse ist zu Ende. Es ist Sommer, und Maman sagt, dass die Hitze ihr zu schaffen mache. Unsere Wohnung sei zu klein, meint sie. Wir haben nur ein Fenster.

Papa sagt: „Wir sollten zufrieden sein mit dem, was wir haben."

Maman meint, es sei vielleicht an der Zeit, uns nach einer anderen Bleibe umzusehen. Zu viele Leute kennen dieses Haus. Aber ich habe mich daran gewöhnt, dort zu wohnen, und möchte nicht schon wieder umziehen. Maman vermisst einen Lebensstandard, den ich nie kennen gelernt habe.

Jeannette fragt mich, ob ich ihr beim Kochen helfen könne. Heute Abend fängt der Sabbat an, und sie hat jemanden zum Essen eingeladen. Es ist ein Junge, der ein paar Häuserblocks entfernt in einer Druckerei arbeitet. Ich darf Jeannette beim Ankleiden helfen. Sie hat eine Lauchsuppe für ihren Freund gekocht. Weil es ein besonderer Abend ist, muss ich bald nach Hause gehen. Jeannette meint, ich könne ihren Freund ja ein anderes Mal kennen lernen. Ich bitte sie, mir zu erklären, was die Sabbatgebote bedeuten, aber sie sagt, heute Abend sei dafür keine Zeit. Meine Eltern haben diese Gebote nicht mehr beachtet, seit sie in Frankreich sind, aber Onkel Heinrich besteht darauf, dass der Sabbat in seinem Haus immer geachtet wird, ganz gleich, in welcher Gefahr sich die Familie befindet.

„Du kannst am nächsten Sabbat bei uns sein, Renée", verspricht Jeannette, „vorausgesetzt, deine Eltern erlauben dir, so lange auszubleiben. Wie sehe ich denn jetzt aus?" Sie dreht sich immer wieder um sich selbst. Sie trägt einen Rock; Maman hat ihr geholfen, ihn zu nähen. Irgendwo hat Jeannette auch eine Halskette aus grünen Perlen gefunden und sie sich angelegt.

Onkel Heinrich kommt herein. „Wunderschön, Jeannette!", sagt er.

Ich stehe auf einem Stuhl und kämme Jeannettes Locken. Sie hat langes Haar. Ich liebe es, wenn es sich unter meinen Fingern kringelt.

Bald klopft es an der nur angelehnten Tür. Es ist Papa; er ist früh von der Fabrik zurück. Papa kommt herein. Als er Jeannette sieht, zieht er die Augenbrauen hoch und pfeift. Onkel Heinrich sagt Papa, er solle sich einen Stuhl nehmen und einen Schluck Wein mit ihm trinken. Tante Sophie ist im Nebenzimmer und zieht sich an. Sie möchte gut aussehen, wenn Jeannettes Freund kommt. Papa dreht sich zu Onkel Heinrich um und gibt ihm einen Stups. „Eine richtige Schönheit", sagt er. Er spricht von Jeannette. Onkel Heinrich nickt und lächelt. „Du wirst in ein paar Jahren auch eine haben."

Ich klettere von meinem Stuhl herunter und laufe zu Onkel Heinrich. „Liest du mir etwas vor, Onkel? Bitte! Nur ein bisschen, bevor ich gehen muss?"

Er lacht, und ich hole mein Lieblingsbuch hervor, die französische Fassung des „Rotkäppchens". Er beginnt, mir die Geschichte vorzulesen, aber ich kenne sie schon auswendig. Ich folge den Worten mit meinem Finger. Onkel Heinrich hält meine Hand immer über das Wort, das er gerade liest. Tante Sophie kommt, ganz fein gemacht, ins Zimmer. „Ah, noch eine Schönheit!“, sagt Papa und steht auf. Tante Sophie lächelt und dreht sich einmal um sich selbst.

„Komm, Renée“, sagt Papa. Er schaut auf seine Uhr. „Es ist sieben Uhr. Zeit, heimzugehen. Maman wird sich schon Sorgen machen.“

„Ich möchte noch bleiben und hier essen!“

Jeannette lacht und schüttelt den Kopf. Tante Sophie nimmt mich in die Arme und sagt: „Du isst morgen Abend mit uns, Renée. Abgemacht?“

„Ja. Danke schön.“

„Bon soir!“, ruft Papa, während er die Tür hinter sich zuzieht. Ich höre Onkel Heinrich und Tante Sophie noch auf Wiedersehen sagen. Wir gehen die Stufen hinunter und treten auf die stille Straße hinaus. Es ist immer noch hell draußen. Einen Augenblick lang steht Papa einfach da und schaut zum Himmel auf. Er holt tief Luft, und wir hören ringsumher die Heuschrecken zirpen. Wir biegen um die Ecke und gehen durch den Vorgarten zu unserem Haus. Drinnen bleibt Papa am Fenster rechts neben der Eingangstür stehen. Wir blicken von dort aus auf die Straße hinaus. Ein Junge geht vorüber. Papa sagt, das müsse Jeannettes Freund sein. Er lacht ein bisschen. „Sieht ganz nach einem netten Jungen aus“, sagt er. Dann dreht er sich vom Fenster weg. Er sagt, er habe ein merkwürdiges Gefühl, könne aber nicht sagen, warum.

Maman wartet bereits mit dem Abendessen auf uns. „Wo seid ihr bloß gewesen? Ich habe mir Sorgen gemacht!“ Das sagt sie immer. Papa denkt, es sei gut, wenn Maman sich Sorgen macht. Wenn sie sich einmal keine Sorgen mehr macht, dann weiß er, dass etwas schief gehen wird.

„Ich habe mit Heinrich ein Glas Wein getrunken“, sagt Papa.

Wir erzählen Maman alles über Jeannettes Rock und über den Jungen, den wir noch gesehen haben, wie er die Straße entlang kam. Maman findet, dass es für den Jungen gefährlich sei, sich draußen auf der Straße sehen zu lassen, solange es noch hell ist. Er könnte die Aufmerksamkeit auf unser Haus lenken. Wir wissen, dass viele Juden unter Überwachung stehen oder bereits abgeholt worden sind. Papa zuckt die Achseln. Ich gehe hinüber zum Fenster und schaue nach, ob jemand Jeannettes Freund folgt. Es ist niemand zu sehen.

Wir setzen uns, um zu Abend zu essen. Als wir gerade anfangen wollen, knarrt draußen im Flur ein Dielenbrett; dann klopft es an der Tür. Maman und Papa schauen sich über den Tisch hinweg an. Papa hat sich gerade ein Stück Brot genommen und erstarrt mitten in der Bewegung. Sie schauen sich immer noch an. „Was ist los?“, flüstere ich. Maman steht langsam auf, während Papa zur Tür geht. Es klopft wieder. Papa sagt leise: „Oui?“

„Ich bin's, Lambert“, sagte eine Stimme von der anderen Seite der Türe.

Maman lässt sich erleichtert auf ihren Stuhl sinken. Sie sagt Papa, dass es sich um den Mann handelt, der in der Präfektur arbeitet. Papa öffnet die Tür, und der Mann stürzt ins Zimmer. Er ist völlig außer Atem. Er ist den ganzen Weg zu unserem Haus gerannt. Er sagt Papa, er solle die Tür schließen. Maman steht wieder auf. Sie nimmt meine Hand. Der Mann wirkt ängstlich und erschöpft. Er ist übergewichtig und schnauft stark, weil er so schnell gerannt ist.

„Sie müssen hier raus! Schnell! Ich habe es heute bei der Arbeit gehört. Sie wissen alles über dieses Haus. Es wird eine Razzia stattfinden, wahrscheinlich innerhalb der nächsten Stunden! Sie dürfen keine Minute länger warten.“

Papa schluckt. Maman wirft bereits Sachen in eine Tasche. Sie holt eine kleine Dose unter der Matratze hervor und steckt sie in die Tasche. Ich weiß, dass es die Dose mit dem Geld ist. Dann wirft sie meine Kleider und ihre eigenen in die Tasche. Papa will zur Tür hinausgehen.

„Wo gehst du hin, Benno?“, fragt Maman. Ihre Augen sind vor Schreck ganz groß.

„Ich muss hinüberlaufen und Heinrich warnen."

Monsieur Lambert flüstert: „Sind Sie verrückt? Dazu ist keine Zeit. Ich werde ihn warnen. Auf welcher Etage wohnt er?"

Papas Augen verengen sich zu Schlitzen. „Wie können wir wissen, dass Sie nicht versuchen, uns hereinzulegen?", fragt er. „Wir laufen zum Bahnhof, und vielleicht haben Sie die Polizei dorthin bestellt, damit sie uns verhaftet."

„Benno!", schreit Maman. „Dieser Mann hat uns so sehr geholfen. Warum sollte er uns jetzt verraten wollen?"

„Sie werden mir einfach glauben müssen, Monsieur", sagt der Mann, „wenn Sie nicht hier in diesem Haus verhaftet werden wollen."

Papa erklärt dem Mann, wo er Onkel Heinrich findet. Der Mann nickt und schaut auf seine Uhr. „Ich werde sofort hingehen. Sie haben mein Wort. Aber sehen Sie zu, dass Sie hier so schnell wie möglich rauskommen. In zehn Minuten geht ein Zug", erklärt er noch. „Es ist der letzte Zug heute Abend. Ich werde Ihren Bruder warnen, aber Sie beeilen sich besser und machen, dass Sie von hier fortkommen."

Dann ist er verschwunden.

Maman hat schon unsere Sachen gepackt. Ich fange an zu weinen. „Was ist mit Jeannette?"

Maman schüttelt den Kopf. „Sie wird schon bald wieder bei uns sein, Renée."

Wir flüstern alle, als ob die Polizei bereits draußen vor der Tür stände. Papa setzt seinen Hut auf; wir gehen zur Tür. Maman dreht sich noch einmal um und lässt ihren Blick traurig durch den Raum, über den Tisch und die erst halb verzehrte Mahlzeit schweifen.

Wir laufen durch den Vorgarten. Sylvie sieht uns oben vom Fenster aus nach. Papa sieht zurück, als ich sie ihm zeige, und er macht ihr Zeichen, sie solle uns nachkommen, aber sie wendet sich einfach ab. Tante Sophie hat sie davon überzeugt, dass die Polizei Frauen und Kindern nichts anhaben wird. Maman drängt mich vorwärts. Ich möchte, dass sie aufhört, mich zu schubsen, aber sie sagt nur immerzu, ich müsse mich beeilen. Der Zug werde in fünf Minuten abfahren. Wenn wir diesen Zug verpassten, würden wir geschnappt werden. Ich fange an zu lachen. Ich habe noch nie zuvor meine Eltern rennen sehen, und jetzt tragen sie auch noch schwere Taschen, die sie noch unbeholfener aussehen lassen. „Still, Ruth!“, sagt Maman. „Still!“

Als wir um die Ecke biegen, kommen wir an Onkel Heinrichs Wohnung vorbei. Papa schaut hinauf zu den mit Läden verschlossenen Fenstern, aber wir dürfen nicht rufen. Wir dürfen keine Aufmerksamkeit erregen. In der Straße gibt es nicht auch nur die geringste Spur von Monsieur Lambert. Hat er Onkel Heinrich bereits gewarnt? Ist er jetzt dort oben in der Wohnung und hilft ihnen, sich fertig zu machen?

Wir eilen weiter. Schon erreichen wir den Bahnhof. Wir haben Glück. Der Bahnsteig ist nicht weit von Onkel Heinrichs Wohnung entfernt. Er müsste jetzt jede Minute auftauchen. Aber Onkel Heinrich kommt nicht. Maman blickt sich ständig um. Papa nimmt seinen Hut ab und hält ihn in der Hand. Er starrt ausdruckslos die Straße hinauf und hinunter. Wir hören den Zug in den Bahnhof einfahren. Kühle Luft weht mir ins Gesicht, als er an uns vorbeirattert.

Papa hält immer noch nach Onkel Heinrich Ausschau, aber von ihm ist keine Spur zu sehen.

„Wird man uns erwischen, Maman?“, frage ich.

„Still, Renée. Wenn der Zug hält, steig direkt hinter mir ein. Sprich kein Wort.“

Ich nicke. Ich weiß, was ich zu tun habe. Wir haben das schon früher gemacht, Maman und ich. Wir stehen auf dem Bahnsteig inmitten einer Menge von Menschen. Der Zug fährt ein, und der Schaffner steigt aus. Ein Bahnhofsbeamter gibt das Ziel des Zuges bekannt. Papa hat einem Mann in Uniform irgendwelche Papiere gezeigt. Wir steigen in einen der letzten Waggons. Im Zug ist es heiß. Maman und ich schauen noch ein letztes Mal durch die verschmierten Fenster, wo Onkel Heinrich bloß bleibt. Er ist immer noch nicht da. Es ist niemand zu sehen.

Wir finden einen Platz am Fenster. Maman und ich setzen uns, aber Papa muss stehen. Er schiebt die Taschen auf die Gepäckablage über unseren Köpfen. Es ist Abend, der Himmel verdunkelt sich und ich weiß, dass die Dunkelheit Onkel Heinrich verschlingen wird. Maman und Papa sehen einander an, sagen aber nichts. Wenn sie darüber sprächen, würden die Leute ringsum wissen, dass wir Juden sind, dass wir auf der Flucht sind.

Ich starre aus dem Fenster. Zu unserem Glück fährt der Zug tatsächlich nach Albi, so wie Monsieur Lambert es gesagt hat. Maman sagt, wir würden in ein Dorf namens St. Juéry gehen. Sie hat die Adresse von Tante Hanna, die dort lebt. Ihre Adresse steht auf der Rückseite eines Briefumschlags geschrieben. Als der Zug anrollt, lassen wir die Bäume, das Gras, den Bahnsteig hinter uns zurück. Zuerst ganz langsam, dann immer schneller. Jetzt ist es nicht mehr die Welt draußen, die sich bewegt, sondern wir sind es, der Zug. Zuerst fühlt es sich so an, als würden wir uns überhaupt nicht bewegen. Wenn doch nur alles noch für ein paar Augenblicke still stände, dann, das weiß ich genau, würde uns Onkel Heinrich noch rechtzeitig erreichen.

Als ich mich vom Fenster abwende, weint Maman. Sie hält ihr Taschentuch vor die Augen. Ich muss weinen, wenn ich sie so sehe. Wir sind schon lange aus dem Bahnhof heraus. Papa hebt die Hände, und lässt sie wieder fallen. Das bedeutet, dass er nichts mehr tun kann.

„Vielleicht gibt es doch noch einen Zug“, murmelt Papa Maman zu. „Nein“, Maman schüttelt den Kopf. „Ich habe eine Frau sagen hören, dass es der letzte Zug ist, der heute Abend geht; Monsieur Lambert hat Recht gehabt.“

„Wo werden wir heute Nacht bleiben, Maman?“

„Bei Onkel Oscar", sagt sie, „bei ihm zu Hause."

Papa sieht auf seine Armbanduhr. „Es ist acht Uhr vierzig", sagt er. Der Zug fährt nun schnell und ruckelt dabei. Unter meinen Füßen wird ein Stampfen laut. Ich sehe ein Licht im Fenster eines der Häuser, an denen wir vorbeifahren. Selbst ich weiß, dass Lichter bei Nacht verboten sind. Vielleicht ist es das Scheinwerferlicht eines französischen Polizisten, der gekommen ist, um noch mehr Juden abzuholen. Warum hassen sie uns so sehr? Warum sind sie hinter uns her? Ich wünschte, Jeannette wäre bei uns, damit ich sie fragen könnte. Mit meinen Eltern spreche ich nie darüber; ich habe zu viel Angst vor dem, was sie sagen könnten.

Der Himmel ist tiefblau, schon fast schwarz, und überall um uns herum breitet sich Dunkelheit aus. Bald sieht man keine Straßen mehr, nur noch Finsternis. Ich kann noch Hügel erkennen, die tagsüber grün sind, und Bäume, die sich über die Schienen beugen und ausschauen wie dunkle Geister. Maman sagt: „Oh, Benno, ich habe die Decke vergessen!" Aber dann schüttelt sie den Kopf und sieht wieder aus dem Fenster; das ist ja nur irgendein lächerliches Ding.

Nach einer Weile schläft Maman ein, aber ich schlafe nicht. Ich beobachte die Leute, die ein- und aussteigen. Der Zug ist voller Zivilisten. Der Mann, der mir gegenüber sitzt, steht auf, um auszusteigen, so dass sich Papa nun hinsetzen kann. Ich will wach bleiben, falls etwas passiert. Die ganze Zeit denke ich, Onkel Heinrich wird in einem der anderen Waggons sein und kann jede Minute durch die Verbindungstür zu uns hereinkommen. Papa schaut sich ebenfalls jedes Mal um, wenn sich diese Tür öffnet. Papa sagt, der Zug werde jetzt sehr lange nicht mehr anhalten. „Versuch, etwas zu schlafen, Renée", sagt er. Er sieht aus dem Fenster. Ich kann sehen, dass er sehr traurig ist. Der Zug fährt schneller, so scheint es, während es in einer Kurve einen felsigen Hang entlanggeht. Dann fährt er durch eine offene Landschaft.

Ich fange wieder an zu weinen. Mir fällt ein, dass ich Jeannette für heute Abend den Armreif geliehen habe, den ich letzte Woche in der Schule auf dem Boden gefunden habe. Er stand ihr so gut. Sie hat auch meine Sammlung von Haarbändern ausgeliehen. Papa sagt, sie würden Jeannette nun helfen, an mich zu denken, bis wir wieder zusammen sein können.

Mamans Kopf kippt jetzt von einer Seite zur anderen, während der Zug langsamer wird. Ein Schaffner geht durch unser Abteil und sagt, der Zug werde bald halten. Papa schaut auf seine Uhr, und Maman öffnet die Augen. „Es kann noch nicht Albi sein", sagt sie. Papa schüttelt den Kopf. „Nein, das kann es noch nicht sein."

Der Zug ruckelt durch eine Kurve, die an einem blauschwarzen Feld entlangführt. Es ist, als ob wir glitten. Dann kreischen die Bremsen, man hört das Pfeifen der Lokomotive. Papa weiß nicht, wo wir sind.

Der Schaffner kommt in unseren Wagen. „Letzter Halt heute Nacht. Alles aussteigen!"

„Er muss sich täuschen", sagt Maman. „Das kann noch nicht Albi sein. Wenn das nur ein Trick ist, Benno? Hier sind wir doch irgendwo am Ende der Welt."

Wir müssen aussteigen. Papa holt unsere Taschen herunter. Maman nimmt mich an die Hand. Wir warten, bis der Zug hält, und gehen dann zur Tür. Die Leute hinter uns drängeln. Alle wollen wissen, was eigentlich los ist.

Draußen ist es stockdunkel. Wir springen ins Gras, und der Schaffner erklärt uns, dass wir außerhalb von Albi sind. Wir werden zu Fuß in die Stadt gehen müssen. Der Zug wird nicht mehr weiterfahren – warum, erfahren wir nicht. „Geht dort hinten nach rechts", sagt der Mann, „und dann die Hauptstraße entlang." Ich höre, dass einige Leute murren und sich beschweren, aber alle setzen sich in die gleiche Richtung in Bewegung, entlang der unbefestigten Straße. Niemand weiß, warum der Zug nicht mehr weiterfährt.

Papa dreht sich mehrmals um. Er lässt mich vor sich herlaufen. Maman, so sagt er, hat Angst, sie würden von hinten auf uns schießen. So etwas soll in anderen Ländern vorgekommen sein.

Ich war erst einmal nachts unterwegs – als Maman und ich in Toulouse ankamen. Ich habe Angst, aber ich lasse es meine Eltern nicht merken. Überall um uns herum höre ich Heuschrecken und andere merkwürdige Geräusche, die ich vorher noch nie gehört habe. Maman hat mich an die Hand genommen. Über unseren Köpfen sehe ich in der Dunkelheit merkwürdige schwarze Formen aufsteigen und niederfahren. Papa sagt, das seien bloß Nachtvögel oder Fledermäuse. „Aber sie werden uns nichts tun, Ruth." Er nennt mich bei meinem richtigen Namen. Das spielt jetzt keine Rolle mehr. Niemand hört zu.

„Wie sollen wir bloß den Weg nach St. Juéry finden?", rätselt Maman.

Nach einer Weile kommen wir in eine Stadt. Einige der Leute, die vor uns gehen, biegen in verschiedene Straßen ab. Papa ruft jemandem zu: „Wo geht es nach St. Juéry, mein Freund?" Einen Augenblick lang herrscht Stille. Ich sehe ein winziges orangefarbenes Licht; es leuchtet hell auf und verblasst dann. Ich rieche den Geruch von starkem Tabak. Jemand raucht. Mir fällt ein, dass ein Freund von Papa gesagt hat, Zigaretten seien heutzutage kaum noch zu bekommen. Eine Männerstimme sagt: „Immer dieser Straße nach, bis ins Stadtzentrum. Wenn Sie an die Hauptstraße kommen, gehen Sie nach links und folgen dann der Avenue Gambetta aus der Stadt heraus."

„Wie lange werden wir unterwegs sein?"

„Gut anderthalb Stunden von hier aus, mit der Kleinen vielleicht noch länger."

Maman stöhnt, aber Papa sagt, wir müssten heute Nacht noch bis St. Juéry kommen. Es gibt kein Zurück.

„Für dich ist es einfach", sagt Maman. „Du warst in der Legion."

„Hör zu, ich werde alle Taschen tragen“, bietet Papa an. „Wir können die Nacht nicht auf der Straße verbringen, und wenn wir etwas haben, dann ist es Zeit!“

* * *

Wir marschieren immer noch, lange nachdem alle anderen verschwunden sind. Manchmal macht Maman einfach Halt und lehnt sich gegen ein Haus. Fremdartige Geräusche ängstigen mich. Vielleicht sind es Tiere, die einander in den Bäumen etwas zurufen. Manchmal hören wir abseits der Straße einen Zweig knacken; dann bleibt Papa stehen, um zu lauschen. Als wir die Hauptstraße erreichen, kann ich weit weg die Umrisse eines gewaltigen Gebäudes erkennen. Es hat einen geschwungenen Turm und ist von einer Mauer umgeben. Papa sagt, das sei eine Kathedrale. Maman sagt: „Wir können doch heute Nacht in der Kathedrale schlafen“, aber statt dessen gehen wir nach links und folgen der Wegbeschreibung, die der Mann uns gegeben hat.

„Die Kathedrale ist möglicherweise zugeschlossen“, meint Papa.

Maman sagt nichts. Mit schwerem Schritt geht es die Straße entlang. Ich bin so müde, dass Papa mich tragen muss. Maman nimmt die Taschen. Ihre Füße schmerzen.

„Lass uns in der Mitte der Straße gehen“, sagt sie. „Vielleicht kommt jemand mit einem Auto vorbei und nimmt uns mit.“

Wir marschieren mitten auf der Straße weiter. Manchmal geht Papa vor Maman, mit mir in den Armen; manchmal gehen wir alle nebeneinander.

„Vielleicht ist das doch nicht so klug“, sagt Papa schließlich. „Wenn um diese Zeit wirklich jemand hier herfährt, ist es wahrscheinlich die Polizei, und wenn wir dann mitten auf der Straße laufen, wird man uns bestimmt festnehmen. Lasst uns lieber wieder am Straßenrand entlanggehen.“

Maman ist müde und will überhaupt nicht mehr gehen. Papa setzt mich ab, und Maman setzt sich mitten auf der Straße auf die Taschen. „Genauso war es, als wir in Alençon ankamen“, murmelt sie. „Ich bin nur froh, dass du diesmal dabei bist. Wie sollen wir zu dieser Nachtzeit Oscars Haus finden? Wir haben die Adresse, aber was ist, wenn wir die Straße nicht finden?“ Papa zuckt bloß die Achseln. „Es wird sicherlich irgendjemand vorbeikommen.“

Wir gehen weiter. Die Dunkelheit ist noch undurchdringlicher geworden. Schwarze Gestalten stoßen auf mich herab; ich hebe die Arme über den Kopf, um sie abzuwehren. Papa nimmt mich wieder auf den Arm und trägt mich. Maman hat die beiden Taschen genommen. Ich schlafe in Papas Armen beinahe ein.

Wir gehen die Straße entlang, bis wir in der Ferne Häuser sehen. Maman sagt, Oscar wohne vielleicht unter falschem Namen in dem Dorf. „Vielleicht haben sie falsche Papiere“, sagt sie. Sie bleibt einen Augenblick mitten auf der Straße stehen und ruht sich aus. Papa sagt: „Je eher wir dort sind, desto eher können wir ausruhen.“ Er setzt mich wieder ab, und ich muss selber gehen, damit er für Maman die Taschen tragen kann. Die arme Maman; sie ist so erschöpft, dass sie anfängt zu weinen. Sie schlägt die Hände vors Gesicht. Papa setzt die Taschen wieder ab und legt seine Arme um Maman und zieht sie an sich. Ich gehe zu ihnen, zu meinen Eltern, und versuche, meine Arme um ihre Beine zu legen. Papa muss lachen, und dann auch Maman.

Wir gehen die Hauptstraße entlang, einen Hügel hinauf und kommen an eine Kreuzung. Auf beiden Seiten der Straße sind Häuser, alle völlig dunkel. Auf der Kuppe des Hügels an einer Ecke liegt ein Café, aber es ist geschlossen. Wir gehen hinüber und lehnen uns gegen das Backsteinsims, während Maman ein zerknittertes Stück Papier mit Onkel Oscars Adresse zum Vorschein bringt. Zu unserem Glück hängt am Straßenfenster des

Cafés ein alter Stadtplan von St. Juéry. Papa zündet einen Streichholz an, damit er besser sehen kann, und fährt mit dem Finger auf der Karte mehreren Straßenzügen nach, die auf dem Plan zu sehen sind. Er verbrennt sich und muss ein neues Streichholz anzünden. Es ist so schwül und heiß, dass es ebenso gut Mittag sein könnte. Maman hat sich ans Fenster des Cafés gelehnt. „Erinnerst du dich noch an Onkel Oscar?“, fragt sie mich. „Und an deine Cousine Raymonde?“ Ich schüttle den Kopf. „Macht nichts. Du wirst dich schon noch an sie erinnern, wenn du sie wiedersiehst.“ Maman lächelt. Ihre Augen wirken müde, ihr Gesicht ist verhärmt. Sie wischt sich mit einem alten Tuch, das sie um den Hals trägt, die Stirn ab.

„Hier ist es!“, sagt Papa. „Hier müssen wir langgehen.“ Er nimmt unsere Taschen. „Wir müssen den Hügel hinunter und den Weg, den wir gekommen sind, wieder zurückgehen.“

„Oh, mon Dieu!“, sagt Maman. Sie ist so müde, dass Papa ihr aufhelfen muss. Wir gehen zurück, die Straße hinunter. Ich habe mich inzwischen so an die Dunkelheit gewöhnt, dass ich keine Angst mehr habe. Als wir den Fuß des Hügels erreichen, macht Papa Halt und sagt: „Hier. Wir müssen diese Straße hinauf.“ Maman sieht ihn an. „Hier muss es irgendwo sein“, sagt er, „in dieser Häuserzeile.“

Wir bleiben vor einem Haus stehen, das etwas von der Straße zurückliegt, und Papa geht durch den Vorgarten zur Haustür. Maman und ich folgen ihm. Alles ist dunkel. In keinem der Fenster brennt Licht. Auch hier gibt es also Verdunklungsvorhänge. Papa stellt die Taschen ab und klopft an die Tür. Drinnen ist alles mucksmäuschenstill. Mamans Hände ruhen auf meinen Schultern.

„Es ist spät, Benno. Sie schlafen bestimmt schon. Klopf noch einmal.“

Also klopft Papa noch einmal, aber es kommt niemand. Er geht um das Haus herum, und wieder folgen Maman und ich ihm. In der Dunkelheit erkenne ich einen Zaun um einen kleinen Garten und eine Wäscheleine herum. Irgendjemand muss hier wohnen. Die Heuschrecken sind sehr laut, aber man sieht sie nicht. Sie sind wie wir, sie verstecken sich in der Nacht. Papa klopft an die schmale Hintertür. Und dann an das Glasfenster, das dunkelblau überstrichen ist.

Endlich hören wir drinnen Geräusche, ein schwaches Rascheln dringt zu uns nach draußen. Schritte nähern sich der Tür. Wir warten in der Dunkelheit, ohne jede Vorstellung, wer an die Tür kommen wird. Uns ist klar, dass Onkel Oscar und Tante Hanna schon längst von hier fortgegangen sein könnten. Aber dann öffnet sich die Tür ein paar Zentimeter, und ein schlanker, großer Mann steht da, mit einer Öllampe, die nur sehr schwach leuchtet. Maman flüstert: „Oscar?", und der Mann kommt näher, damit er besser sehen kann. Seine Augen blinzeln. Ich höre einen Laut aus Mamans Kehle, als ob sie wieder weinen müsse.

„Lissy?", fragt der Mann.

Dann schiebt er uns schnell in das dunkle Haus hinein, und Maman umarmt ihn unter Tränen, während er sie an sich drückt. Es ist ihr Bruder, und er lebt und ist in Sicherheit.

Die Razzia bei Onkel Oscar

Wir hatten Glück, dass es eine direkte Zugverbindung von Toulouse nach Albi gab. In jener Nacht im August 1942 fuhr der Zug nicht weiter. Albi war buchstäblich die Endstation, und aus Gründen, die uns unbekannt waren, hielt der Zug kurz vor dem Bahnhof. Onkel Oscar musste sich selbst zusammenreimen, was uns widerfahren war, während Maman ihm alles gleichzeitig zu erzählen versuchte. Papa saß stumm in einer der hinteren Ecken des schwach beleuchteten Zimmers. Er wirkte ausgezehrt. Sein Gesicht war aschgrau. Maman erzählte Onkel Oscar von dem Nachbarn, der in der Präfektur arbeitete, und davon, wie er uns vor der bevorstehenden Hausdurchsuchung gewarnt hatte.

„Wir wissen nicht, was aus Heinrich geworden ist", sagte Maman ruhig. „Er ist nicht zum Bahnhof gekommen."

Onkel Oscar warf Papa einen hoffnungsvollen Blick zu. „Vielleicht gab es ja noch einen Zug nach eurem, der in eine andere Richtung fuhr?", warf er ein.

„Nein." Papa schüttelte den Kopf. „Die Züge, die von Toulouse abfuhren, standen auf keinem Fahrplan, und dieser Mann von der Präfektur sagte, dass unserer der letzte Zug sei, der an diesem Abend Toulouse verließ."

Onkel Oscar nickte und verstummte. Ich starrte ihn eine Weile an und erinnerte mich vage an den Mann, der bei unserer letzten Begegnung so viel jünger ausgesehen hatte. Sein dunkles Haar wurde bereits dünner, und seine Haut war sehr braun, als arbeitete er die meiste Zeit im Freien. Für mich hatten Onkel Oscar und Maman keine Ähnlichkeit. Er war viel größer als sie, hatte ein breites Gesicht und dunkles Haar, während Mamans Gesicht lang war, beinahe schmal, und ihr Haar hellbraun.

Tante Hanna kam herein und redete über andere Dinge. Als ich ihre Stimme hörte, konnte ich mich an sie erinnern, obwohl sie mager geworden war und sehr müde wirkte. Sie hatte Tee für uns heiß gemacht, und es gab etwas Brot und Käse. Maman lachte ein wenig, während sie Tante Hanna erzählte, dass wir am Abend noch nicht einmal unsere Mahlzeit hatten beenden können.

„Da stand unser ganzes Abendessen auf dem Tisch in unserer Wohnung, die Speisen waren noch heiß, als Papa uns auch schon zur Tür scheuchte."

„Das war bestimmt ein Festessen für die Polizisten!", witzelte Papa.

Wir saßen in einem kleinen Zimmer, das von der Küche abging. Unsere Gesichter wirkten in dem schwachen Kerzenlicht unnatürlich blass. Es war sehr spät, und wir alle hatten dunkle Ringe unter den Augen. Ich erinnere mich noch an einen gepolsterten Stuhl und an ein altes Sofa unter dem Fenster. Die Möbel hatte der vorherige Bewohner der Wohnung dort zurückgelassen.

Vor allen Fenstern waren Verdunklungsvorhänge angebracht, und Onkel Oscar erklärte, dass er das Licht nicht anmachen dürfe, wenn er keine Aufmerksamkeit auf das Haus lenken wolle. Die Familie Lyon, ebenfalls jüdische Flüchtlinge, wohnten über Onkel Oscar und Tante Hanna; sie hatten schon genug Schwierigkeiten gehabt, bevor sie in St. Juéry eintrafen. Sie waren ein paar Mal nur mit knapper Not davongekommen und wollten es jetzt in diesem Dorf nicht mehr darauf ankommen lassen. Onkel Oscar und die Lyons waren übereingekommen, sehr vorsichtig zu sein, um so wenig Aufmerksamkeit wie möglich auf das Haus zu lenken. Kein Licht bei Nacht war das Wichtigste.

Onkel Oscar erzählte Papa, dass es im Dorf Leute gebe, die die Möglichkeit hätten herauszufinden, was aus Onkel Heinrich oder den anderen Bewohnern unseres Hauses in Toulouse geworden sei.

„Ja", nickte Papa. „So eine Gruppe gab es auch in Toulouse. Einer oder zwei von ihnen wohnten in unserem Haus – meist junge Männer, aber es gehörten auch ein paar junge Frauen dazu. Sie schienen immer zu wissen, was los war, bevor alle anderen davon erfuhren."

Onkel Oscar beugte sich vor. „Hier gibt es einige junge Männer, sowohl in St. Juéry als auch in Arthès, die uns sehr geholfen haben. Sie müssen verdeckt arbeiten, weil sie sonst verhaftet und in ein deutsches Zwangsarbeitslager geschickt würden. Darum leisten sie Widerstand. Ich werde mit einem von ihnen Kontakt aufnehmen, und wir werden sehen, was wir herausbekommen können. Er hat einen Freund in Albi, der einmal im Monat nach Toulouse fährt ..."

„Am Ende", sagte Papa leise, „werde ich selbst nach Toulouse zurückkehren müssen, um zu versuchen, Heinrich zu finden. Wenn ich ihn nicht finden kann, werde ich nach Sophie und Jeannette suchen. Sophie wird uns sagen können, was da schief gegangen ist."

„Benno!", rief Maman. Überleg doch mal! Du wirst vielleicht schon verhaftet, sobald du in Toulouse aus dem Zug steigst."

„Er ist mein Bruder", sagte Papa entschlossen.

Alle schwiegen betreten. Dann warf Tante Hanna einen Blick zur Tür und lächelte. „Ruth", sagte sie, „da ist jemand, an den du dich wohl erinnern wirst."

Meine Cousine Raymonde stand in der Tür. Ich hatte sie zwei Jahre lang nicht gesehen. Sie hatte Stimmen gehört und war aus ihrem Bett geklettert, um nachzuschauen, wer da so spät noch gekommen war. Schüchtern begrüßten wir uns, und Raymonde nahm mich mit ins Schlafzimmer, damit ich ihre Schwester Evelyne kennen lernte. Ich erinnerte mich noch an das Baby, das Raymondes Schwester gewesen war, aber jetzt war sie schon fast drei Jahre alt. „Sie kann immer noch nicht sprechen", erklärte mir Raymonde. Evelyne schlief mit einer Flasche, die sie mit ihren kleinen Fingern fest umschlungen hielt. In der anderen Hand hatte sie eine abgenutzte Decke. Sie schlief fest. Raymonde lachte über sie. „Sie ist noch so ein Baby", sagte sie.

Es gab nur drei Zimmer in der Wohnung: ein Schlafzimmer, die Küche und das Wohnzimmer. Alle drei Zimmer waren klein und völlig mit Möbeln zugestellt. Es blieb nur wenig Platz, um herumzulaufen. Die Decke war niedrig, und Onkel Oscar musste den Kopf einziehen, wenn er von der Küche ins Wohnzimmer ging. Eine Außentreppe an der Seite des Hauses führte zu der Wohnung im Oberstock, wo die Familie Lyon wohnte. Onkel Oscar sagte, der Grundriss ihrer Wohnung entspreche in etwa dem im Erdgeschoss. Man sah, dass die Möbel in Onkel Oscars Wohnung alt waren; der Teppich mit seinem Rosenmuster in der Mitte war abgenutzt und ausgefranst. Die Blümchentapete starrte vor Schmutz und löste sich an manchen Stellen. Wann immer jemand mit schwerem Schritt durch einen Raum ging, rieselte der Putz von den Wänden. Es gab kein fließendes Wasser, und die Toilette war draußen hinter dem Haus. Das Haus war einige Zeit unbewohnt gewesen, bevor Onkel Oscar dort einzog; daher hatten sich die Möbel und alles andere aus Holz, sogar die Dielenbretter, verzogen oder waren von Schimmel bedeckt.

Tante Hanna sagte mir, ich könne bei Raymonde im Zimmer schlafen. Maman und Papa sollten im Wohnzimmer schlafen. Es war schon sehr spät, und wir waren so müde, dass keiner von uns noch viel sprechen konnte. Tante Hanna meinte, wir müssten uns ausruhen. „Morgen früh werden wir Pläne machen“, sagte sie zu Maman. „Ich bin so froh, dass wir wieder zusammen sind, Lissy.“

* * *

Draußen im Garten hinter dem Haus zog Tante Hanna Gemüse. Nachmittags spritzten Raymonde und ich uns dort mit dem kalten Wasser aus dem Gartenschlauch ab. Abends nahmen wir Evelyne oft ihr Fläschchen weg und gaben ihr statt dessen eine unserer Tassen. Sie protestierte nie, sondern schien sowieso viel lieber aus der Tasse zu trinken, und Raymonde und ich lachten und taten so, als seien wir Babys und tranken aus der Flasche. Ich spielte gern mit Raymonde. Es war schön, jemanden in meinem Alter zu haben, mit dem ich spielen konnte, obwohl ich immer noch an Jeannette dachte und sie vermisste.

Während der ersten Woche nach unserer Ankunft in St. Juéry schmiedeten Papa und Onkel Oscar Pläne. Onkel Oscar versprach Papa, dass er versuchen würde, jemanden zu finden, der in den nächsten Wochen nach Toulouse reisen würde.

„Vielleicht“, erklärte er Papa, „hat dein Bruder Unterschlupf in einem anderen ‚sicheren Haus‘ gefunden. Vielleicht wollte er Toulouse einfach nicht verlassen. Oder er hat es versucht, aber den Zug verpasst, so dass ihm nichts anderes übrig blieb, als sich irgendwo anders zu verstecken, bis er wieder Verbindung mit seiner Frau aufnehmen konnte.“

„An diese Möglichkeiten habe ich auch schon gedacht“, stimmte Papa zu. „Aber ich habe ein ungutes Gefühl. Ein sehr ungutes sogar.“

Maman und Tante Hanna sahen sich an, während sie an dem Spülbecken in der Küche Teller abtrockneten. Tante Hanna musste vorher draußen von der Pumpe Wasser holen, es in einem großen Eimer hereinbringen und ins Spülbecken schütten. Gewöhnlich spülte sie das Geschirr, während Maman abtrocknete.

Das Thema Onkel Heinrich wurde die ganze restliche Woche gemieden.

Wir lebten von Gemüse aus Tante Hannas Garten, von Kartoffeln und Lauchsuppe. Maman verkaufte einen kleinen silbernen Kerzenhalter für den Sabbat, einen von denen, die sie und Papa immer für ihr Sabbatgebet benutzt hatten, bevor sie nach Frankreich gekommen waren. Von dem Geld kaufte sie auf dem Schwarzmarkt Kalbfleisch. Das war ihre Art, Onkel Oscar und Tante Hanna dafür zu danken, dass sie sich damals in den ersten Tagen in St. Juéry um uns kümmerten.

Jetzt, da wir auf dem Lande lebten, gingen wir früh zu Bett.

Eines Nachts wurden wir um drei Uhr früh von dem Lärm eines Lastwagens wach, der draußen auf der Straße plötzlich anhielt. Türen wurden zugeschlagen, und ich hörte den Schritt schwerer Stiefel auf den Pflastersteinen. Eine Männerstimme rief: „Lyon! Monsieur Lyon!“ Jemand hämmerte an der Vorderseite des Hauses gegen die falsche Tür. Innerhalb weniger Minuten hatten Onkel Oscar und Papa dafür gesorgt, dass wir alle aus dem Bett sprangen und uns an der Hintertür zusammenfanden. Ich klammerte mich an Maman. Tante Hanna hielt Evelyne fest an sich gedrückt, damit sie nicht weinte. Raymonde und ich hielten uns an den Händen.

Die Polizei entdeckte die Seitentür, die zu der Wohnung im Oberstock hinaufführte. Als nächstes hörte man, wie die Tür aufgebrochen wurde und die Polizei hastig die Holzstufen hochmarschierte. Die Männer gingen direkt hinter der Wand unseres Wohnzimmers entlang, während wir uns in der Dunkelheit zusammenkauerten. Ihre Stimmen waren laut und zornig. Es waren französische Polizisten, und sie riefen ununterbrochen: „Lyon! Lyon!"

Wir standen da reglos wie Marmorstatuen, während oben Möbel umgeworfen, Türen aufgerissen und wieder zugeschlagen wurden. Die Männer hämmerten gegen eine weitere Tür, wahrscheinlich die Tür zum Schlafzimmer, die vielleicht von innen verschlossen war, um die Polizei zusätzlich aufzuhalten. Irgendetwas fiel zu Boden und zerschellte. Wir hörten keine Schreie und kein Weinen, überhaupt keine Stimmen außer denen der Polizei. Dann hörte man die Stiefel wieder die Treppen hinunterkommen. Jetzt würde man uns schnappen, dachte ich. Sie würden um das Haus herumkommen und die schmale Hintertür entdecken. Onkel Oscar flüsterte: „Wenn ich ein Zeichen gebe, laufen wir alle die Treppen hinunter, einer nach dem anderen, in den Garten. Wartet, bis euer Vordermann im Garten ist, bevor ihr loslauft. Seht zu, dass ihr euch so weit wie möglich vom Haus entfernt. Verteilt euch über den ganzen Garten und lasst euch dann auf die Erde fallen. Gebt keinen Ton von euch. Schreit nicht und weint nicht."

Ich vergrub meinen Kopf in Mamans Rock. Dann hörte ich ein Klicken, als Onkel Oscar die Hintertür öffnete. Aber niemand rührte sich. Wir brauchten nicht hinaus, weil die Polizisten nicht nach Onkel Oscar suchten. Sie kamen nicht einmal an die Tür unserer Wohnung und riefen auch nicht seinen Namen. Onkel Oscar mahnte uns flüsternd zur Vorsicht: „Bewegt euch noch nicht. Es könnte eine Falle sein." Ob sie vielleicht nur wegen der Lyons gekommen waren?

Wir warteten noch einige Minuten in der dunklen Küche, bis wir hörten, dass der Lastwagen wieder angelassen wurde. Papa und Onkel Oscar gingen zum Fenster und zogen den Verdunklungsvorhang zurück, während der Lastwagen davonfuhr. Ich konnte Papas Gesicht in der Dunkelheit nicht erkennen, aber er schien zu nicken. Als er vom Fenster zurückkam, sagte er: „Der Lastwagen war voller Leute aus dem Dorf."

Wir sahen einander an, uns stockte der Atem.

„Oscar", flüsterte Maman, „warum haben sie nicht nach euch gesucht?"

„Wir sind vielleicht noch nicht auf den Listen. Sie wissen nicht, dass wir hier sind."

„Und die Lyons?", fragt Papa.

„Sie sind entkommen."

„Vraiment? Woher willst du das wissen?"

„Als ich an der Tür stand, habe ich jemanden im Garten gehört. Sie müssen oben aus dem Fenster gestiegen sein, haben sich dann auf den dicken Ast des Walnussbaums geschwungen, von dort zu Boden fallen lassen und sind davongelaufen."

„Wo werden sie jetzt hingehen?"

„Heute Nacht aufs Feld. Danach vielleicht nach Marseille oder nach Nizza."

Obwohl das nicht die erste Razzia war, die meine Eltern erlebt hatten, waren wir noch nie so knapp einer Festnahme entkommen. Wir krochen zurück in die Betten; ich schlief für den Rest der Nacht bei Maman – ich hatte zu viel Angst, um mich von ihr zu trennen. Ich fürchtete, die Polizei könnte zu uns zurückkommen. „Zuerst Heinrich und jetzt das hier", murmelte Maman in der Nacht Papa zu. „Wie sollen wir nur ein weiteres Jahr überstehen?"

In jener Nacht wurde mir zum ersten Mal klar, dass Maman und Papa wirklich glaubten, Onkel Heinrich sei verhaftet und fortgebracht worden. Ich versuchte mir vorzustellen, wie es gewesen sein mochte, wie die Polizei die Treppe hochgekommen war und gegen Onkel Heinrichs Tür gedonnert hatte; aber ich konnte es nicht ertragen, mir noch mehr vorzustellen. Das ließ ich nicht zu. Ich gab nie die Hoffnung auf, dass sich meine Eltern täuschten.

Eine Woche später fand ein Mann, den Onkel Oscar nur als Bernard kannte, in Arthès, dem Nachbardorf auf der anderen Seite des Flusses Tarn, eine Einzimmerwohnung für uns. Wir wohnten in einer Nebenstraße über dem Tabakladen des Dorfes. Unsere Wohnung lag unter der der Familie Fedou im selben Haus. Sie sollten uns beschützen. Als wir sie kennen lernten, wussten wir nicht, dass sie in der gleichen Wohnung, in die wir einziehen sollten, bereits eine andere jüdische Familie versteckt gehalten hatten. In der Nacht, als in St. Juéry die Razzia stattgefunden hatte, war diese Familie unter den ersten gewesen, die man abgeholt hatte. Die Fedous hatten sich furchtbar gefühlt; sie gaben sich die Schuld, dass sie die Familie, die ihnen anvertraut worden war, nicht besser beschützt hatten. Diesmal wollten sie es besser machen. Sie waren entschlossen, so gut sie nur konnten über uns zu wachen.

Die Fedous waren Katholiken und meinten daher, von der französischen Polizei nichts befürchten zu müssen. Aber wir wussten, dass sie ihr eigenes Leben aufs Spiel setzten, um uns Zuflucht zu gewähren. Es war damals bereits allgemein bekannt, dass jeder Franzose, der Juden bei sich beherbergte, auf der Stelle verhaftet und mit den Juden in ein Konzentrationslager geschickt werden konnte. Monsieur Fedou sollte sich schließlich der Résistance anschließen, die überall im Süden tätig war. Lange nach unserer Ankunft dort erfuhren meine Eltern, dass fast alle jungen Männer des Dorfes einer Gruppe der Résistance angehörten oder die Kämpfer der Résistance auf die eine oder andere Weise unterstützten.

Wir gewannen die Fedous sehr lieb, und ich spielte gern mit

Andrée, ihrer Tochter, die mir auf gewisse Weise Jeannette ersetzte. Sie war ungefähr fünfzehn Jahre alt, als wir zu ihnen kamen. Sie war zart und dünn, hatte blaue Augen, braunes Haar und viel Humor. In jenem Jahr hatte sich ihre ältere Schwester Lucette verlobt. Ich fand Lucette sehr schön; sie hatte braunes Haar und ein offenes, sanftes Gesicht. Madame Fedou war eine freundliche, gutmütige Frau, klein und eher untersetzt, und trug ihr bereits ergrautes Haar kurz geschnitten; ihr Gesicht war immer leicht gerötet. Auch Monsieur Fedou war stämmig; er trug typisch bäuerliche Arbeitskleidung, die schon ziemlich speckig war. Damals glaubte ich, Monsieur Fedou würde niemals seine Kleider wechseln. Stets sah man ihn in seinem blauen Overall, einer Weste mit Uhr, die er an einer Goldkette trug, und einer Baskenmütze. Er hatte einen Schnurrbart, und sein Haar ergraute bereits; am lebhaftesten ist mir in Erinnerung, dass er Knoblauch über alles liebte. Ich habe ihn immer noch vor Augen, wie er, vornübergebeut, ein Messer in der Hand hält, mit dem er eine Knoblauchzehe schält. Als Kinder schrieben wir dem Knoblauch magische Kräfte zu. Wir saßen oft abends in dem etwas unordentlichen Esszimmer der Fedous um den großen Tisch herum, um dort zu spielen, und hörten dabei zu, wie sich die Erwachsenen über den Krieg unterhielten.

Arthès war ein kleines Dorf mit engen, steilen Gassen und niedrigen Häusern mit roten Ziegeldächern. Der Tabakladen lag direkt am Dorfplatz, aber der Eingang zu unserer Wohnung ging auf eine Nebenstraße hinaus, die vom Dorfplatz abzweigte. Versteckt hinter den schmalen Dorfhäusern lagen herrliche Gemüse- und Blumengärten, und um das Dorf breiteten sich die Felder aus, auf denen viele der Männer aus dem Dorf arbeiteten. Die Leute fuhren täglich von Arthès nach St. Juéry hinüber, um dort einzukaufen oder von dort aus mit dem Holzkohlentaxi, das gelegentlich von Albi kam, in die Stadt zu fahren. Wenn es sich allerdings nicht um einen Notfall handelte, gab es kaum eine Fahrmöglichkeit zwischen den beiden

Dörfern; man musste schon mit dem Fahrrad fahren oder laufen. Glücklicherweise konnten wir, obwohl wir von St. Juéry aus auf der anderen Seite des Flusses wohnten, Onkel Oscars Familie in regelmäßigen Abständen besuchen. Als Juden, die sich versteckt halten mussten, verbrachten wir allerdings die meiste Zeit im Haus.

Ich begleitete Papa eines Nachmittags zu Onkel Oscar. Papa wollte sich unbedingt mit den Leuten von der Résistance in Verbindung setzen, die es ihm ermöglichen sollten, nach Toulouse zurückzukehren und Kontakt zu Tante Sophie aufzunehmen. Er begann, seinen Plan zu entwickeln, während Onkel Oscar zuhörte und nickte.

„In Toulouse", sagte er, „haben wir von einer Organisation gehört, die sich um Kinder kümmert, deren Eltern etwas zugestoßen ist. Sie bringt sie in besonderen Heimen unter und nennt sich O.S.E. Unser Nachbar, der bei der Polizeipräfektur arbeitete, erzählte uns von einem Amt, wo wir mehr erfahren konnten. Ich bin also eines Tages dorthin gegangen und habe mit einer sehr freundlichen Frau gesprochen. Sie selbst war Jüdin und wusste, dass es in Toulouse viele wie uns gab, die die ständigen Razzien in der Nachbarschaft in Panik versetzten. Ich sagte ihr, Lissy und ich würden nach St. Juéry gehen, falls irgendetwas passieren sollte, weil wir ja wussten, dass ihr bereits hier wart. Diese Frau schaute in ihren Akten nach und nannte uns einen Monsieur Harlam, einen der Direktoren der Organisation. Er leitet das Büro in St. Juéry, aber er wohnt in Arthès."

„Sehr gut. Hast du die Adresse?"

Papa nickte. „Die Frau sagte, sie könne uns vielleicht auch etwas Geld geben, um über die Runden zu kommen, es müsse aber alles heimlich getauscht werden. Das machten sie immer so."

„Wie steht es mit falschen Papieren? Wenn du nach Toulouse willst, musst du falsche Papiere haben", erinnerte Onkel Oscar meinen Papa. Papa zuckte die Achseln. „Ich weiß nicht genau."

„Nun, falls dieser Mann sie nicht beschaffen kann, ich kenne hier einen Mann im Dorf ..."

Am nächsten Tag traf sich Papa mit Monsieur Harlam. Er bekam von ihm genug Geld, um zurück nach Toulouse zu fahren. Allerdings konnte der Mann Papa keine falschen Papiere besorgen, es sei denn, Papa wollte mehrere Wochen darauf warten. Aber Papa konnte nicht warten. Onkel Oscar konnte Papas Unruhe gut verstehen, und sie kamen überein, sich auf anderem Wege falsche Papiere zu verschaffen: durch Onkel Oscars Freund, der in St. Juéry wohnte.

Am Abend ging ich mit Papa zu einem alten Bürogebäude in einer engen Seitenstraße von St. Juéry, nicht weit von der Bürgermeisterei entfernt. Es war bereits nach sechs Uhr. Papa erweckte den Eindruck, als ginge er nur mal eben mit seiner kleinen Tochter spazieren. Onkel Oscar gesellte sich im Eingang eines Cafés, das nicht weit von dem Bürohaus entfernt war, zu uns. Als er mich sah, zog er die Augenbrauen hoch.

„Benno! Warum hast du die Kleine mitgebracht?", fragte er. „Hattest du keine Angst, dieses Risiko einzugehen?"

„Ich dachte mir, wenn ich Renée mitbringe, würde das jeden Verdacht, was wir hier wohl treiben, zerstreuen", sagte Papa ruhig.

Papa und Onkel Oscar redeten über unwichtige Dinge. Wir sahen, dass genau gegenüber dem Bürohaus, in das wir wollten, ein Lieferwagen am Straßenrand parkte. Onkel Oscar bemerkte, es sei merkwürdig, dass der Wagen zu dieser Stunde dort stände. Noch merkwürdiger war die Tatsache, dass der Lieferwagen bestimmt keinen Bürobedarf und keine Akten gebracht hatte, denn die Aufschrift auf der Seite des Wagens lautete „Charcuterie – Salaisons – Conserves". Während wir warteten, ging weder jemand ins Gebäude hinein, noch kam jemand heraus.

Nach einer Weile sah Onkel Oscar lässig auf seine Uhr. Da er den Mann kannte, den wir aufsuchen wollten, sagte er uns, wir sollten ihm in fünf Minuten in das Gebäude folgen. Er würde als erster hineingehen und mit dem Mann sprechen, um sicherzustellen, dass es keine Schwierigkeiten und keine unerwarteten Störungen gebe. Papa und Onkel Oscar lachten und genossen die Geheimnistuerei, aber dann wurde Onkel Oscars Gesicht sehr ernst. Wir blickten ihm nach, als er zum Bürohaus hinüberging, es betrat und uns von drinnen aus signalisierte, dass wir verschwinden sollten, falls uns jemand beobachten oder misstrauisch beäugen sollte.

Als fünf Minuten ohne Zwischenfälle vergangen waren, ging Papa mit mir zu dem Haus hinüber. Wir traten ebenfalls ein und stiegen eine schmale Treppenflucht hinauf. Dann gingen wir einen dunklen Korridor entlang, an dessen Ende sich eine schmale Tür befand. Papa klopfte, und die Tür wurde sofort geöffnet. Onkel Oscar wartete bereits auf uns. Er zog uns rasch in den Raum. Ein kleiner, stämmiger Mann saß mit dem Rücken zu uns an einem Schreibtisch. Er sagte: „Willkommen" – das war alles. In einem Aschenbecher auf dem Schreibtisch glimmte eine Zigarette. Papa fragte, wo er die Zigaretten herhabe, die doch immer knapper würden, aber der Mann gab ihm keine Antwort. Es war ziemlich dunkel in dem Raum, und es gab keine Sitzplätze. Überall lagen Bücher, und die spärlichen Möbel waren bedeckt mit merkwürdigen Aktenmappen, Notizbüchern und Zeitplänen. Der Mann arbeitete auf der Bürgermeisterei und fälschte in seiner freien Zeit Ausweise für Juden, die sich verstecken mussten.

„Das ist der Mann", sagte Onkel Oscar und deutete auf Papa. „Er benötigt falsche Papiere für seine Frau und seine kleine Tochter, aber vor allem für sich selbst."

„Wie heißen sie?" Der Mann blieb an seinem Schreibtisch sitzen, wandte kaum den Kopf, um uns anzusprechen. Wir begriffen später, dass er sich unseren Blicken so wenig wie möglich zeigen wollte, so dass es uns nicht möglich sein würde, ihn zu identifizieren, wenn wir jemals von der Polizei gefasst würden.

Papa antwortete ihm. „Benno Kapp, Elisabeth Kapp und Ruth Kapp."

„Ich heiße Renée!", platzte ich heraus.

„Gut", lachte der Mann. „Dann bist du den anderen ja schon einen Schritt voraus. Du kannst den Namen behalten, es ist ein guter französischer Name."

Zu Papa sagte er: „Ich werde Ihre Namen ändern müssen, aber ich belasse es, so weit es möglich ist, bei den gleichen Initialen."

Papa stimmte zu.

Der Mann überlegte einen Augenblick und schlug dann in einem Notizbuch nach. „Wollen wir mal schauen", sagte er, „wie wäre es mit Bernard Kappère?"

„Oui", nickte Papa. „Das klingt gut."

„Na ja." Der Mann zögerte. „Ich bin mir nicht sicher. Hat zu viel Ähnlichkeit mit dem, den ich letzte Woche gemacht habe. Machen wir ein ‚C' daraus. Bernard Caper."

Onkel Oscar meinte, das sei in Ordnung. Der Mann streckte die Hand aus, und Papa gab ihm den Umschlag mit dem Geld. Der Mann schlug in einem großen, schweren Buch nach. Er blätterte eine Weile darin herum. Dann studierte er eine Karte.

„Ich schreibe ‚Bissheim', wie wär das?", fragte er. „Nein", hielt er inne und änderte seine Meinung.

„Wittenheim?", schlug Onkel Oscar vor.

„Ja, das ist gut. Von heute Abend an seid ihr alle aus dem Elsass. Ich hoffe, Ihr Französisch ist ausreichend, denn von jetzt an sind Sie ein Franzose."

Papa lächelte. Jetzt drehte sich der Mann endlich um und sah mich direkt an. „Denk immer daran, Kleines. Du hast einen neuen Familiennamen. Du bist jetzt eine andere Person. Pass auf, dass du deinen Papa nicht in Schwierigkeiten bringst."

Ich schüttelte den Kopf. Er sagte uns, die Papiere würden schon in den nächsten Tagen fertig sein. Der Mann musste vor unserem noch mehrere andere Aufträge erledigen. Onkel Oscar würde die Papiere abholen, sobald er von dem Mann Nachricht erhielt, dass sie fertig seien.

Kurz danach gingen wir die Treppen des Bürogebäudes hinunter. Der Geruch des muffigen, raucherfüllten Raums lag hinter uns. „Renée Caper", sagte ich vor mich hin. Ich konnte mich nicht entscheiden, ob mir mein neuer Name gefiel oder nicht. Ich würde im Dorf in eine neue Schule gehen und ein neuer Mensch sein. Ich hatte mich immer als Französin gefühlt, aber ständig war ich daran erinnert worden, dass ich auch ein jüdisches Kind war: die Razzien, die misstrauischen Blicke, die Angst. Jetzt war all das ausgelöscht. Ich war keine Jüdin mehr. Ich würde durch einen falschen Ausweis geschützt sein, durch eine Lüge. Mein neuer Name würde mich vor der Polizei schützen, das hatte Maman mir gesagt.

„Warum tut er das für uns?", fragte Papa Onkel Oscar auf dem Heimweg.

„Warum? Weil er gegen die Regierung Pétain ist", sagte Oscar leise. „Aber er braucht seine Stelle, um seinen Lebensunterhalt zu verdienen. So einfach ist das."

Ich verstand das nicht. Wie konnten all diese Leute gegen unseren Marschall sein? Überall hingen Plakate vom Marschall; er galt als Held. War der Marschall gegen uns? Ich glaubte allmählich, dass Jeannette Recht gehabt hatte, was Pétain betraf. Der Sieger von Verdun war für mich immer weniger ein Held und wurde zu einer verdächtigen Person, zu dem alten Mann, der mich von allen Plakaten in St. Juéry misstrauisch anblickte. Dieser Mann hatte kaum Ähnlichkeit mit dem, den ich in Toulouse aus dem offenen Wagen hatte winken sehen.

„Papa, werden wir jetzt Onkel Heinrich finden können?", fragte ich, als wir am Abend nach Hause kamen.

„Ja", antwortete er mir. „Schon bald."

* * *

Ich kam auf die Dorfschule. Dort vermisste ich Jeannette am allermeisten. Ich hatte niemanden, der sich auf dem Heimweg mit mir unterhielt. Evelyne und Raymonde gingen in St. Juéry zur Schule, so dass ich ganz allein war, und in der fremden Umgebung hatte ich Angst. Das Schlimmste war, all den anderen Kindern an der neuen Schule allein gegenüberzutreten. Selbst Maman konnte mich nicht zur Schule bringen; das wäre zu gefährlich gewesen.

Damals bestand die Schule in Arthès nur aus einem großen Klassenzimmer. Es gab Reihen von Holztischen mit Bänken davor, auf denen wir saßen und unsere Arbeit taten. Der Tisch des Lehrers stand vorne auf einem Podest, und in der Mitte des Zimmers sorgte im Winter ein Holzofen für angenehme Wärme. Es war unmöglich, in diesem Raum übersehen zu werden. Wenn man seine Bücher vergessen oder seine Hausaufgaben nicht vollständig hatte, wusste es sofort die ganze Schule.

Wie alle anderen Dorfkinder auch hatte ich kaum etwas anzuziehen. Maman verbrachte Stunden damit, Jacken aufzuribbeln und mir aus dem Garn Kleider zu stricken. Sie nähte auch welche aus alter Bettwäsche oder anderen Stoffresten, die sie im Dorf auftreiben konnte, zusammen.

„Dass es mit mir einmal so weit kommen würde“, sagte sie einmal zu Papa, während sie ein Kleid für mich säumte. „In Deutschland hatten wir so viele schöne Stoffe, dass sich die Ballen bis zur Decke stapelten.“

Papa sagte nichts. Ich merkte, dass er seine Traurigkeit und seine Wut tief in sich vergraben hatte. Er blickte Maman nur an und wandte sich dann ab.

Ich weiß noch, dass die Frauen in dem Tabakladen mir manchmal wegen meiner Kleider Komplimente machten. „Deine Mutter ist eine wunderbare Näherin“, sagten sie dann.

„Nein, sie ist keine Näherin“, erwiderte ich dann. „Sie wird nicht dafür bezahlt.“

Papa fand Arbeit in einer Messerschmiede. Sie lag zwischen

den beiden Dörfern; am Ortsrand von St. Juéry, bevor es über die Brücke ging, kam man an dem Schild „SAUTS DU TARN“ vorbei. Papas Schicht ging von sechs Uhr morgens bis halb drei Uhr nachmittags. Er war meistens schon zu Hause, wenn ich aus der Schule kam, und ich vergaß das Gefühl von Einsamkeit, das mich den ganzen Vormittag quälte, sobald er anfing, mir Geschichten aus Marokko zu erzählen.

Wir hatten Lebensmittelkarten, die wir mitnehmen mussten, wenn wir etwas zu essen kaufen wollten. Maman und ich standen für verschiedene Waren Schlange. Es schien, als äßen wir ständig das gleiche. Vor dem Krieg hatten meine Eltern zwar koscher gegessen, aber das ließ sich praktisch nicht mehr aufrecht erhalten. Sie waren 1942 für jedes Fleisch dankbar, das sie bekommen konnten. Auf dem Schwarzmarkt gab es Kalbfleisch. Lunge und Herz waren nicht rationiert, aber auch nicht besonders genießbar. Wir konnten uns nicht überwinden, davon zu essen.

Eines Nachmittags kam Onkel Oscar die Treppe herauf und klopfte an unserer Wohnungstür. Er hatte Neuigkeiten für Papa. Meine Eltern setzten sich mit Onkel Oscar an den Tisch, und er erzählte ihnen von einem protestantischen Pfarrer aus unserer Gegend, der oft zum Büro des Roten Kreuzes in Toulouse fuhr. Der Pfarrer gehörte einer Organisation an, die untergetauchten jüdischen Familien half. Der Pfarrer hatte Onkel Oscar gesagt, er würde Papa auf jeden Fall nach Toulouse begleiten; er würde sich als Papas Onkel ausgeben. In einigen Wochen würde er das nächste Mal nach Toulouse fahren, und Papa sollte ihn dann begleiten. Sie würden morgens sehr früh losfahren, und Papa dürfe auf keinen Fall seine falschen Papiere vergessen.

Papas Gesicht hellte sich auf. Er stimmte dem Plan von ganzem Herzen zu.

„Das könnte äußerst gefährlich werden, Benno“, warnte ihn Onkel Oscar.

„Was ist heute nicht gefährlich?", fragte Papa lächelnd.

Onkel Oscar erklärte sich bereit, Papa am nächsten Abend dem Pfarrer vorzustellen, so dass sie alles endgültig absprechen konnten. Danach brauchte Papa nur noch auf den Tag zu warten, an dem er nach Toulouse fahren konnte. Leider verdüsterte sich Papas gute Stimmung, je mehr er über die bevorstehende Fahrt nachdachte. Er fürchtete, in Toulouse nur schreckliche Neuigkeiten zu erfahren.

Teil 2: Untergetaucht

September 1942 – August 1944

Es ist ein sehr versteckter Ort, das Land der Tränen.
– Antoine de Saint Exupéry

Verhaftet

Ich habe Papa seit zwei Tagen nicht mehr gesehen. Er ist in Toulouse, um nach Onkel Heinrich und Tante Sophie zu suchen. Maman war vor seiner Abfahrt nervös und angespannt und hatte ihn zu überreden versucht, seinen Plan doch aufzugeben. Papa dagegen war aufgeregt gewesen, weil er auf das Startzeichen für die Fahrt nach Toulouse gewartet hatte.

Ich stelle mir alles Mögliche vor. In dem Tagtraum, der immer wiederkehrt, kommt Papa zusammen mit Onkel Heinrich, Tante Sophie und Jeannette zur Tür herein. Ich stelle mir vor, dass ich ihnen entgegenrenne und mich Onkel Heinrich in die Arme werfe. Ich höre ihn lachen und rieche den Duft von Nadelwald überall im Mantel meines Onkels. Dann nimmt mich Jeannette in die Arme und drückt mich. Weiter kann ich nicht denken; es gibt nur diesen flüchtigen Moment des Glücks in meiner Vorstellung, der sich gerade außerhalb meiner Reichweite befindet.

Papa kommt durch die Tür. Er ist ganz allein. Ich will ihn fragen: „Geht es ihnen gut?“, „Ist Jeannette in Sicherheit?“, „Hat sie nach mir gefragt?“ Während er versucht, uns alles zu erzählen, sehe ich die Dinge vor mir. Alles, was Papa sagt, spielt sich vor meinem inneren Auge so ab, als wäre ich leibhaftig dabei gewesen. Ich habe solche Angst, genauso, wie früher in Toulouse.

* * *

Papa und der Pfarrer steigen in Toulouse aus dem Zug. Papa erwartet eine menschenleere Stadt zu sehen, eine Stadt mit verlassenen Gebäuden, Häusern und Geschäften. Stattdessen findet er Toulouse relativ unverändert vor; wenn überhaupt, so gibt es dort eher mehr Menschen als weniger, mehr Hunger, mehr Einsamkeit und noch mehr Angst als vorher. Ihm fallen vor allem die vielen Kinder auf, die durch die Straßen streifen und nach ihren Eltern oder nach irgendeinem sicheren Zufluchtsort suchen.

Vom Büro des Roten Kreuzes aus werden Papa und der Pfarrer zu einem baufälligen Haus in einer schmalen Hintergasse geschickt. Papa klopft an die Tür. Es wird beinahe augenblicklich geöffnet. Papa spricht mit einer älteren Frau, die die Treppe hinauf deutet. Der Pfarrer verspricht, direkt hinter dem Eingang zu warten, und Papa eilt hinauf in die erste Etage.

Er klopft an die Tür. Nach einigen Minuten will er schon gehen, weil er denkt, Tante Sophie ist nicht da, aber da öffnet sich die Tür. Jeannette lässt Papa hinein. Sie umarmen sich und begrüßen einander mit wenigen Worten, aber nicht mehr. Für Papa ist es, als ob sie sich erst am Vorabend zuletzt gesehen haben, als ob all die qualvollen Tage und Wochen nicht gewesen wären. Jeannette führt Papa durch ein kleines Zimmer in einen engen Durchgang, der als Küche dient. Dort steht Tante Sophie, wendet ihm den Rücken zu, und blickt aus dem Fenster. Sie starrt ins Leere. Sobald sie sich umdreht und ihn sieht, entfährt ihr ein Schrei. Sie hält sich die Hand vor den Mund und fängt an zu weinen. Papa geht zu ihr und küsst sie auf beide Wangen.

„Oh, Benno ...!“, sagt sie.

„Was macht Heinrich?“

„Benno, er ist nicht mehr hier.“

„Was ist passiert?“

Sie setzen sich in die Küche, und es ist, als wäre ich ebenfalls dort und hörte die Geschichte mit an. Tante Sophie wischt sich ihre Augen mit der Schürze ab, während sie Papa erzählt, was geschehen ist.

Es ist der Abend, an dem wir Toulouse verlassen haben.

Sie sitzen gerade bei ihrem Sabbat-Abendessen. Malcolm, Jeannettes Freund, ist bei ihnen zu Gast; er erzählt gerade, wie er und einige Freunde aus der Schule einen Sabotageakt an einem Bahnwaggon unternommen haben, der Toulouse passierte und ihrer Meinung nach Versorgungsgüter für die Nazis enthielt. Tante Sophie weiß nicht, ob sie glauben soll, dass der Junge und seine Freunde klug oder mutig genug sind, um dergleichen zu tun, und ob wirklich ein Waggon mit Nachschub für die Nazis durch die Stadt gekommen ist. Aber sie behält ihre Zweifel für sich. Eigentlich will der Junge bloß Jeannette beeindrucken. Viele jüdische Jungen in der Nachbarschaft reden davon, dass sie eine Partisanengruppe bilden wollen. Jeannette lächelt die ganze Zeit und ist sehr stolz auf ihren Freund.

Gerade, als sie mit dem Abendessen fertig sind, klopft es an der Tür. Es kann nichts Schlimmes zu bedeuten haben, denn es ist das geheime, verabredete Klopfzeichen. Jeannette geht zur Tür. Ein dunkelhaariger Mann steht draußen. Er ist außer Atem.

„Ich bin geschickt worden, um Sie zu warnen“, sagt der Mann. „Es wird eine Razzia geben. Es kann jetzt jede Minute losgehen. Ihr Bruder, Monsieur Kapp, ist bereits gewarnt und hat mich geschickt, um es Ihnen zu sagen. Er hat seine Wohnung bereits verlassen. Heute abend geht ein Zug nach Albi. Wenn Sie sich sehr beeilen, können Sie ihn noch bekommen.“

Onkel Heinrich hat den Mann nie zuvor gesehen und weiß nicht, ob er ihm glauben soll. Tante Sophie wirft ein, dass es der Mann ist, der Lissy und Ruth geholfen hat, aber Onkel Heinrich scheint kaum zuzuhören. Es ist keine Zeit, Fragen zu stellen. Im nächsten Augenblick ist der Mann schon wieder fort. Onkel Heinrich und Jeannettes Freund stehen auf. Was sollen sie tun? „Es ist zu spät für den Zug“, sagt Tante Sophie. „Wir müssen uns verstecken.“

„Aber wenn wir uns beeilen“, drängt Jeannette, „können wir vielleicht noch auf dem Bahnhof zu Tante Lissy und Onkel Benno stoßen.“

„Nein, wir werden uns verstecken“, murmelt Onkel Heinrich.

„Wir können nicht die Treppe hinunter“, sagt Malcolm. „Die Polizei könnte schon unten auf der Straße sein. Wir sollten hier über den Flur gehen und uns in einem der leeren Lagerräume verstecken.“

„Das ist doch Unfug!“, schreit Jeannette. „Glaubst du nicht, dass sie dort nachschauen werden?“

Aber zu spät. Auf der Straße fahren bereits die Lastwagen vor und halten mit quietschenden Reifen. Tante Sophie ist starr vor Entsetzen. Die Türen der Lastwagen schlagen zu, man hört Stiefel auf dem Pflaster.

„Französische Polizei! Öffnen Sie die Tür!“

Sie sind hinter jüdischen Männern her und hinter Mitgliedern einer Gruppe, die Tante Sophie nicht kennt. Jeder Mann, den sie im Haus finden, wird verhaftet und mitgenommen. Jemand hat die Tür der Wohnung im Erdgeschoss von innen verriegelt, denn die Polizei muss sie aufbrechen.

„Aus dem Fenster“, flüstert Onkel Heinrich. „Wir werden aufs Dach klettern und uns dort verstecken.“

„Nein!“, sagt Tante Sophie. „Du wirst stürzen! Es ist zu hoch!“

Aber Malcolm ist wie der Blitz aus dem Fenster, seine Beine verschwinden und man sieht nur noch seine Schuhe, während er aufs Dach klettert. Er schafft es sehr schnell, weil er dergleichen gewohnt ist. Die Polizei hat gerade die Eingangstür unten aufgebrochen, als Onkel Heinrich aus dem Fenster ist, auf dem äußeren Fenstersims steht, und von dort aufs Dach klettert. Ein Paar Hände wird nach unten gestreckt, um ihm hinaufzuhelfen. Es ist gut, dass das Fenster nicht auf die Straße hinausgeht, sonst hätten die Polizisten, die draußen vor der Eingangstür postiert sind, die beiden Männer bereits entdeckt.

Tante Sophie und Jeannette eilen zurück zum Tisch, blasen die Kerzen aus und verstecken sie. Unten werden Türen geöffnet und wieder zugeschlagen. Dann hört man Schreie: Frauen weinen, während ihre Männer in die wartenden Lastwagen gebracht werden. Jeannette läuft mit den drei zusätzlichen Tellern und Schüsseln zur Spüle; sie versteckt sie in einem Schrank, und stellt zwei der Stühle vom Tisch fort. Tante Sophie hat die Gläser und andere Utensilien versteckt.

Die Polizei hämmert gegen die Tür. „Polizei! Öffnen Sie die Tür!", hört man sie rufen.

Tante Sophie blickt sich noch einmal im Zimmer um. Gibt es noch irgendein Anzeichen dafür, dass noch Augenblicke zuvor zwei Männer hier waren? Sie atmet schwer; ihr Herz schlägt ihr bis zum Hals, und sie hat Angst, dass man ihr ihre Panik ansieht. Sie nickt Jeannette zu und öffnet die Tür.

Sie sind zu dritt: zwei Polizisten und ein Franzose in Zivil. Er muss einer der Denunzianten sein. Die Polizisten tragen breite schwarze Gürtel. Sie kommen ins Zimmer und suchen überall nach Onkel Heinrich.

„Wo ist ihr Mann, Madame?", fragt der Mann in Zivil.

Tante Sophie zuckt die Achseln. „Er ist vor zwei Wochen verhaftet worden, und ich habe seither nichts mehr von ihm gehört oder gesehen."

„Das ist gelogen", sagt einer der Polizisten. „Es hat vor zwei Wochen in diesem Bezirk keine Razzia gegeben."

„Man hat ihn bei der Arbeit geholt", sagt Jeannette.

„Wo sind Ihre Papiere?"

Tante Sophie geht langsam zu dem alten Schrank. Sie öffnet eine Tür und holt ein Paket mit Briefen heraus; darunter sind auch ihre Papiere und die von Jeannette. Als sie sich umdreht, um dem Mann die Papiere zu geben, bemerkt sie die Pistole am Gürtelhalfter eines der Polizisten. Der andere trägt einen Schlagstock.

„Elsass, hm?“, fragt der Mann.

„Ja. Wir sind aus dem Elsass.“

Einer der Männer durchsucht das Zimmer. Er schaut in die Schränke, in den Alkoven, unter das Bett. Ein anderer lehnt sich aus dem Fenster, aber entdeckt draußen nichts. Er öffnet den alten Schrank, in dem mehrere Bücher in einem Fach stehen; darunter ist auch Onkel Heinrichs Exemplar von „Rotkäppchen“. Hinter dieser Bücherreihe versteckt liegt hinten im Fach Onkel Heinrichs Buch mit den Briefen an die in Deutschland zurückgebliebenen Angehörigen der Familie Kapp. Tante Sophie stockt der Atem, während der Polizist sich die Fächer des Schranks nacheinander vornimmt. Sie weiß, dass die Polizisten alles wissen werden, sobald sie Onkel Heinrichs Buch finden. Er berichtet darin über Onkel Oscar und Tante Hanna, über Maman und Papa und mich. Die Polizei würde in der Lage sein, uns aufzuspüren, und man würde uns holen kommen. Aber der Mann wendet sich von den Büchern ab und schließt die Tür des Schrankes wieder.

„Gute Nacht, Madame“, sagt der Denunziant. „Einen schönen Abend noch.“

Dann sind sie wieder fort, die Treppe hinunter. Jeannette läuft zum Fenster und schaut hinaus. Unten auf der Straße sieht sie die Lastwagen. Sie sind voll von Männern aus dem Haus und aus der Nachbarschaft. Einer der Männer erwidert ihren Blick, noch bevor die Türen der Lastwagen zugeschlagen werden. Sie erkennt ihn. Sie hat ihn manchmal mit ihrem Freund reden hören. Sie fragt sich, ob Malcolm ihn von seinem Versteck aus wohl ebenfalls sehen kann. Sie weiß, dass dieser Mann mehrere Blocks von ihnen entfernt wohnt. Was hat er hier in der Nachbarschaft gemacht? Wird die Polizei ihn foltern? Wird er sie alle verraten?

Der Lastwagen springt an und fährt die Straße hinunter. Tante Sophie und Jeannette sind kaum in der Lage, sich zu bewegen. Sie sitzen lange Zeit schweigend am Tisch, bis es vollständig dunkel ist. Dann hören sie Schritte über ihren Köpfen auf dem Dach. Wenige Minuten später sind Onkel Heinrich und Jeannettes Freund wieder zurück im Zimmer. Jeannette lacht; sie haben die Polizei hinters Licht geführt. Sie und Malcolm umarmen sich. Tante Sophie laufen die Tränen übers Gesicht. Aber Onkel Heinrich sagt, sie müssten jetzt kühlen Kopf bewahren und genau überlegen, was als nächstes zu tun sei. Die Gefahr sei noch nicht vorüber. Er geht langsam auf und ab. Er will wissen, was die Polizisten gesagt und welche Fragen sie gestellt haben. Jeannettes Freund muss bald gehen. Jeannette macht sich Sorgen, aber er erklärt ihr, dass er schon zurecht kommen werde. Sie bringt ihn bis unten an die Treppe. Als sie zurück ins Zimmer kommt, schmieden ihre Eltern gerade Pläne. Tante Sophie erklärt ihr: „Wir müssen morgen früh fort von hier."

Jeannette sagt nichts. Sie weiß, dass sie ihren Freund nie wiedersehen wird. Onkel Heinrich sagt: „Benno und Lissy sind wahrscheinlich sicher bis zum Zug gekommen. Sie müssen also nach Albi gefahren sein. Lissys Bruder ist dort. Morgen früh werden wir zum Bahnhof gehen und auf den nächsten Zug warten."

„Heinrich", murmelt Tante Sophie, „glaubst du, es ist sicher für uns, heute Nacht hier zu bleiben?"

„Ich glaube schon. Warum sollten sie in ein Haus zurückkehren, wo es gerade eine große Razzia gegeben hat? Sie glauben doch, sie hätten hier heute Abend alle jüdischen Männer mitgenommen."

„Was wird mit ihnen geschehen?"

„Zuerst wird man sie auf die Polizei bringen und verhören. Dann ..."

„In ein Gefangenenlager", ergänzt Jeannette. Sie weiß das ebenso gut wie Onkel Heinrich.

„Und was danach kommt", fährt Onkel Heinrich fort, „weiß ich nicht. Niemand weiß das."

In dieser Nacht kann keiner von ihnen schlafen.

In nur wenigen Stunden werden sie aufbrechen. Onkel Heinrich will, dass alle noch vor Sonnenaufgang fertig sind. Tante Sophie liegt die ganze Nacht über wach, die Augen weit geöffnet. Jedes Geräusch von der Straße könnte von der Polizei kommen. Sie möchte Onkel Heinrich einen Stoß geben, damit er sagt: „Lass uns jetzt aufbrechen, warum sollen wir bis Morgen warten?", aber sie glaubt, dass Onkel Heinrich gerade eingenickt ist. Sie weiß, dass mitten in der Nacht keine Züge gehen. Also wartet sie, die Stunden verrinnen langsam, und im Zimmer ist es heiß und dunkel und still. Sie lauscht dem Rhythmus, in dem ihr Mann atmet.

Bereits vor dem Morgengrauen sind sie wach. Jeannette zieht sich an. Sie packen ihre wenigen Habseligkeiten in eine einzige Tasche. Tante Sophie ist bereits angezogen; sie ist schon seit Stunden auf den Beinen. Onkel Heinrich steht an der Spüle und rasiert sich. Bevor er dazu kommt, sich die Seife aus dem Gesicht zu wischen, klopft es an der Tür. Alle halten inne und verharren reglos. Onkel Heinrich und Tante Sophie sehen einander an. Es ist alles vorbei.

Es klopft wieder, und dann erklingen die gefürchteten Worte: „Öffnen Sie! Französische Polizei!"

Onkel Heinrich öffnet selbst die Tür, tupft sein Gesicht mit einem Handtuch ab. Man sieht, dass er besorgt ist, die Falten auf seiner Stirn sind tiefer als gewöhnlich. In wenigen Sekunden sind sie überall, durchsuchen jede Ecke des Raumes. Es sind die gleichen Männer wie am Vorabend. Der Mann in Zivil lächelt. Er sieht aus, als hätte er in seinen Kleidern geschlafen. „Nun, Monsieur Kapp", sagt er, „hatten Sie einen schönen Abend?"

„Was wollen Sie mit ihm!", schreit Tante Sophie. „Er hat nichts getan!" Aber ihre Worte finden kein Gehör.

„Wir bringen Sie zum Bahnhof, Monsieur Kapp. Wir müssen Ihnen einige Fragen stellen."

„Aber er hat sich nicht einmal fertig rasiert!", fleht Tante Sophie. „Er muss ein paar Sachen zusammenpacken. Geben Sie ihm wenigstens ein paar Stunden ..."

„Nehmen Sie nur Wasch- und Rasierzeug mit", sagt einer der Polizisten. „Sie werden nur für ein paar Stunden fort sein."

Tante Sophie beginnt zu weinen und klammert sich an Onkel Heinrichs Arm. Sie glaubt ihnen nicht.

Onkel Heinrich wischt sich die Seife jetzt ganz vom Gesicht. Jeannette läuft zu ihm und küsst ihn mit tränenüberströmtem Gesicht. Sie klammert sich an ihn und schluchzt laut: „Papa!" Als wenn er etwas an den Dingen ändern könnte. Dann umarmen sich Onkel Heinrich und Tante Sophie. Als Tante Sophie ihren Mann küsst, flüstert sie ihm etwas zu, aber keiner hört, was sie sagt.

„Kommen Sie", ruft der Polizist. „Beeilen Sie sich!"

Gerade, als sie sich in Richtung Tür bewegen, stürzt sich Jeannette auf einen der Polizisten, wird aber von einem Schlag ins Gesicht ins Zimmer zurückgeschleudert. „Wollen Sie auch mitkommen?", fragt der Denunziant.

Die Polizisten führen Onkel Heinrich durch das dunkle Treppenhaus; einer geht vor, einer hinter ihm. Er hat keine Möglichkeit zu fliehen oder einem von ihnen eins überzuziehen und davonzulaufen. Es gibt kein Entrinnen.

Tante Sophie folgt Jeannette ans Fenster. Beide schluchzen. Sie sehen, wie Onkel Heinrich zum Lastwagen gebracht wird. Verschiedene andere Männer werden im ersten Morgengrauen aus anderen Häusern gebracht. Onkel Heinrich schaut noch ein letztes Mal zum Fenster hoch, aber er kann nicht winken. Seine Hände sind ihm hinter dem Rücken gefesselt worden, als ob er ein Verbrecher wäre.

Sie können ihn in ihrer Vorstellung durch die verlassenen Straßen bis zur Polizei begleiten. Was sagen die Männer, die hinten auf dem Lastwagen sind? Oder schweigen sie, und denken daran, dass sie noch wenige Augenblicke zuvor frei und sicher waren, mit ihren Familien um sich?

Tante Sophie kommt zum Ende ihrer Geschichte, Jeannette packt etwas Brot aus, das sie gekauft hat. „Wir haben ihn seit jenem Morgen nicht mehr gesehen", erzählt sie Papa. „Was werden sie mit ihm machen?"

Papa kann ihr keine Antwort geben; ihm sind die Tränen in die Augen getreten. Er erinnert sich des Abends, an dem wir von Toulouse losgefahren waren: Wie er nach der Arbeit zu Onkel Heinrich ging und eine Flasche Wein mit ihm trank. Er denkt daran, dass Jeannette ins Zimmer kam, um ihren neuen Rock zu zeigen. Damals war es Papa einige wenige Augenblicke lang so vorgekommen, als lebten sie plötzlich in einer anderen Zeit, an einem anderen Ort, wo es keine Gefahr gab.

Tante Sophie sinkt auf ihrem Stuhl in sich zusammen. „Er hat in der Fremdenlegion gekämpft", sagt sie. „Haben sie denn davor gar keinen Respekt?"

„Ja", sagt Papa. „Er hätte nicht verhaftet werden dürfen. Ich werde alles tun, was ich kann, um herauszufinden, was man mit ihm gemacht hat. Ich kenne jemanden, der vielleicht in der Lage ist, sich für mich darum zu kümmern. Falls Heinrich immer noch in Frankreich ist, wird er in einem der Lager sein. Vielleicht hat es einen Fehler gegeben, und sie waren sich über seinen Status nicht im Klaren, darüber, dass er in der Legion gekämpft hat ..." Aber Papa kann nicht weiterreden. Diese Worte sind nur zu Tante Sophies Trost bestimmt; er glaubt selbst nicht daran. „Warum", fährt er fort, „kommt ihr fürs Erste nicht mit mir nach Albi? Dort gibt es Platz genug, und es ist dort viel sicherer für dich und Jeannette. Wir können alle zusammen mit dem Zug dorthin fahren."

„Nein." Tante Sophie schüttelt entschieden den Kopf. „Onkel Heinrich haben sie bereits. Warum sollen wir uns jetzt noch verstecken? Außerdem, falls er noch lebt und irgendwie fliehen kann oder entlassen wird, wie soll er uns dann finden? Wenn wir hier bleiben, wird das nicht schwierig sein."

Papa nickt. Er nimmt ein Stück Papier und einen Stift aus der Tasche. Er zögert, bevor er den Namen der Straße in Arthès aufschreibt, wo wir wohnen. Er weiß, wie gefährlich es ist, solche Informationen weiterzugeben, selbst an einen Familienangehörigen. „Nur für den Fall, dass du deine Meinung änderst", sagt er ihr, „dies ist die Adresse."

„Benno!" schreit Tante Sophie, als wäre sie plötzlich aus ihrer stummen Trauer herausgerissen worden. „Bist du verrückt? Hast du auch nur die gerinste Ahnung, wie gefährlich das ist? Wenn die Polizei jemals diesen Fetzen Papier mit deiner Adresse finden sollte ... du hättest überhaupt nicht herkommen dürfen. Du hast dein Leben riskiert, indem du Arthès verlassen hast." Sie reißt den Fetzen Papier in kleine Stücke und wirft ihn in die Spüle.

Papa wendet sich ab. Er murmelt kaum hörbar: „Was meinst du, wie es für uns ist, von euch getrennt zu sein? Sich Woche um Woche endlos zu fragen, ob ihr noch lebt oder schon tot seid? Ich musste einfach kommen. Es wäre sehr viel besser, wenn du mit mir ins Dorf kämst. Jeannette könnte dort mit Renée zur Schule gehen. Es wäre viel sicherer, als hier zu bleiben."

„Ich kann nicht", murmelt Tante Sophie.

Er lässt etwas Geld auf dem Tisch zurück. „Das ist für deine Mutter", sagt er zu Jeannette. „Sobald ich kann, werde ich zurückkommen, um zu sehen, wie ihr zurechtkommt."

Papa bleibt bis zum nächsten Morgen mit dem Pfarrer in Toulouse; sie gehen noch einmal zum Büro des Roten Kreuzes, dann fahren sie nach Albi zurück. Bevor sie die Stadt verlassen, stattet er Tante Sophie noch einen kurzen Besuch ab. Er hat Angst, dass er sie vielleicht nie wiedersieht. Er küsst Tante Sophie zum Abschied, wendet sich dann an Jeannette und drückt sie fest an sich. Sie bringen ihn zur Tür.

„Versuch, deine Mutter davon zu überzeugen, zu uns nach Arthès zu kommen", sagt er Jeannette. „Du musst an ihre und deine eigene Sicherheit denken. Zumindest wären wir dort alle zusammen. Ich werde versuchen, so viel wie möglich über deinen Papa herauszufinden. Es tut mir so leid, meine Liebe. Passt gut auf euch auf."

Sie umarmen sich ein letztes Mal. Papa geht die Treppe hinunter und folgt dem Pfarrer dann durch die Gasse und durch die Straßen zum Bahnhof.

Papa braucht sehr lange, um uns diese Geschichte zu erzählen. Als er zum Ende gekommen ist, sind wir alle still. Papa hat Tränen in den Augen. Sein Bruder ist abgeholt worden, und wir wissen nicht, wie wir ihn trösten können. Auch wenn er Jeannette etwas anderes gesagt hat, weiß er, dass er nur sehr wenig für Onkel Heinrich tun kann. „Ich habe immer gedacht, wenn wir nur den Deutschen ein ordentliches Stück voraus wären, wäre alles in Ordnung", sagt Papa. „Aber die Franzosen sind genauso hinter uns her. Wie können wir in einem Land überleben, in dem wir es mit zwei Feinden gleichzeitig zu tun haben?"

Ich will ihn fragen, ob Onkel Heinrich sterben wird. Wird man ihn umbringen? Aber ich wage es nicht, diese Worte auszusprechen. Papa nimmt mich auf den Schoß und hält mich fest. Ich denke daran, wie Onkel Heinrich mir immer vorgelesen hat, wenn ich auf seinem Schoß saß, wie er die Seiten in dem Buch umblätterte. Wird er mir jemals wieder etwas vorlesen?

„Was auch immer geschieht", sagt Maman, „wir dürfen nicht so denken, Benno. Wir müssen weiter glauben, dass es ihm gut geht und dass es uns ebenfalls gut gehen wird. Daran müssen wir glauben." Sie steht auf, um den Tisch zu decken.

Papa ist still. Er hat von den in Deutschland verbliebenen Familienangehörigen nichts gehört. Er fragt sich ständig, was wohl mit ihnen geschehen ist. Und nun wird Papa nicht anders können, als sich jeden Tag zu fragen, was man mit seinem Bruder gemacht hat. Wird er ebenfalls für immer aus unserem Leben verschwinden?

Am Nachmittag gingen wir nach St. Juéry, um Nahrungsmittel einzukaufen. Auf dem Weg dorthin besuchten wir Tante Hanna und Onkel Oscar. Dort lernten wir eine Familie Kahn kennen, Monsieur und Madame mit zwei Kindern, Emmy und Jean-Claude. Die Kahns waren Elsässer, so wie Onkel Heinrich und Tante Sophie, und sie waren zusammen mit Hunderten anderer elsässischer Juden auf Befehl der Nazis in den Süden Frankreichs umgesiedelt worden.

Ich spielte mit Raymonde und unserer neuen Freundin Emmy, die so alt war wie ich, draußen im Garten. Emmy würde in Arthès mit mir zur Schule gehen. Wir hatten die gleichen Lieblingsspiele. Wir liefen im Kreis herum und ließen uns dann auf die Erde fallen. Wer als letzter fiel, war für die nächste Runde ausgeschieden. Gewöhnlich schied Jean-Claude aus, weil er nicht aufhören wollte, zu rennen.

Onkel Oscar kam für ein paar Augenblicke heraus, um uns zuzusehen. Er hatte einen Fotoapparat in der Hand. Monsieur Kahn, dem der Apparat gehörte, hatte Onkel Oscar erklärt, wie er damit Aufnahmen machen konnte. Papa kam auch heraus, und Onkel Oscar machte ein paar Fotos von uns allen. Als Tante Hanna in den Garten kam, um etwas Gemüse für das Abendessen zu ernten, nahm Papa Tante Hanna und Onkel Oscar zusammen mit allen Kindern im Garten auf.

„Eines Tages“, meinte Tante Hanna, „wenn wir alle wieder in Freiheit sind, werden wir uns diese Fotos ansehen und zu vergessen versuchen, wie es damals war.“

Es gab an diesem Abend viel zu essen, weil alle irgendetwas beigesteuert hatten. Wir setzten uns, und Onkel Oscar sprach flüsternd das Motzi, das Gebet, das über dem Brot gesprochen wird, bevor wir aßen. Emmy und ich saßen nebeneinander. Alle wurden ernst, als Papa von seiner Fahrt nach Toulouse erzählte. Inzwischen war die Sonne untergegangen, und in den Straßen schien es unnatürlich ruhig zu sein. Als Papa das Wort „verhaftet“ aussprach, blickte Monsieur Kahn auf seinen Teller und schüttelte den Kopf. Er hatte ebenfalls gesehen, wie ganze Wagenladungen von Juden weggebracht worden waren.

„Nun“, sagte Madame Kahn, „es ist immerhin besser, als von der Gestapo geholt zu werden.“

„Oh, ich bin mir nicht so sicher, ob das überhaupt einen Unterschied macht“, widersprach Onkel Oscar.

Madame Kahn murmelte nur noch, weil sie Angst hatte, wir Kinder könnten zu viel von der Unterhaltung mitbekommen. „Nun“, fuhr sie fort, „wenn man verhaftet wird, bringen sie einen in diese Lager; es ist natürlich nicht angenehm ...“

„Sie sind naiv, das zu glauben!“, unterbrach sie Papa. „Die Nazis haben diese Konzentrationslager schon seit Jahren – sie existierten schon vor dem Krieg. Wir können uns gar kein Bild davon machen, wie grausam es dort zugeht. Man wird dort behandelt wie ein Kriegsgefangener oder sogar noch schlechter. Und die französischen Lager sind genauso schlimm! Ich versichere Ihnen, es ist alles andere als angenehm!“

Einen Moment lang sagte niemand etwas. Papa war es peinlich, dass er laut geworden war, und Madame Kahn entschuldigte sich, dass sie ihn aufgeregt hatte. Tante Hanna nahm uns mit in die Küche. Sie hatte kleine Kuchen gebacken, die auf dem Tisch verteilt lagen. Jeder von uns durfte einen haben. Die Kuchen schmeckten merkwürdig und waren sehr trocken; sie waren auch gar nicht süß. Tante Hanna erklärte uns, das läge daran, dass sie nicht die richtigen Zutaten hätte bekommen können.

Nachdem wir unseren Nachtisch gegessen hatten, war es an der Zeit heimzugehen. Auf dem Rückweg in unsere Wohnung war Papa immer noch schlechter Stimmung. Maman sagte, sie wünschte, er wäre vor diesen neuen Bekannten nicht so zornig geworden. Diese Leute hätten auch ihre Sorgen.

„Aber ich glaube nicht, was diese Leute sagen!“, rief Papa. „Sie machen sich etwas vor! Sie haben nicht die leiseste Ahnung, wie schlimm das ist, was uns bevorsteht, wenn wir gefasst werden! Sie wollen nicht sehen, was tatsächlich um uns herum geschieht.“

Wir gingen über die Brücke, und Papa versuchte nicht, mir zu verheimlichen, was er zu sagen hatte. Es war, als wolle er, dass ich verstehe, in welch großer Gefahr wir schwebten, obwohl ich doch erst ein kleines Kind war. Ich hatte an jenem Abend die Vorstellung, dass die Polizei hinter jedem Baum und jedem Haus lauerte oder uns oben von den Hügeln her beobachtete. Ich fragte mich, warum wir wohl blieben, wenn selbst die Franzosen so schlecht waren. „Sollten wir nicht irgendwo anders hingehen?“

Maman lachte über meine Frage. „Es gibt kein irgendwo anders, wo wir hingehen könnten, mon petit lapin“, sagte sie. „Fast die ganze Welt ist im Krieg.“

Der Ausrufer

Im November 1942 wurden die Fedous gebeten, ein Radio in ihrer Wohnung im Obergeschoss zu verstecken. Das Radio war vor allem dazu geeignet, die Programme der BBC in London zu empfangen. Die BBC übertrug immer wieder kryptische Mitteilungen, die von den Truppen des Freien Frankreichs in Großbritannien an die Kämpfer der Résistance ergingen.

Eines Tages kam eine niederschmetternde Durchsage von Radio Paris, das von den Nazis kontrolliert wurde. Angesichts der britisch-amerikanischen Landung an der nordafrikanischen Küste würden die Deutschen in Kürze über die Demarkationslinie in die unbesetzte Zone Frankreichs vordringen, angeblich, um eine weitere Landung der Allierten an der Mittelmeerküste zu verhindern. Selbst Marschall Pétain protestierte gegen diese Invasion; sie war ein direkter Verstoß gegen das Waffenstillstandsabkommen. Jetzt schwebten wir in größerer Gefahr als jemals zuvor. Schon bald würden die Deutschen in die bisher von Vichy kontrollierte Zone vorrücken, und dann würden wir in Angst sowohl vor ihnen als auch vor der französischen Polizei leben müssen. Es war nur eine Frage der Zeit, bis die Gestapo eintraf.

Ich hörte zu, wie Maman und Papa darüber debattierten, was zu tun sei. Als ich aus der Schule kam, redeten sie immer noch über das gleiche Thema: „Sollten wir besser nach Marseille gehen? Oder nach Nizza?“

Papa entschied sich schließlich gegen jede weitere Flucht. „Das sind große Städte“, sagte er zu Maman. „Selbst wenn es stimmt, dass die Italiener die Juden in Nizza beschützen, werden die Nazis bestimmt Wind davon bekommen. Außerdem werden die Nazis, wenn sie in die unbesetzte Zone vorrücken, wahrscheinlich auch die Küstenstädte besetzen. Aber warum sollten sie ausgerechnet hier, in einem so winzigen Dorf, eine Befehlszentrale einrichten? Das wäre doch eine Vergeudung ihrer Kräfte. Und hier gibt es Leute, die bereit sind, uns zu schützen. Wahrscheinlich werden die Nazis St. Juéry und Arthès der französischen Polizei überlassen. Schließlich müssen die Deutschen ja ihren Krieg führen.“

Also blieben wir. Aber wir sahen uns weiteren Problemen gegenüber, ganz einfach deshalb, weil wir uns in einer so kleinen Gemeinde versteckt hielten. Irgendwann fanden die Leute hier heraus, „wer wo steckte“ und was so vor sich ging. Es gab einige, die es sich zur Aufgabe machten, die Juden bei der französischen Polizei zu denunzieren.

In St. Juéry und Arthès wurden die Neuigkeiten von einem Ausrufer verkündet. Er war Franzose und lebte bei uns im Dorf. Ich war fasziniert von seiner marineblauen Uniform mit ihren roten und goldenen Besätzen und dem Képi, das er auf dem Kopf trug. Er sah aus wie eine der alten Soldatenfiguren von Onkel Heinrich. Der Ausrufer hatte eine Trommel umhängen, die er jeden Abend genau zur gleichen Stunde schlug, während er durch die Straßen ging und mit dröhnender Stimme die neuesten Nachrichten bekannt gab – vor allen Dingen Nachrichten vom Krieg. Wir nahmen von dem Ausrufer kaum Notiz; wir wussten, dass seine „Nachrichten" im besten Falle verzerrt und im schlimmsten Fall einfach gefälscht waren, um die Résistance von den immer öfter auftauchenden Versorgungsfahrzeugen der Nazis abzulenken.

Ich wusste, wie der Ausrufer aussah; ich hatte ihn oft genug gesehen. Als ich ihn eines Nachmittags unsere Straße entlangkommen sah, nicht in Uniform, sondern in Zivil, dachte ich, er wäre auf dem Weg nach Hause oder hätte sich vielleicht verlaufen. Ich lief die Treppe hinauf zu unserer Wohnung und öffnete die Tür. Maman war da, saß am Fenster und nähte. Sie fragte mich, wie es in der Schule gewesen sei. Gerade, als ich es ihr erzählt hatte, klopfte es an der Tür. Maman erstarrte und hob dann die Hand zum Zeichen, dass ich schweigen solle. Sie wusste, dass Papa innerhalb der nächsten Stunde nicht nach Hause kommen würde und die Fedous nach Albi gefahren waren.

Als Maman zur Tür ging und öffnete, erkannte ich draußen den Ausrufer.

„Was wünschen Sie?", fragte Maman in strengem Ton.

„Ich glaube, wir haben etwas zu besprechen, Madame", erwiderte er.

Maman verstand nicht. Sie gestattete dem Mann, hineinzukommen und schloss die Tür hinter ihm.

„Also, was wünschen Sie denn nun?", fragte sie noch einmal auf Französisch.

Ich ging zu Maman hinüber, stellte mich hinter sie und blickte von dort aus in das breite Gesicht des Mannes. Sein Haar war dünn und wurde bereits grau. Er sprach mit leiser Stimme, als fürchte er, jemand könnte mithören.

„Madame, ich weiß, dass Sie hier im Dorf noch recht neu sind, aber sicherlich sind Sie sich über die Situation hier im Klaren. Ein Mann in meiner Position kann schlecht anders, als gewisse Gespräche mitanzuhören. Ich weiß, wo in Arthès Juden versteckt sind, und ich weiß, dass Sie selbst Juden sind. Wenn Sie mich nicht vom Gegenteil überzeugen, fürchte ich, dass ich der Polizei melden muss, wo sich Ihr Mann befindet."

„Ich habe keinen Mann", erwiderte Maman schnell, „er ist in Marokko gefallen. Er kämpfte in der Legion."

„Das ist eine Lüge, Madame", sagte der Mann mit einem geduldigen Lächeln. „Ich habe ihn heute morgen auf dem Weg zur Fabrik gesehen. Besser gesagt, bin ich ihm den ganzen Weg bis zu den Sauts du Tarn gefolgt."

Mamans Augen weiteten sich. Ich hielt ihre Hand fest. Ich wusste nicht, ob ich loslaufen und Papa warnen sollte, damit er nicht nach Hause kam, oder lieber bei Maman bleiben sollte für den Fall, dass ihr etwas zustieß. Aber instinktiv wusste Maman, wie sie mit dem Mann umgehen musste. Sie ging zu dem Schrank hinüber, und ich sah, wie sie ihre Börse herausnahm.

„Wie viel verlangen Sie?", fragte sie.

„Alles. Alles, was in der Börse ist."

Maman übergab dem Mann das Geld ohne ein weiteres Wort. Er zählte es und lächelte. „Gut. So ist es richtig. Dadurch sollte Ihr Mann fürs Erste sicher sein."

„Fürs Erste? Und wie lange ist das?"

Der Mann drehte sich an der Tür noch einmal um und lächelte. „Wie ich schon sagte, Madame, für den Augenblick werde ich Ihren Mann nicht melden."

Sobald Papa am Nachmittag von dem Mann hörte, wurde er sehr wütend. „Dass jemand zu allem anderen auch noch die Nerven hat, uns zu erpressen! Wir haben kaum genug Geld, um uns zu ernähren! Aber warum wundere ich mich überhaupt? Es wird zweifellos alles immer schlechter werden, solange der Krieg weitergeht."

„Glaubst du, er wird wiederkommen?" fragte Maman zögernd.

„Natürlich wird er wiederkommen. Er hat jetzt ein lohnendes Geschäft im Gange. Die Juden in diesem Dorf sind ihm auf Gedeih und Verderb ausgeliefert. Uns bleibt nichts anderes übrig, als ihn weiter zu bezahlen. Gott sei Dank hat er wenigstens das Geld, das du in der Dose aufbewahrst, nicht bekommen."

„Benno", protestierte Maman, „wie können wir es uns denn leisten, ihn wieder zu bezahlen? Wir brauchen das Geld."

„Willst du denn verhaftet werden?"

„Natürlich nicht. Aber wir könnten schließlich auch gehen. Wir könnten in die Berge gehen und uns dort eine Weile verstecken. Dann wird er glauben, dass wir Arthès für immer den Rücken gekehrt haben."

Papa schüttelte den Kopf. Er war wütend, und er war es leid, ständig auf der Flucht zu sein. Jetzt, da die Nazis auch den Süden Frankreichs besetzten, war kein Ort mehr sicher. Wenn man für ein kleines Kind zu sorgen hatte, war, so glaubte er, das Dorf den Bergen oder einer großen Stadt vorzuziehen.

Meinen Eltern blieb nichts anderes übrig, als den Ausrufer jedes Mal zu bezahlen, wenn er es verlangte. Onkel Oscar und Joseph Kahn standen schon bald vor dem gleichen Dilemma. Sie waren ebenfalls gezwungen, auf die Forderungen des Mannes einzugehen, damit sie mit ihren Familien im Dorf bleiben konnten. Es sei besser, so sagten sie, einen bekannten Denunzianten ruhig zu halten, als bei einer Razzia gefasst zu werden. Und die Razzien fanden überall um uns herum immer häufiger statt.

Papa bezahlte den Ausrufer von dem, was er in der Fabrik verdiente, so dass wir nur noch sehr wenig Geld zum Leben übrig behielten. Da der Ausrufer immer mehr und mehr verlangte, war Maman gezwungen, das wenige an kostbarem Besitz zu verkaufen, das sie noch hatte. Die Vorstellung, dass uns das Geld ausgehen und der Mann Papa ans Messer liefern könnte, war ihr entsetzlich.

Auch im Winter ging ich weiter zur „école communale", der Dorfschule, musste aber jeden Nachmittag direkt von der Schule nach Hause gehen. Ich durfte nicht mehr wie die anderen Kindern nach Schulschluss noch eine Weile auf dem Schulhof bleiben. Die Bauernkinder, die nach Arthès zur Schule kamen, wurden gefahren, aber diejenigen von uns, die im Dorf wohnten, mussten nach Hause laufen. Maman sorgte dafür, dass sie stets zu Hause war, wenn ich aus der Schule kam. Sie sah es kommen, dass mit dem Erscheinen der Nazis Frauen und Kinder in viel größerer Gefahr schweben würden als zuvor.

An manchen Vormittagen behielten mich meine Eltern zu Hause, und Papa ging auch nicht zur Fabrik. Wir waren immer wachsam, weil wir nicht wussten, wann die Deutschen tatsächlich in unserem kleinen, abgelegenen Dorf eintreffen würden. Der Vorsteher der Sauts du Tarn warnte die jüdischen Männer, die für ihn arbeiteten, jedes Mal, wenn er eine Razzia oder eine Inspektion der Fabrik befürchtete. An solchen Tagen ging mein Vater nicht zur Arbeit, und Madame Sachs aus dem Dorf kam zu uns, um mir bei meinem Schulpensum zu helfen. Sie war ebenfalls ein Flüchtling. Im Austausch für ihre Unterrichtstätigkeit gab Maman ihr Lebensmittel oder lud sie ein, zum Essen dazubleiben.

Im Alter von fünf Jahren langweilte mich der Schulstoff, denn mir blieb so wenig Zeit zum Spielen übrig. Ich wand mich auf meinem Stuhl, wenn Madame Sachs die Fehler in meinen Arbeiten mit mir besprach. Ich wäre lieber draußen gewesen und hätte mit meinen Freundinnen gespielt; aber die sollten ja ebenfalls eigentlich zu Hause sitzen und ihre Hausaufgaben machen. Zumindest in der Schule gab es lange Unterrichtspausen, in denen wir hinaus durften, um auf dem Schulhof zu spielen. Aber sobald ich zu Hause war, ließ Maman mich nicht mehr hinaus. Ich durfte nie auf der Straße spielen. Jeden Tag, sobald Madame Sachs nach Hause ging, beschäftigte mich Maman mit allen möglichen Dingen, um mich meinen Wunsch, draußen zu spielen, vergessen zu machen.

Eines Nachmittags, als Maman einmal nicht aufpasste und Papa noch nicht zum Essen zurückgekommen war, schlüpfte ich aus der Wohnung und lief zum Spielen hinaus auf die Straße. Ich war es gewohnt, allein zu spielen, hatte aber keine Lust mehr, dazu auch noch im Haus bleiben zu müssen. Ich hatte meine Puppe dabei und mehrere Stücke Brot, die mir ausreichend schienen, um einen Nachmittag weit weg von Maman zu überstehen. Ich war fest entschlossen, mich auf keinen Fall von Maman finden zu lassen, denn ich wusste, sobald ihr das gelang, würde sie mich bestrafen und mir nie wieder erlauben, allein aus dem Haus zu gehen.

Es war ein stürmischer Nachmittag. Der Himmel war eher grau als blau, und in dem kalten Wind wurden meine Ohren bald ganz rot. Ich weiß noch, dass sich die Äste der Bäume im Sturm wiegten. Sie schienen mich vorwärts zu drängen: „Beeil dich, Kleines! Hierher!" Ich lief weiter und weiter von unserer Wohnung fort – das hatte Maman mir strikt verboten. Sie hatte mir immer wieder eingeschärft, auf keinen Fall ohne sie unsere Gasse zu verlassen. Ich ging den steilen Weg bis zur Ecke hoch. Weit in der Ferne sah ich die Hügel, die sich über den roten Ziegeldächern von Arthès erhoben. Dort wollte ich sein, hoch oben in den Hügeln, und auf alles andere herabschauen.

Unterwegs sang ich vor mich hin und dachte mir Geschichten über die deutsche und die französische Polizei aus. Vielleicht würden sie einen Krieg untereinander beginnen und die Juden darüber ganz vergessen. Ich war vielleicht zwei Blocks weit gekommen, als mir eine Tür auffiel, die einen Spalt offen stand. Ich blieb vor dieser Tür stehen und sah, dass eine Frau am Fenster des Hauses stand und Teig knetete. Ich konnte riechen, dass sie Brot im Ofen hatte. Warme Luft strömte aus der Küche in die kühle Nachmittagsluft. Auf ihrem Fensterbrett hatte die Frau eine Holzschüssel mit Kartoffeln stehen, und auf dem Tisch lagen viele Äpfel. Ich wusste, was Äpfel waren, und hätte gern einen gehabt. Im Jahr zuvor hatte ich zugeschaut, wie Maman Äpfel auf einer Schnur trocknete. Wir hatten sie über den ganzen Winter verteilt gegessen. Vielleicht bemerkte die Frau mich ja, wenn ich nur lange genug vor dem Haus stehen blieb.

„Bonjour, mademoiselle“, sagte sie schließlich. „Es wird so heiß hier drinnen, wenn ich backe. Deshalb lasse ich die Tür einen Spalt offen, aber der Wind weht sie dann ganz auf.“ Sie lächelte. „Möchtest du hereinkommen?“ Es war eine kleine Frau mit freundlichem Gesicht, aber ihr graues Haar, das zu einem Knoten zusammengebunden war, verlieh ihr eine gewisse Strenge. Sie hatte eine freundliche, sanfte Stimme.

Ich trat zaghaft über die Türschwelle. „Bonjour, madame“, antwortete ich. Was ich als nächstes sagen sollte, wusste ich nicht. Plötzlich musste ich an ein Märchen denken, das Onkel Heinrich mir einst vorgelesen hatte, „Hänsel und Gretel“. Ich wusste genau, was diesen Kindern zugestoßen war. Aber dann fiel mir auch ein, wie Jeannette sich darüber lustig gemacht hatte, dass ich mich von einem Märchen derart hatte ängstigen lassen. Ich beschloss, tapfer zu sein. Sollte ich die Frau nach einer Kartoffel oder einem Apfel fragen? „Comment t’appelles-tu?“, fragte sie mich; sie wollte meinen Namen wissen.

„Je m’appelle Renée.“

„Quel age as-tu?“

Ich sagte ihr, ich sei fünf Jahre alt. Die Frau lächelte und knetete weiter ihren Teig zu einer großen Kugel, die sie dann in lange Streifen ausrollte.

„J’ai faim, madame“, gab ich schließlich zu, und hielt mir meinen Bauch, damit sie verstand, wie hungrig ich war.

Die Frau sah mich an und lachte. Sie kam zur Tür und fragte mich, was ich gern essen würde. Ich deutete auf die Äpfel.

„Halt deine Schürze auf“, sagte sie mir. Sie suchte ein paar Kartoffeln aus, zwei oder drei Äpfel, einige Walnüsse und ließ sie in meine Schürze sinken. Dann brach sie einen Laib Brot in zwei Hälften und gab mir eine davon. Sie sagte mir, ich müsse sehr langsam zurückgehen, damit ich nichts fallen ließe. Es gab noch mehr zu essen auf ihren Regalen, Dinge, die ich nicht kannte und nie zuvor gesehen hatte. Meine Schürze wurde langsam voll, aber ich wusste, dass noch etwas fehlte.

„Und mein Vater trinkt gern Wein!", platzte ich heraus.

„Ah, oui!", lachte die Frau. Sie ging aus der Küche hinaus und war schon einen Augenblick später mit einer Flasche Wein zurück. Ich dachte, sie müsste eine Königin sein oder jemand, der sehr reich ist, dass sie so viel zu essen hatte. Ich begriff nicht, dass sie mir fast alles gegeben hatte, was sie an diesem Abend ihrem Mann hatte vorsetzen wollen.

„Merci beaucoup, madame", sagte ich. Dann hielt ich meine Puppe hoch. „Voilá, ma petite amie, Jeanine", bot ich an. „Elle est pour vous."

Die Frau lachte wieder. Es war offensichtlich, dass ich nicht meine Puppe und die Flasche Wein und all die Speisen in meiner Schürze tragen konnte, aber sie wollte die Puppe nicht annehmen.

„Ah, non, mademoiselle", protestierte sie. Sie legte die Puppe in meine Schürze, so dass sie die Speisen bedeckte. „Jetzt kann keiner sehen, was du da hast. Jetzt aber schnell nach Hause mit dir, und verlier nichts!"

Ich bedankte mich noch einmal, und dann machte ich mich auf den Heimweg – mit genug zu essen für eine ganze Woche. Maman würde so stolz auf mich sein, und Papa würde ebenfalls glücklich sein, jetzt, da er wieder etwas Wein hatte. Ich ging sehr langsam, setzte vorsichtig einen Fuß vor den anderen, damit ich nichts von meiner kostbaren Beute verlor. Irgendwie fand ich den Weg zurück in unsere Straße. Ich kam gerade den steilen Hang hinunter, als Maman mich erblickte. Sie stand am Fuß des Hügels und suchte die Gasse nach mir ab. Ich wäre am liebsten auf sie zugerannt, hätte die Flasche Wein hochgehalten und gerufen: „Schau mal, Maman!“, aber ich wusste ja, was die Dame gesagt hatte. Niemand brauchte sehen, was ich in meiner Schürze trug, bis ich es sicher heimgebracht hatte.

Ich kam an die Tür. Maman schaute mich sehr wütend an. „Wo bist du gewesen, Renée? Warum bist du nicht nach Hause gekommen, als ich dich gerufen habe?“ Ich schluckte. „Ich habe etwas zu essen für uns geholt, Maman.“

„Was?“

Als ich anfing, es ihr zu erklären, öffnete Maman die Tür zu unserer Wohnung und schickte mich die Treppe hinauf. Papa wartete dort schon mit sorgenvollem Gesicht. Ich öffnete meine Schürze, und Maman nahm die Puppe heraus. Dann stöhnte sie entsetzt auf.

„Nein!“, schrie sie. „Benno, sieh dir das an!“

Papa wusste nicht, was er sagen sollte. Er stellte die Flasche Wein auf den Tisch und packte die anderen Sachen aus meiner Schürze.

„Wo hast du das her, Renée?“, wollte Maman wissen.

„Von der Dame oben an der Straße. Sie wohnt nicht weit von hier. Sie ist sehr freundlich und hat es mir gegeben.“

„Sie hat es dir gegeben? Bist du dir sicher, dass du es nicht einfach genommen hast, Renée?“

„Ich bin mir sicher, Maman. Ich habe ihr gesagt, ich sei hungrig, und sie ließ mich die Schürze öffnen und hat all diese Sachen hineingelegt.“

„Wie heißt sie?“

„Das weiß ich nicht, Maman.“

Maman sah Papa an und sagte: „Wir müssen es zurückbringen.“

Papa nickte.

Jetzt begann ich zu weinen. „Aber sie hat es mir gegeben. Es war ein Geschenk! Sie hat mir gesagt, ich solle es mit heimnehmen, es niemanden sehen lassen und es mir von niemandem fortnehmen lassen!“ Ich griff nach einem Apfel, aber Maman gestattete nicht, dass ich ihn behielt. Sie glaubte mir meine Geschichte nicht. Sie war bereits dabei, alles in eine Tasche zu stecken, die sie sonst immer zum Markt mitnahm.

„Komm mit, Renée“, sagte sie und nahm meine Hand fest in ihre. „Wir werden diese Sachen sofort zurückbringen. Ich möchte, dass du mir zeigst, wo diese Frau wohnt.“

Maman und ich gingen schweigend nebeneinander her. Ich zeigte die Straße hinauf, und Maman nahm mich noch fester an die Hand und zog mich den Hang hinauf. Als wir an die Ecke kamen, bogen wir nach rechts ab. „Nun, wo ist es?“, fragte sie.

Ich zeigte auf die zweite Straße zur Rechten vor uns. Wir gingen weiter den Gehsteig entlang, wir bogen um die nächste Ecke und waren in der Straße, wo die Frau wohnte. Ich sah das Fenster, aber es war nicht mehr offen. Die Tür war ebenfalls geschlossen. Ich zeigte auf das Haus. Maman blieb stehen. „Hier ist es?“

„Ja, Maman.“

Maman klopfte an die Tür. Nach einigen Minuten hörten wir Schritte, dann wurde die Tür geöffnet. Es war die gleiche Frau wie zuvor.

„Ah“, sagte sie, „bonjour, Renée.“

Maman hielt ihr rasch die Tasche mit den Lebensmitteln hin. „Ich fürchte, dass meine Tochter diese Sachen heute Nachmittag bei Ihnen mitgenommen hat, Madame. Es tut mir sehr leid. Bitte nehmen Sie unsere Entschuldigung an.“

„Aber, Madame“, sagte die Frau, „das alles habe ich Ihrer Tochter gegeben. Sie schien so hungrig zu sein. Sie hat nichts gestohlen.“

„Selbst wenn es so ist“, fuhr Maman fort, „können wir es nicht annehmen. Das wäre Ihnen gegenüber nicht recht. Aber ich bedanke mich für Ihre Freundlichkeit.“ Sie wandte sich ab, um zu gehen.

Die Frau blickte auf mich herab, lächelte und bot mir einen Apfel an. Dann bestand sie darauf, dass Maman die Lebensmittel und den Wein behielt. Ich blickte Maman fragend an; sie lachte und sagte, ich dürfte den Apfel behalten.

„Sie haben ein reizendes, kleines Mädchen", sagte die Frau. „Ich hoffe, du kommst mich mal wieder besuchen, Renée."

Maman dankte der Frau. „Es ist manchmal so schwierig, sie im Auge zu behalten!", sagte sie. Dann stellte Maman sich der Frau vor.

Die Frau sagte uns, sie sei Madame Valat. „Bitte seien Sie so frei und besuchen Sie uns wieder. Mein Mann und ich, wir besitzen ein Radio. Vielleicht würden Sie gern einmal kommen und einen Abend zusammen mit uns Radio hören. Wir würden uns auf jeden Fall sehr freuen. Wir haben im Winter nicht viel Besuch."

Maman war überrascht, dass die Valats ein Radio besaßen. Sie nickte lächelnd. „Sie sind sehr freundlich, Madame", sagte sie zu der Frau. Erst später, als sie Papa die Geschichte erzählte, begann Maman zu vermuten, dass die Valats einer Résistance-Gruppe angehörten.

Wir bedankten uns noch einmal bei Madame Valat, und auf dem Weg nach Hause aßen Maman und ich Äpfel. „Es tut mir leid, dass ich dir nicht geglaubt habe", sagte Maman, „aber du darfst nie wieder die Wohnung ohne mich verlassen. Hast du mich verstanden?"

„Ja, Maman." Zumindest hatte sie mir nicht verboten, jemals wieder auf die Straße zu gehen. Ich fragte Maman, ob wir Madame Valat in der nächsten Woche besuchen könnten.

„Vielleicht, Renée", sagte sie. „Sie scheint eine nette Frau zu sein. Aber du darfst niemanden mehr nach etwas zu essen fragen. Das ist sehr ungezogen, verstehst du?"

„Ja, Maman."

Am nächsten Morgen fragte Maman Madame Fedou nach den Valats. Es traf sich, dass Madame Fedou die Frau kannte;

sie sagte, man könne ihr auf jeden Fall vertrauen, sie würde uns gewiss nicht verraten. Die Valats hatten eine Tochter ungefähr im Alter von Lucette Fedou, und die beiden Mädchen kannten einander. So knüpften wir unsere zweite Freundschaft in dem Dorf. Vielleicht begannen wir, uns etwas sicherer zu fühlen. Je länger wir in Arthès blieben, um so mehr Menschen lernten wir kennen, Menschen, die gut waren, mildtätig, freundlich, denen man vertrauen konnte. Es waren Menschen, die bereit waren, ihr eigenes Leben und ihre eigene Sicherheit für uns zu riskieren. Und sie wurden unsere Freunde.

Im Keller der Valats

Eine Woche nach der anderen verging, und Maman und Papa machten sich Sorgen wegen der immer häufigeren Razzien in Albi. Wir mussten oft auf die Felder gehen und uns dort stundenlang verstecken, wenn wir wieder Berichte von Razzien in den Nachbardörfern gehört hatten. Manchmal trafen wir dort andere Juden, die von Albi gekommen waren; sie hatten Glück gehabt und waren aus ihren Verstecken entkommen, bevor die französische Polizei sie abholen kam.

Während dieser Zeit begannen Gerüchte umzugehen, dass die französische Polizei ihre Anstrengungen verdoppele, um die Juden aufzuspüren, die sich noch in den kleinen Dörfern versteckt hielten. Die Polizei musste ihre Quoten erfüllen, um die Nazis zufrieden zu stellen, die strikte Zeitpläne aufgestellt hatten und keinen Zug nach Osten abfahren lassen wollten, der nicht bis auf den letzten Quadratzentimeter gefüllt war. Wir wussten nicht, ob wir diesen Gerüchten Glauben schenken sollten oder nicht, aber Maman zauderte immer mehr, die Wohnung überhaupt noch zu verlassen. Der protestantische Pfarrer, der Papa im August mit nach Toulouse genommen hatte, setzte sich über einen Mittelsmann mit Papa in Verbindung. Dieser

Bote warnte Papa, dass die Situation immer schlechter werde statt besser – vor allem für die ausländischen und „staatenlosen" Juden, von denen, so berichtete er, nur noch sehr wenige in Frankreich verblieben waren.

Die Gerüchte, die meine Eltern gehört hatten, entsprachen der Wahrheit, und Papa war gezwungen, seine Arbeit in der Fabrik Sauts du Tarn ganz aufzugeben und ständig in der Wohnung zu bleiben.

„Aber wenn ich das tue", rief Papa, „haben wir kein Geld mehr, um den Ausrufer zu bezahlen!"

Der Freund des Pfarrers sagte Papa, sie wollten versuchen, etwas zu arrangieren. Er drängte Papa, weiterhin allen Anweisungen Monsieur Fedous zu folgen. „Wenn Sie hören, dass es eine Razzia geben wird, wenn Sie selbst irgendetwas Verdächtiges bemerken, dann müssen Sie schnell hier heraus. Laufen Sie auf die Felder, gehen Sie in die Berge, auf jeden Fall fort von hier. Hier werden Sie zuerst nach Ihnen suchen, hier in Ihrer Wohnung oder in der Fabrik."

„Ich weiß", sagte Papa. „Das müssen Sie mir nicht erst erklären!"

Er und Maman dankten dem Pfarrer für seine Bemühungen, und der Mann versprach, mit Maman in Verbindung zu bleiben. Papa lächelte, nachdem der Mann gegangen war; er konnte nicht verstehen, warum der protestantische Pfarrer ein solches Interesse an unserem Wohlergehen hatte, das zumindest so weit ging, dass er einen Boten schicken würde, um uns zu warnen. Der Pfarrer schien ebenso entschlossen, uns zu beschützen, wie die Fedous.

Ich besuchte nur noch unregelmäßig die Schule, und Papa ging einige Wochen lang überhaupt nicht mehr in die Fabrik. Ich glaube, er war es leid, versteckt zu leben, aber er wusste, was ihm drohte, wenn er Risiken einging. Die Ermahnungen des Pfarrers, vorsichtig zu sein, bleiben nicht ohne Wirkung auf Papa.

Jeden Morgen, den ich zur Schule ging, saß ich in dem einzigen Klassenzimmer der Schule, hörte dem Unterricht nur halb zu und fragte mich, ob meine Eltern wohl noch da sein würden, wenn ich wieder heimkam. Wir waren vielleicht vierzig Schüler, zehn in jeder Bankreihe. Die Bänke waren gleichmäßig auf beide Seiten des Raums verteilt, mit einem Gang in der Mitte dazwischen. Vorne gab es ein Podest, auf dem der Tisch des Lehrers mit einem Stuhl stand. Ich habe noch heute das schmiedeeiserne Tor vor der Schule in Erinnerung und die Stufen, die zum Eingang des Gebäudes führten. Vor Schulbeginn standen wir morgens immer alle auf den Stufen herum, weil keiner hereingehen und mit dem Unterricht beginnen mochte.

Ich war immer eine der ersten, die am Nachmittag mit ihren Aufgaben fertig war. Dann drehte ich mich zu meinem jeweiligen Tischnachbarn um. Doch jedes Mal ertappte mich die Lehrerin dabei und holte mich nach vorne an die Tafel, wo sie mich Verben konjugieren ließ. Oder sie schickte mich nach ganz hinten und ließ mich die nächste Lektion in meinem Lehrbuch fertig machen. Ohne große Anstrengung beendete ich jedenfalls in der vorgegebenen Zeit meine Arbeit und saß dann an der Tür, gelangweilt und müde, und wartete nur darauf, heimgehen zu dürfen. Im Hinterkopf lauerte ständig die Sorge: „Was nur, wenn Papa und Maman nicht mehr da sind, wenn ich heimkomme?"

An einem windigen Januarnachmittag ging ich allein von der Schule nach Hause. Unterwegs fiel mir auf, dass sonst niemand außer mir auf der Straße war. Normalerweise sah ich ein oder zwei Männer aus dem Tabakladen kommen oder eine Frau, die ihre Wäsche von der Leine nahm, aber an jenem Nachmittag war überhaupt niemand zu sehen. „Vielleicht wegen der Kälte", dachte ich.

Als ich die Seitentreppe erreichte, die zu unserer Wohnung hinaufführte, saß dort Andrée Fedou auf der untersten Stufe.

Sie hatte ihre Arme verschränkt und die Hände vor Kälte unter die Achseln geschoben, da sie keine Handschuhe besaß. Als sie mich sah, stand sie auf und sagte: „Lass uns spazierengehen, Renée.“ Sie nahm meine Hand.

„Aber ich muss zuerst zu meinen Eltern“, wandte ich ein. „Ich muss meine Bücher ablegen.“

„Ich weiß“, nickte sie, „aber das kannst du nachher tun. Komm einfach mit mir.“

Andrée führte mich die Straße entlang. Wegen des bitterkalten Windes gingen wir ziemlich schnell. Es war immer noch niemand zu sehen, und ich fragte Andrée, warum nirgendwo ein Mensch zu sehen sei. „Das erzähle ich dir gleich“, antwortete sie.

Wir gingen bis zur Ecke und bogen dann rechts ab. Als wir die nächste Straße entlanggingen, erkannte ich die Häuser wieder und dachte, wir müssen auf dem Weg zu den Valats sein. Ich kannte sonst niemanden, der in dieser Straße wohnte.

Als wir um die nächste Ecke bogen, erkannte ich Madame Valats Haus wieder. Die Tür war geschlossen, und alle Vorhänge waren vor die Fenster gezogen. Heute roch es nicht nach frisch gebackenem Brot, heute führte der kalte Wind das Regiment. Andrée brachte mich zur Tür und klopfte. Einen Augenblick später öffnete ein großer, grauhaariger Mann die Tür und bat uns herein. Er beugte sich hinab, schüttelte mir die Hand und sagte: „Du musst Renée sein. Ich bin Monsieur Valat.“

„Bonjour, Monsieur“, sagte ich.

Andrée und ich wurden eine Treppe hinunter in einen Kellerraum geführt. Dort war alles voller Menschen: Maman und Papa, Monsieur und Madame Fedou, deren Tochter Lucette und Madame Valat, die Kartoffelschalen in eine Schüssel schnitt. Dann waren noch einige Männer da, die ich nie zuvor gesehen hatte. Sie hatten sich an die schmutzige, verputzte Wand gelehnt. Maman bedeutete mir, zu ihr zu kommen und mich neben sie auf eine lange, umgedrehte Kiste zu setzen. Niemand sprach ein Wort.

„Was ist los, Maman?“, flüsterte ich.

Maman erklärte, dass es in der vorangegangenen Nacht in anderen Häusern mehrere Razzien gegeben und dass man viele der jüdischen Familien, die in letzter Zeit ins Dorf gekommen seien, abgeholt habe.

„Warum sind wir nicht geholt worden, Maman?“

„Weil wir das Glück hatten, eine feste Bleibe zu finden, und weil die Fedous über uns wachen“, antwortete sie einfach.

Ich hörte, dass jemand zu Papa sagte: „Wir glauben, es war der Ausrufer, der die erst in letzter Zeit angekommenen Familien an die Polizei verraten hat. Einige Männer, die für die Résistance arbeiten, sind ebenfalls verhaftet worden, und Monsieur Valat glaubt, dass der Ausrufer einer der Denunzianten ist. Ich nehme an, er hat uns diesmal noch nicht ans Messer geliefert, weil wir bisher in der Lage waren, ihn zu bezahlen.“

Ein Mann in der Ecke begann kurz darauf, an den Knöpfen eines Radios zu drehen. Monsieur Valat sagte dem Mann, er solle sich beeilen, die Sendung müsse jeden Augenblick beginnen. Maman erklärte mir, dass alle auf eine Sendung von Radio Paris warteten. Nach einigen Sekunden hörten wir Rauschen und dann eine Stimme, die abgehackte Sätze sprach. Papa sagte: „Stellen Sie es nicht zu laut“, obwohl wir alle Schwierigkeiten hatten, etwas zu verstehen. Wir alle lauschten der tiefen Stimme, die jetzt den Raum erfüllte.

Der Radiosprecher berichtete, dass ein Gesetz zur Gründung einer neuen Polizeitruppe in Kraft getreten sei. Sie werde „La Milice Française“ heißen. Die Aufgabe der Milice sei vor allem die Bekämpfung von Saboteuren und derjenigen im Untergrund, die der Deportation in die Zwangsarbeitslager in Deutschland entkommen wollten. Das offizielle Dekret habe vor einigen Stunden Gesetzeskraft erlangt, sagte der Sprecher.

Als die Ansprache zu Ende war, herrschte im Raum betretenes Schweigen. Die Männer, die an der Wand gelehnt hatten, waren nicht mehr da. Einer von ihnen hieß Michel; er war Lucette Fedous Verlobter. Maman nahm meine Hand, und wir folgten Andrée die morschen Stufen in die Küche der Valats hinauf. Dort stand Lucette: Sie war gekommen, um herauszufinden, wo die Männer geblieben waren.

„Wo ist Michel?", fragte Andrée.

„Er ist mit den anderen gegangen. Sie wollten eine Zigarette rauchen und etwas frische Luft schnappen. Glücklicherweise ist es fast dunkel, so dass sie nicht weiter auffallen werden."

Andrée nickte.

„Das ist schlecht für die Résistance", murmelte Lucette ihrer Schwester zu. „Mit dieser neuen Polizeitruppe wird die Gefahr, dass Papa verhaftet wird, sehr viel größer sein."

Andrée sagte nichts. Ich verstand erst sehr viel später, dass Monsieur Fedou als Mitglied einer Gruppe der Résistance im Untergrund gegen die Nazis kämpfte. Einen Augenblick später kam Madame Valat die Treppe herauf, gefolgt von Madame Fedou. Sie hatten zusammen einen Topf Suppe gekocht und verteilten die Suppe jetzt auf Schüsseln, damit jeder etwas zu essen bekam. Madame Valat schickte Andrée hinaus, um die Männer wieder hereinzuholen. Als die Männer in die Küche zurückkehrten, waren ihre Gesichter gerötet; einige von ihnen waren offensichtlich wütend.

Michel wandte sich zu Lucette um und sagte leise: „Wir werden uns der Résistance anschließen."

„Oh, mon Dieu, mon Dieu!" jammerte Madame Fedou, die gehört hatte, was er gesagt hatte. Sie ließ die Kelle in den Suppentopf fallen, und drehte sich mit einem Blick zu Michel um, als wäre er verrückt geworden.

„Hast du nicht die Bekanntmachung im Radio gehört?", rief Lucette, offenbar aufgeregt. „Ihr Dummköpfe, man wird euch schnappen, noch bevor die Woche zu Ende ist! Es ist schon schlimm genug, dass Papa in noch größerer Gefahr schwebt. Ihr werdet die Dinge hier für uns im Dorf nur noch schlimmer machen. Ihr werdet eher die Polizei auf euch und das Dorf aufmerksam machen, statt sie von hier abzulenken."

„Und was ist mit all den Menschen, die letzte Nacht abgeholt worden sind?", fragte Michel. „Wer wird sie im Untergrund ersetzen?"

„Es ist nicht eure Aufgabe, dort weiterzumachen, wo sie aufgehört haben!"

„Irgendjemand muss die Verantwortung übernehmen..." sagte einer der anderen Männer. „Sollen wir vielleicht beim ersten kleinen Einschüchterungsversuch durch den alten Pétain in Vichy in seinem Hôtel du Parc aufgeben? Wie dem auch sei, er ist sowieso zu alt, um zu wissen, was er uns damit angetan hat!" Madame Valat sagte nichts dazu. Sie blieb gelassen und löffelte weiter Suppe in die Schalen. Die Männer setzten sich, wie es gerade auskam, an den Küchentisch und aßen ihre Suppe, dankbar und schweigend. Sie hatten ihre Entscheidung getroffen. Lucette stand immer noch in einer Ecke des Raums und starrte Michel an.

Mich faszinierte die Unterhaltung vor allem wegen der Dramatik des Augenblicks; ich war zum ersten Mal Zeuge eines Streits zweier Liebender geworden.

Als wir wieder in den Keller gingen, um uns zu Papa, Monsieur Valat und Monsieur Fedou zu gesellen, sagte Maman: „Diese Männer werden der Résistance beitreten! Lucette ist furchtbar aufgebracht."

„Non! Vraiment?", fragte Papa. Er wandte sich an Monsieur Valat. „Sind Sie verrückt? Wollen Sie umgebracht werden? Oder nach Deutschland geschickt werden in ein Arbeitslager?"

„Sie haben doch auf jeden Fall die Ankündigung gehört?" fragte Maman. „Bestimmt haben sie sie doch verstanden...?"

Monsieur Valat stieß ein Lachen aus. „Es ist ja gerade wegen der Ankündigung", erklärte er. „Sie halten es für ihre Pflicht. In ihren Augen hat die Regierung in Vichy uns verraten. Man hat dort ein Spielchen mit den Deutschen getrieben und ihnen schließlich alles auf einem Silbertablett serviert. Außerdem", fügte er hinzu, „können wir ruhig unser Bestes geben, um die Menschen zu beschützen, die Gott unserer Fürsorge anvertraut hat."

Papa senkte dankbar den Kopf.

Nach einigen Stunden leerte sich das Haus der Valats nach und nach. Zuerst gingen die Männer; Lucette und Andrée sahen zu, wie sie hinaus in die Nacht gingen und in der Dunkelheit verschwanden. Maman und ich folgten Madame Fedou und ihren Töchtern nach Hause. Papa kam einige Minuten später nach. Wir brachen nacheinander auf, um möglichst wenig Aufmerksamkeit auf das Haus der Valats zu lenken.

Als wir in unsere eigene Wohnung zurückkehrten, war dort keine Spur eines gewaltsamen Eindringens der Polizei zu entdecken; niemand war gekommen, um nach uns zu suchen, während wir fort waren. Wir hatten an diesem Tag noch nichts aus St. Juéry gehört, aber es war für Papa zu gefährlich hinüberzugehen, um nachzusehen, wie es Onkel Oscars Familie ging. Wir hofften, dass sie ebenfalls in Sicherheit waren.

Die Fedous und die Valats setzten sich zusammen und schmiedeten einen Plan. Jedes Mal, wenn es in Zukunft wirkliche Schwierigkeiten im Dorf geben sollte, würden die Valats uns in ihrem Kohlenkeller verstecken. Wenn ich von der Schule heimkommen und eine leere Wohnung vorfinden sollte, dürfte ich auf keinen Fall direkt zum Haus der Valats gehen; dadurch würde ich unser Versteck verraten, falls wir tatsächlich einmal beobachtet werden sollten. Ich sollte zu den Fedous gehen und dort warten, bis mir Andrée sagte, dass es jetzt sicher sei, zu den Valats zu gehen. Aber glücklicherweise waren Maman und Papa meistens zu Hause und warteten auf mich.

Einmal, im Winter, mussten wir zwei Nächte im Keller der Valats zubringen. Wir schliefen zwischen den Kartoffelsäcken und der Kohle. Madame Valat brachte uns etwas zu Essen hinunter, wir konnten uns auch etwas bewegen, aber wir durften das Haus nicht verlassen. Wir kamen an einem Freitagabend dorthin; ich war überrascht, als Papa sagte, wir würden die Sabbatgebote befolgen. „Wir schulden Gott unseren Dank dafür, dass er uns hierhergebracht hat“, sagte er. Ich weiß noch, wie er das Kiddush sprach, das Gebet über dem Wein, mit sehr leiser Stimme, so dass die Valats es nicht hören konnten; und am nächsten Abend das Havdallah, das Gebet zum Ende des Sabbat, und um eine gute Woche bat. Ich war ganz begeistert; ich hatte nie zuvor die Sabbatriten befolgt und fühlte mich durch die Gebete irgendwie getröstet.

Am Sonntagmorgen kam Madame Valat, eine Katholikin, die Kellertreppe hinunter, um Maman zu fragen, ob sie sie zur Kirche begleiten wolle.

„Wenn die Leute aus dem Dorf Sie in der Kirche sehen, werden sie annehmen, dass Sie katholisch sind und keine Frau, die sich versteckt halten muss“, erklärte Madame Valat. „Sie könnten ja auf Besuch bei einer Verwandten oder vielleicht nach Südfrankreich gekommen sein, weil Sie hoffen, irgendwo Arbeit in der Landwirtschaft zu finden; sie werden aber bestimmt nicht darauf kommen, dass Sie eine Jüdin sind, wenn Sie in eine katholische Kirche gehen. Das ist vielleicht eine Möglichkeit für Sie, sich selbst und Ihre Familie zu schützen. Es gibt auch andere Juden im Dorf, die zur Kirche gehen.“

„Tatsächlich? Aber ist das nicht zu gefährlich? Ich weiß ja gar nicht, was ich dort tun muss. Ich kenne ja keins der Gebete.“

„Machen Sie einfach nach, was ich mache“, schlug Madame Valat vor.

„Aber der Ausrufer weiß doch schon, dass wir Juden sind“, mischte sich Papa ein. „Was soll es also noch nützen?“

„Es werden eine ganze Reihe von Frauen aus dem Dorf Madame Caper sehen. Später, wenn die Polizei eine solche Frau vielleicht einmal mitnimmt und verhört, um etwas über die Juden im Dorf zu erfahren, dann wird diese Frau überzeugt sein, dass Ihre Frau Katholikin ist. Jedenfalls wird es ihr, solange sie sie mit mir zusammen in der Kirche gesehen hat, nicht in den Sinn kommen, Madame Caper bei der Polizei als mögliche Jüdin anzugeben."

Also zog Maman ihr bestes Kleid an und ging dann hinauf, um zusammen mit Madame Valat und Madame Fedou, die auch zu den Valats herübergekommen war, zur Messe zu gehen.

Papa und ich blieben unten im Keller und hörten, wie Maman und die Frauen fortgingen. Papa war sehr still; es war klar, dass er sich Sorgen machte, Maman könne irgendetwas zustoßen, während sie unterwegs war.

Nachdem einige Zeit verstrichen war, hörten wir Schritte über uns, und Monsieur Valat kam halb die Treppe herunter.

„Alles in Ordnung, Monsieur?", rief er Papa zu.

„Oh, oui, mon ami. Sind Sie nicht mit Ihrer Frau zur Kirche gegangen?", fragte Papa.

„Nein. Heute nicht. Es ist ganz gut, wenn meine Frau auf Trab bleibt. Jetzt muss sie für mich mitbeten!", sagte er mit einem Lachen. „Sie wissen ja, wie die Frauen sind, sie rennen immerzu in die Kirche. Das Dumme ist nur, dass der Priester mich kennt, und Sie können sich sicher sein, bevor es Abend wird, steht er vor der Tür und fragt, warum ich nicht zur Messe gekommen bin!" Einen Augenblick später fügte er hinzu: „Kommen Sie herauf, Monsieur. Ich möchte Ihnen etwas zeigen."

„Gut", rief Papa. „Ich bin gleich da."

Ich folgte Papa die Treppe hinauf in die helle Küche. Unsere Augen mussten sich erst an das Licht gewöhnen; wir blinzelten zuerst, so grell war es. Monsieur Valat führte uns in einen winzigen Raum, der von der Küche abging und den wir vorher nie gesehen hatten. Monsieur Fedou saß bereits an einem kleinen Tisch und mischte Spielkarten. Er begrüßte uns, als wir eintraten.

Monsieur Valat wandte sich an Papa und sagte mit leiser Stimme: „Ich lasse Sie nicht gern allein hier im Haus zurück, Monsieur Caper, aber wenn Sie jemals allein hier sind und ich nicht in der Nähe bin und Sie etwas Verdächtiges hören, dann verstecken Sie sich sofort in diesem Raum. Gehen Sie dann nicht in den Keller, weil Sie dazu keine Zeit mehr haben werden. Wenn diese Tür von innen verriegelt ist, sieht sie von außen wie ein Teil der Wand aus."

Er demonstrierte uns, dass es tatsächlich so war, indem er Papa wieder mit zurück in die Küche nahm und mich anwies, die Tür hinter ihnen von innen zu verriegeln.

* * *

Ich tat, was Monsieur Valat mir gesagt hatte, und hörte Papa sagen: „Erstaunlich! Ich habe die Tür vorher gar nicht bemerkt."

Ich öffnete die Tür wieder, und die Männer kamen zurück in den kleinen Raum. „Kaum jemandem fällt sie auf", sagte Monsieur Valat. „Wenn Sie zu viele sind, müssen wir Sie im Keller unterbringen, weil der Platz in diesem Raum nicht ausreicht, um alle zu verstecken. Aber wenn nur Sie da sind, dann müssen Sie hier herein. Sie können sich ziemlich sicher sein, dass die Polizei auf jeden Fall im Keller suchen wird, falls es jemals zu einer Razzia kommen sollte."

Die drei Männer setzten sich an den Tisch und spielten Karten. Papa sagte mir, ich solle stillsitzen und mich mit meinen Schularbeiten beschäftigen, aber ich spielte ziemlich lange mit Madame Valats grauer Katze und hörte dem Gespräch zwischen Papa und den beiden Männern zu. Es hätte ein ganz normaler Sonntagvormittag sein können, an dem sich drei Freunde trafen, um miteinander Karten zu spielen und sich zu unterhalten – wäre da nicht die Tatsache gewesen, dass wir Juden waren und uns versteckt halten mussten. Unsere Wachsamkeit durfte nicht nachlassen. Um uns herum standen in dem kleinen Raum Regale mit Büchern. Monsieur Valat interessierte sich sehr für Geschichte und las ständig. Ich wünschte mir oft, dass er mir etwas vorlesen möge, wie Onkel Heinrich es getan hatte, aber er bot das nie an, und ich war zu schüchtern, ihn darum zu bitten. Papa sagte, er sei ein Mann, der sehr viel wisse; er kannte sich in Geschichte besser aus als alle anderen im Dorf zusammen und bot Papa an, ihm seine Bücher auszuleihen. „Aber nehmen sie nicht zu viele auf einmal aus dem Regal", lachte er. „Die Bücher tragen nämlich dazu bei, den Raum hier schalldicht zu machen!"

An diesem Vormittag unterhielten sich Papa und Monsieur Valat darüber, was man mit den Juden machte, nachdem man sie abgeholt hatte. Ich tat so, als sei ich ganz mit meinen Schularbeiten beschäftigt, und Papa schien zu vergessen, dass ich anwesend war und alles genau registrierte, was sie sagten.

„Am schlimmsten ist es für die Familien, die neu ankommen", erklärte Monsieur Fedou. „Bevor wir eine Chance haben, sie kennen zu lernen und einen sicheren Ort für sie zu finden, werden sie bei irgendeiner Razzia gefasst. Ich habe schon drei Familien außerhalb des Dorfes in einer alten Scheune versteckt, die auf einen Platz warten, wo sie bleiben können."

„Können Sie sich vorstellen, wie es in der besetzten Zone zugeht?", fragte Papa ruhig. „Dort sind sie alle auf Gedeih und Verderb der Gestapo ausgeliefert."

„Sie vergessen", korrigierte ihn Monsieur Valat, „dass jetzt ganz Frankreich zur besetzten Zone gehört. Die Gestapo wird bald auch hier sein."

„Glauben Sie das wirklich?"

„Ich fürchte ja. In Albi ist sie bereits, soweit wir gehört haben."

Monsieur Fedou blickte auf, und ihm wurde plötzlich bewusst, dass ich ja auch mit im Raum war und mich das, was sie sagten, leicht in Angst und Schrecken versetzen konnte. Er wechselte deshalb das Thema ein wenig. Er wandte sich an Papa und fragte: „Dieser Antisemitismus, Benno, was ist das? Was bedeutet das eigentlich?"

Papa schmetterte eine Karte auf den Tisch und saß für einen Augenblick wie versteinert da. „Das fragen Sie? Bei allem, was geschehen ist und immer noch geschieht, wissen Sie nicht, was das bedeutet?"

„Sie verstehen mich nicht, guter Freund", versuchte Monsieur Valat zu erklären. „Die Juden leben seit dem Mittelalter hier in der Gegend, seit sie während der Inquisitionszeit aus Spanien kamen. Wir haben friedlich miteinander gelebt. Was wir nicht verstehen, ist, wie all das gekommen ist. Was haben die Deutschen gegen die Juden? Was haben die Franzosen gegen die Juden?"

Papa legte seine Karten verdeckt auf den Tisch und lächelte. „Das ist eine lange Geschichte", sagte er. „Es mag wahr sein, dass Frankreich für viele Jahre für unser Volk ein sicherer Hafen war, aber das war nicht immer so, und anderswo liegen die Dinge eben anders. In Deutschland haben die Nazis die wahnsinnige Vorstellung entwickelt, die Juden planten, die Welt zu beherrschen. Sie haben dafür so lange Propaganda gemacht und das deutsche Volk einer so gründlichen Gehirnwäsche unterzogen, dass wir dort jetzt als Auswurf der Erde angesehen werden. Sie wollen unsere ganze Rasse vernichten, als seien wir weniger wert als Tiere! Und dass Sie sich da nicht täuschen: Es gibt hier in Frankreich und auch in anderen Ländern Leute, die den Nazis helfen werden, ihr teuflisches Programm durchzuführen. Schauen Sie sich doch all die Leute an, die so eilfertig sind, uns zu denunzieren. Wir sind eine Bedrohung, wissen Sie – eine Bedrohung für die Wirtschaft des Landes, weil sie glauben, wir nehmen ihnen all ihre Arbeitsplätze weg; eine Bedrohung für die Kultur des Landes, weil sie glauben, dass wir sie zerstören oder irgendwie verderben; und wir sind eine Bedrohung für die Sicherheit des Landes. Sie wollen uns dafür verantwortlich machen, dass Frankreich sich mit Deutschland im Krieg befindet! Schauen Sie sich doch die Milice an, eine Polizeikraft, die nur aus Franzosen besteht – aus Männern, die eigentlich genauso denken sollten wie Sie!"

„Aber warum das alles, Papa?"

Die drei Männer drehten sich um; ihnen wurde plötzlich klar, dass ich Papas Worte mitangehört hatte.

„Das habe ich mich selbst auch oft gefragt, Renée", sagte Papa schlicht, „aber ich kann es dir nicht sagen. Ich verstehe es selbst nicht richtig. Es ist nicht das erste Mal in der Geschichte, dass die Juden so behandelt werden. Ich weiß nur, dass wir jetzt nichts dagegen tun können."

Die Männer spielten weiter, aber sie sprachen nicht mehr über das Thema. Ich war mir immer noch nicht ganz sicher, ob ich verstanden hatte, was Antisemitismus bedeutete oder warum es ihn gab. Ich war überrascht, dass Monsieur Fedou Papa danach gefragt hatte. Es war, als hätte er bis zu diesem Zeitpunkt nicht ganz verstanden, wofür er eigentlich kämpfte.

Nach einer Weile kehrten Maman und Madame Valat nach Hause zurück. Sie waren überrascht, uns im Erdgeschoss zu finden, und Maman fragte mich, was ich den ganzen Morgen getan und ob ich meine Hausaufgaben schon gemacht hätte. Wir versammelten uns alle in der Küche, und Madame Valat bereitete ein spätes Frühstück für uns zu.

Wenige Minuten später klopfte es an die Tür, und Madame Fedou trat kurz darauf mit einem groß gewachsenen Mann, den sie Monsieur le Curé nannte, ein. Ich musste lachen, als ich ihn sah, weil er ein langes, schwarzes Kleid trug. Maman erklärte mir, dass dieser Mann der Pfarrer des Dorfes sei, und dass man sein Gewand eine Soutane nenne.

„Ah! Was habe ich Ihnen gesagt! Was habe ich Ihnen gesagt!", rief Monsieur Valat Papa zu, während er seine Uhr an ihrer Kette aus der Tasche zog. „Es ist noch keine Stunde her, dass die Messe zu Ende ist, und schon ist Monsieur le Curé da, um mich an meine Pflichten zu erinnern! Kommen Sie herein, kommen Sie herein, mein Freund", lachte er und begrüßte den Priester.

„Sie haben Recht, alter Herr", lachte der Priester und fuhr sich mit der Hand über das leicht ergraute Haar. „Ich konnte doch nicht eine ganze Woche verstreichen lassen, ohne Ihr wettergegerbtes Gesicht zu sehen. Und wie es so kommt, habe ich auch Neuigkeiten für Sie, alter Herr."

„Das habe ich gehofft. Kommen Sie herein."

Bevor Monsieur Valat den Priester in den versteckten Raum begleitete, stellte Madame Fedou uns ihm vor. Maman hatte er bereits kennen gelernt; jetzt schüttelte er mir die Hand und nannte mich „un petit ange", einen kleinen Engel. Er hatte freundliche, tiefblaue Augen und ein Lachen, das ansteckend war. Man merkte, dass er und Monsieur Valat gute Freunde waren, und wir fanden es komisch, dass er Monsieur Valat einen „alten Herrn" nannte, obwohl seine eigenen Haare bereits grau wurden. Er schüttelte Papa herzlich die Hand und folgte dann Monsieur Valat und Monsieur Fedou in das Versteck.

„Diese Männer sind verrückt, wenn sie zusammen sind", lächelte Madame Valat und schüttelte den Kopf. Sie rührte in einer tiefen Schüssel eine Art Eierkuchenteig an.

Maman begann den Tisch zu decken. „Wird der Priester zum Essen hier bleiben?" fragte sie.

„Ah, non", flüsterte Madame Fedou. Wir lachten über sie, weil sie versuchte, an der Tür des Verstecks zu lauschen. „Er muss heute noch viele Familien besuchen."

Maman nickte und legte Stoffservietten an beide Seiten des Tisches. Ich lief hinunter in den Keller, um meine Sachen zu holen und leistete dann meiner Mutter in der Küche Gesellschaft. Wir gingen meine Hausaufgaben durch, während die beiden anderen Frauen weiter das Mittagessen vorbereiteten. Lucette und Michel kamen und gingen am Nachmittag wieder; sie wollten mit dem Priester über ihre Hochzeit sprechen, aber Madame Valat überredete sie schließlich, damit zu warten, bis der Priester weniger zu tun hatte.

Monsieur Valat und Monsieur Fedou sprachen lange mit dem Geistlichen. Während sie noch in dem Versteck saßen, klopfte es wieder an die Tür, und diesmal war es Papas Freund, der protestantische Pfarrer, der Monsieur Valat sprechen wollte. „Kommen Sie auch dazu“, sagte der Pfarrer zu Papa, „es betrifft auch Sie.“

Also verschwanden auch Papa und der Pfarrer in dem versteckten Raum bei den anderen Männern. Als sie schließlich wieder herauskamen, verabschiedete sich der Priester, und es wurde nicht mehr viel gesprochen. Wir wussten, dass ernste Angelegenheiten besprochen worden waren, aber ich begriff erst nach vielen Jahren, dass viel von dem, was in dem kleinen Raum neben der Küche an jenem Morgen geplant worden war, meine gesamte Kindheit verändern sollte.

Nachdem wir gegessen hatten, kehrte Madame Fedou in unsere Wohnung zurück und schickte Andrée mit der Nachricht zu uns, dass die Luft rein sei und wir nach Hause kommen könnten. Wir bedankten uns bei den Valats für ihre Hilfe und die Freundlichkeit, mit der sie uns aufgenommen hatten, und gingen dann zurück zu unserem Haus. Papa würde später am Abend, nach Anbruch der Dunkelheit und in Begleitung von Monsieur Fedou, nachkommen.

Unterwegs fragte ich Maman, wie es in der Messe gewesen sei. „Es war schwierig zu verstehen“, erklärte sie mir. „Ich saß einfach da und habe zugesehen. Sie haben viel gesungen, aber in einer anderen Sprache. Ich weiß, dass viele Frauen aus dem Dorf da waren, die mich gesehen haben. Ich habe versucht nachzumachen, was Madame Valat und Madame Fedou taten, soweit ich es konnte. Vielleicht glauben die Leute nun, dass wir Katholiken sind, und man lässt uns in Frieden.“

Verhör

Ich komme von der Schule heim, aber meine Mutter ist nicht zu Hause. Es ist der 16. November 1943, Mamans Geburtstag. Madame Sachs aus dem Dorf sitzt am Tisch, als ich eintrete.

„Wo ist Maman?“ Ich spüre, wie sich mir die Angst wie ein Knoten im Magen zusammenzieht.

„Mach dir keine Sorgen“, sagt Madame Sachs mir. „Sie besucht deine Cousine Evelyne. Sie wird bald zurück sein.“

Ich weiß, dass Evelyne gerade operiert worden ist. Man hat ihr die Mandeln herausgenommen. Maman muss hingegangen sein, um Tante Hanna zu helfen. Ich finde ein Bonbon, das Maman mir auf den Küchentisch gelegt hat. Da weiß ich, dass alles in Ordnung ist. Das Bonbon ist Mamans Zeichen für mich, dass sie sobald wie möglich zurück sein wird.

Ich ziehe meine Jacke aus und schnüre mir die Schuhe auf, die mir inzwischen zu klein sind, so dass ich jetzt Blasen an den Füßen habe. Ein Schuh ist an einer Seite aufgerissen, so dass Wasser hineinläuft, wenn ich durch eine Pfütze laufe.

Ich weiß, dass Maman nirgendwo im Dorf ein Paar Schuhe für mich auftreiben kann; deshalb beklage ich mich nicht. Alle anderen haben das gleiche Problem, vor allem die Kinder. Leder ist so knapp, dass man Holz nimmt, wenn man die Schuhe neu besohlen will.

Madame Sachs beginnt, Papier so zusammenzufalten, dass kleine Tiere oder andere Dinge daraus entstehen. Ich beobachte sie genau und versuche, es ihr nachzutun. Ihre Hände sind sehr geschickt, und im Handumdrehen haben wir ein Segelboot und einen Schwan gemacht, zwei Geschenke, die ich Maman heute Abend geben werde.

Nachdem wir die Geschenke in eine Schublade gesteckt haben, nehme ich mein Schulbuch heraus, und Madame Sachs übt mit mir. In der bedrückenden Nachmittagsstille des Dorfes sitzen wir am Tisch und fallen wie aus allen Wolken, als wir plötzlich schwere Stiefel die Stufen hinaufpoltern hören. Madame Sachs springt auf, ich bewege mich nicht. „Versteck dich! Versteck dich!“, flüstert sie, aber ich habe keine Zeit mehr dazu. Ich kann mich in dem kleinen Raum nirgendwo verstecken.

Ein paarmal klopft es laut an die Tür.

„Attendez!", ruft Madame Sachs. Sie schärft mir ein, nichts zu sagen, überhaupt nichts, und entriegelt dann die Tür.

Zwei Männer treten in den Raum. Einer ist groß und trägt einen Schnurrbart; der andere ist klein. Sie tragen schwarze Jacken, khakifarbene Hemden, blaue Hosen, schwarze Baretts und die locker sitzenden, schwarzen Ledergürtel, die Tante Sophie Papa beschrieben hat, als sie ihm erzählte, wie die Polizei nach Onkel Heinrich gesucht hat. Ich weiß sofort, dass diese Männer unsere Feinde sind. Es müssen „les Miliciens" sein, Mitglieder der neuen französischen Polizeitruppe.

Einer von ihnen schiebt Madame Sachs zur Seite. Sie wissen sofort, dass sie nicht meine Mutter ist. Während der große Mann auf mich zukommt, durchsucht der kleine den Raum und schaut auch in den kleinen Verschlag, der uns als Küche dient.

„Was wollen Sie hier?", verlangt Madame Sachs zu wissen.

„Wir wollen sie befragen."

„Sehen Sie nicht, dass sie nur ein kleines Mädchen ist? Sie weiß nichts."

„Schnauze halten!", sagt der kleine Mann. „Wir sind nicht hier, um mit Ihnen zu sprechen. Wir wollen mit ihr sprechen."

Beide Männer packen mich am Arm. Ich bleibe ganz ruhig und hebe kaum den Kopf.

„Kleines Fräulein", sagt der große Mann, „wo ist dein Vater?"

„Ich habe ihn schon tausend Jahre nicht mehr gesehen", sage ich.

Meine Eltern haben das schon vor langer Zeit mit mir geübt; ich darf auf keinen Fall irgendjemandem, und schon gar nicht jemandem in Uniform, verraten, wo sie stecken. Ich weiß, wie ich lügen muss, um mich selbst zu schützen, deswegen übertreibe ich die Lüge, weil ich glaube, wenn ich „tausend Jahre" sage, werden sie mir bestimmt glauben.

„Also, als du ihn das letzte Mal gesehen hast, wohin ist er da gegangen?"

Ich zeige in irgendeine Richtung. „Aber es ist so lange her, dass Sie ihn nicht finden werden."

„Das ist wahr", mischt sich Madame Sachs ein.

„Schnauze halten!", sagt er zu ihr und dann zu mir: „Du lügst." Es ist der kleine Mann, der mit kalter, leiser Stimme spricht. „Schau mal, wir wissen, wer du bist. Wir wissen alles von dir, deinen Namen, deinen wirklichen Namen. Du bist Jüdin, oder?"

Ich schüttle heftig den Kopf.

Ich bin mir nachher nicht mehr sicher, ob sie tatsächlich meinen richtigen Namen herausgefunden haben oder ob sie mir nur eine Falle stellen wollen. Sie nennen mich weder Ruth noch Renée.

Der große Mann versucht es etwas sanfter. „Versuch dich zu erinnern. In welche Richtung ging dein Papa, als er heute morgen das Haus verließ?"

Ich zucke die Achseln. Sie wissen, dass ich lüge. Ich zittere inzwischen am ganzen Körper, und meine Knie werden weich. Ich weiß, dass die Schicht meines Vaters jeden Moment zu Ende und er bald auf dem Weg nach Hause sein wird. Ich sage: „Je ne sais pas", und zwar im Dialekt des Südens, so gut ich ihn beherrsche. Ich habe ihn von meinen Freunden an der „école communale" angenommen und kann ihre Sprache jetzt genau nachahmen. Ich will, dass die beiden Polizisten denken, dass ich hier aus der Gegend komme und dass sie einen furchtbaren Fehler gemacht haben. Aber was, wenn sie andere Unterlagen über uns haben? Wenn sie vielleicht irgendwie herausgefunden haben, dass wir alle falsche Papiere besitzen?

Schließlich deute ich mit beiden Händen in zwei entgegengesetzte Richtungen zugleich.

„Ein sehr schlaues kleines Fräulein", sagt der kleine Mann zu dem anderen. Ich merke, dass er mir das Lügen nicht durchgehen lassen wird, und ich habe Angst, dass er mich schlagen wird. Ich blicke zum ersten Mal in sein Gesicht und sehe, dass seine Augen nur noch schmale, braune Schlitze sind. Einer seiner Vorderzähne ist abgebrochen. Er drückt mich zurück auf den Stuhl.

„Welchen Weg hat er genommen? Sag es uns jetzt, oder wir gehen und holen deine Mutter!"

Hinter ihnen sehe ich, wie Madame Sachs ihren Kopf schüttelt. Glaubt sie, ich bin dumm? Natürlich werde ich meine Eltern nicht verraten.

Wieder deute ich in die Richtung, die der, die mein Vater immer zur Arbeit nimmt, entgegengesetzt ist. „Ich glaube, diesen Weg", sage ich, „aber ich bin mir nicht sicher. Es ist schon so lange her."

Die beiden Männer tauschen einen Blick, und wenden sich dann zu Madame Sachs um. Ich bin mir sicher, sie wollen mich mitnehmen und an Papas Stelle umbringen. Erst später versichert mir Maman, dass die Milice bisher in den Städten im Süden nur jüdische Männer mitgenommen hat; an Frauen und Kindern sind sie bisher noch nicht interessiert.

„Sie sagt die Wahrheit", murmelt Madame Sachs. „Ich bin sicher, wenn Sie einfach der Straße folgen, werden Sie den Mann finden, nach dem Sie suchen. Jetzt schauen Sie sich das arme Ding mal an. Sie haben sie zu Tode geängstigt!" Sie starren mich an. Ich breche in Tränen aus.

„Du sagst besser die Wahrheit, kleines Fräulein", sagt der kleine Mann, „oder wir werden noch einmal zurückkommen."

Sie gehen zur Tür, öffnen sie und gehen die dunklen Stiegen hinunter. Bevor sie auf der Straße sind, höre ich, dass der große Mann zu dem anderen sagt: „Wir haben noch keinen einzigen gekriegt heute. Wir werden bestimmt unseren Job verlieren."

Madame Sachs schlägt hinter ihnen die Tür zu und beeilt sich, sie zu verriegeln. Dann kommt sie zu mir und nimmt mich in den Arm. Ich schluchze; jetzt, da das Verhör vorüber ist, beginne ich, Mamans Angst zu verstehen und die große Gefahr, in der wir schweben. Aber ich verstehe nicht, warum diese Leute hinter uns her sind. Warum müssen wir uns verstecken und andere nicht? Ich verstehe jetzt, warum Maman mich in Toulouse so oft im Kohlenkeller eingeschlossen hat – sie hat auf die ihr einzig mögliche Weise versucht, mich in Sicherheit zu bringen. Ich erinnere mich noch an die kalte Dunkelheit jenes Kellers: die kalten, feuchten Wände, die plötzlichen scharrenden Geräusche in der Ecke. So ähnlich muss ein Gefängnis sein.

„Du zitterst ja“, sagt Madame Sachs, während sie mich festhält. Sie merkt gar nicht, dass sie selbst ebenfalls zittert.

„Werden sie wiederkommen, um mich zu holen? Werden sie Papa finden?“

„Psst, Renée“, sagt sie. „Bald wird deine Maman heimkommen.“

Maman kehrte einige Stunden später zurück. Ein Nachbar hatte sie auf dem Rückweg von St. Juéry gewarnt, dass man zwei Milizionäre gesehen habe, wie sie die Treppe zu unserer Wohnung hinaufgingen. Maman war wie von Sinnen und hatte überlegt, wie sie Papa warnen könnte, bevor seine Schicht zu Ende war und er sich auf den Heimweg machte. Dann hatte sie in ihrer Panik aber doch begriffen, dass die Polizei vielleicht schon längst in der Fabrik gewesen war.

Die Nachbarn versicherten Maman, dass irgendjemand aus dem Untergrund ausgesandt worden war, um Papa auf seinem Heimweg abzufangen und ihn zu warnen. Zu ihrer eigenen Sicherheit hatte die Frau Maman gedrängt, selbst erst bei Dunkelheit in ihre Wohnung zurückzukehren.

Als Maman am frühen Abend endlich eintrat, flog ich ihr entgegen und warf mich um ihren Hals. Sie weinte, als ich erzählte, was am Nachmittag passiert war. Ich weiß noch, wie sie den Kopf schüttelte und ihr Gesicht in einer Geste der Erschöpfung und Hilflosigkeit in die Hände nahm. Meine Eltern hatten allmählich das Gefühl, in einem Laufrad festzusitzen, zu rennen und zu rennen, immer in der Hoffnung, der Gefahr zu entgehen, aber gleichzeitig voller Furcht vor den neuen Gefahren, die am nächsten Ort auf sie warteten. Jeder, der vorbeikam, konnte jemand sein, der ihnen etwas Böses antat – oder aber jemand, der ihnen half.

„Wir sind nicht einmal hier in diesem kleinen Dorf sicher", sagte Maman.

„Sie haben gesagt, sie würden zurückkommen und mich mitnehmen, falls sie Papa nicht finden können!"

„Nein", versicherte mir Maman. „Sie werden nicht wegen dir kommen. Armes Kind. Das so etwas auch passieren muss, wenn ich nicht daheim bin!" Madame Sachs sah uns mit ernstem Gesichtsausdruck an. „Sie können hier nicht länger bleiben, Madame. Das ist jetzt zu gefährlich. Sie werden wissen, dass Sie hier sind, dass Sie hier sitzen und darauf warten, dass Monsieur Caper heimkommt."

„Ich weiß", stimmte Maman zu. „Sobald ich mit Madame Fedou geredet habe, werde ich wissen, was zu tun ist."

Maman gab Madame Sachs nicht auch nur den leisesten Hinweis darauf, wo wir uns vielleicht verstecken würden. Sie vertraute Madame Sachs zwar, aber sie konnte sich ja nicht sicher sein, ob man auch den Freunden der Frau vertrauen konnte. Jetzt überlegte Maman nämlich, wer uns wohl verraten haben mochte.

Bald verabschiedete sich Madame Sachs, und Maman machte uns auf unserem kleinen Petroleumherd Suppe warm. Unser Zimmer war fast dunkel, abgesehen von der Lampe, die auf dem Tisch brannte. Maman glaubte, dass die Leute noch durch die Ritzen der geschlossenen Fensterläden sehen konnten, wann Licht in unserem Zimmer brannte. Eigentlich war unsere Wohnung nur als Lagerkammer für die Nachbarwohnung gedacht. Über eine Stunde warteten wir voller Angst und Schrecken ab, ob die Polizei zurückkehrte. Dieses Mal würden sie vielleicht Maman mitnehmen.

Schließlich hörten wir Geräusche auf der Treppe. Wir lauschten beide und bewegten uns nicht. Konnte die Polizei irgendwo in der Nähe geblieben sein, Maman beobachtet haben, wie sie nach Hause kam, und jetzt im Schatten der Treppe warten, nur für den Fall, dass Papa noch heute Abend oder heute nacht zurückkehrte?

„Nimm deinen Mantel“, flüsterte Maman.

Es klopfte zwei Mal an der Tür, und dann nach einer Pause ein drittes Mal. Dies war das verabredete Zeichen, das die Fedous benutzten. Vorsichtig öffnete Maman die Tür. Andrée Fedou stand draußen. Ihr Gesicht war im Schatten verborgen. „Beeilen Sie sich, Madame“, wies sie Maman an. „Ich soll Sie die Straße hinaufbringen. Wir haben alle gehört, was heute Nachmittag geschehen ist. Sie sind hier nicht mehr sicher.“

Maman nickte. Wir wussten, dass „die Straße hinauf“ das Haus der Valats bedeutete. Auf Zehenspitzen gingen wir die Stufen hinunter. Die Straße lag vollkommen im Dunkel und war menschenleer. Alle hatten ihre Fenster und Fensterläden geschlossen, um taub und blind zu sein für die schnellen, geräuschlosen Aktionen der Résistance. Wir gingen durch die Dunkelheit, stiegen den Hügel hinauf und hielten uns dicht an die Häuser. Madame Valat erwartete uns bereits in der Nähe ihres Hauseingangs. „Schnell hinein“, flüsterte sie an der Tür.

Wir sagten Andrée gute Nacht, die sofort zu ihrer eigenen Wohnung zurückkehrte.

Bei den Valats brannte nur in der Küche Licht. Sie hatten eine Kleinigkeit zu Essen für uns vorbereitet, die wir schnell zu uns nahmen, bevor wir in den Keller eilten. Henri Valat saß ein wenig abseits vom Tisch und las in einem dicken, alten Buch. Er liest wohl die ganze Zeit, dachte ich, so wie Onkel Heinrich.

„Es tut mir leid wegen heute Nachmittag“, entschuldigte sich Madame Valat. „Was für ein Schock für die arme Renée.“

Sie führte uns die schmale Treppe in den Keller hinunter. Inzwischen fühlte ich mich heimisch dort; ich hatte mich an den

Geruch und an den Staub gewöhnt. Madame Valat zündete eine Lampe für uns an, und es stand auch ein Krug Wasser da, falls wir in der Nacht Durst bekamen.

„Bis sich die Lage wieder entspannt hat", sagte sie uns, „sind Sie hier unten am sichersten. Bisher hat die Polizei diesen Keller noch nicht entdeckt, ebenso wenig wie den versteckten Raum im Erdgeschoss. Die Fedous werden auf Ihren Mann warten; sie werden ihm sagen, dass er direkt hierher kommen soll. Es ist wahrscheinlich am besten, wenn Sie so wenig wie möglich sprechen, und Sie müssen immer daran denken – nur sehr leise."

Maman hörte genau zu, was Madame Valat uns erklärte und nickte dann. Wir setzten uns beide auf die Kohlensäcke und versuchten, das restliche Brot zu essen, das wir mit nach unten genommen hatten. Ich konnte nicht schlucken. Ich musste mich zwingen, kleine Stücke Brot zu kauen und dann mit einem Schluck Wasser hinunterzuspülen. Ich hatte das Gefühl, dass uns jedes Geräusch in Schwierigkeiten bringen würde. Wir rechneten mit dem Schlimmsten.

In dem schwachen Licht blicke ich Maman ins Gesicht. Sie starrt vor sich hin, die Augen weit geöffnet, ohne zu blinzeln. Sie prägt sich jedes Geräusch dieser Nacht ein und hat sich kaum gerührt, seit wir hier unten im Keller sind.

Wenn ich in die dunklen Ecken und Nischen des Raumes schaue, sehe ich die Gesichter der beiden Polizisten zwischen den Schatten der Dunkelheit. Ich sehe den Mann mit dem abgebrochenen Zahn und den dunklen Augen. Er lacht, sein Gesicht wird immer größer, bis es groteske Proportionen annimmt. Er kennt meinen Namen; er weiß alles über mich, vor allem, wie ich die Dunkelheit hasse.

Seine Gestalt wird größer und größer, bis ich tief unter ihm renne, zwischen seinen glänzenden schwarzen Stiefeln. Dann bin ich frei. Ich renne und renne auf die Felder und die Straße entlang, den Weg zurück, den wir gekommen sind. Ich renne nach Toulouse, suche überall entlang des Wegs nach Onkel Heinrich, nach Jeannette, nach irgendjemandem, der mich kennt. Der Mais und die Sonnenblumen in der Ferne sehen aus wie einzelne Haare, die sich vor Furcht sträuben, die niedrigen Hügel wie Leichenberge. Ich glaube, die Leichen gehören zu den Leuten, die von der Polizei gejagt und gefangen genommen worden sind. Das ist es, was schließlich aus ihnen wird.

Ich drehe mich um, um über meine Schulter zu blicken, und zu meinem Entsetzen sehe ich den Polizisten dort auf der Straße. Er rennt hinter mir her, ruft meinen Namen. Ich versuche schneller zu laufen, aber die Erde tut sich plötzlich unter meinen Füßen auf, und ich muss den großen Löchern ausweichen. Ganz gleich, wohin ich laufe, tut sich die Erde auf, immer weiter, und ich spüre, wie ich immer tiefer falle.

„Renée! Renée!“

Maman stupste und rüttelte mich wach. Ich setzte mich auf einen Kohlensack und drehte mich zu Papa um, der die Stufen herunterkam.

„Papa!“, rief ich, während er eilig auf uns zu kam.

Monsieur und Madame Valat kamen nach Papa die Treppe herab und setzten sich auf die Stufen; sie ermahnten uns, nicht zu laut zu sprechen.

Als er Maman in die Arme nahm, sagte Papa: „Herzlichen Glückwunsch zum Geburtstag, Lissy.“ Er lächelte. Er hatte der Polizei ein Schnippchen geschlagen.

Maman lachte und weinte gleichzeitig und pflückte das Heu von Papas Jacke. Sie sagte, das sei der schlimmste und der beste Geburtstag ihres Lebens.

In dieser Nacht saßen wir alle zusammen, sogar Jeanne und Henri Valat, um zu hören, wie es Papa ergangen war und wie er der Milice entkommen konnte.

Es stimmte, dass es im Dorf außer dem Ausrufer noch einen weiteren Denunzianten gab. Die Résistance hatte jemanden in Verdacht, war sich aber nicht sicher, wie viel dieser Informant wusste oder wie viele Familien denunziert worden waren. Der Aufseher der Fabrik hatte alle jüdischen Männer, die dort arbeiteten, gewarnt, ihre Schicht an diesem Nachmittag vorzeitig zu beenden und heimzugehen. Er glaubte, dass eine Inspektion stattfinden würde. Papa hatte zugesehen, dass er gleich fort konnte und sich auf den Weg zurück nach Arthès gemacht; er hatte einen Geheimweg genommen, den er immer benutzte, wenn es Schwierigkeiten im Dorf gab.

Das Informationssystem zwischen St. Juéry und Arthès war so ausgefeilt, dass bereits wenige Minuten, nachdem das erste Mitglied der Résistance die Polizeiwagen in das Dorf Arthès hatte hineinfahren sehen, ein Mann zu Papas Fabrik unterwegs war, um ihn zu warnen. Verschiedene andere Widerständler bezogen Posten an jedem Zugang zum Dorf, damit sie Papa für den Fall, dass er bereits auf dem Heimweg war, warnen konnten.

In dem Augenblick, als Papa im Dorf ankam, sah er Madame Federer, ebenfalls ein Flüchtling, die geradewegs auf ihn zukam. Sie trafen sich an der Ecke, wo unsere Straße abzweigte, und Madame Federer sagte Papa, er solle davonlaufen.

„Was ist passiert?", fragte Papa sie.

„Die Polizei war gerade hier", antwortete Madame Federer. „Die Männer haben mich gefragt, ob ich etwas über Monsieur Kapp wisse. Ich habe ihnen gesagt, dass viele Leute neu im Dorf seien und dass ich nicht wisse, wen sie meinten."

„Wo sind sie hingegangen?", fragte Papa.

„Ich habe ihnen gesagt, sie sollen zum Gemeindeamt gehen. Gehen Sie nicht zu sich nach Hause, Monsieur. Sie haben keine Zeit. Verstecken Sie sich!"

„Was", sagte Papa uns, „sollte ich also tun?" Madame Federer hatte die Polizei auf der Straße gesehen; es war nicht möglich, nach Hause zu gehen oder sich irgendwo bei den Fedous zu verstecken. Zweifellos würde ihre Wohnung ebenfalls durchsucht und sie selbst verhört werden.

„Wo bist du dann hingegangen, Papa?", fragte ich schließlich.

„Ich habe mich in den Latrinen versteckt!"

„Du meinst, du warst direkt gegenüber von unserer Wohnung?"

„Zu meinem Glück", lachte Papa, „hatten die Polizisten nicht das Bedürfnis, sich zu erleichtern, während ich mich dort versteckt hielt!"

Madame Valat und ich fingen an zu kichern. „Hast du dich die ganze Zeit dort versteckt?", wollte Maman wissen.

„Nein, nein. Ich bin auf den Boden über den Latrinen gestiegen und habe aus dem kleinen Fenster heraus alles beobachtet, bis ich sah, wie sie davonfuhren. Dann habe ich noch eine Viertelstunde oder so gewartet, bevor ich hinaus auf die Felder gelaufen bin. Dort habe ich mich versteckt, bis es dunkel war. Ich fürchte, wir vier sind alle eingeschlafen. Es ist so friedlich dort unter den Sternen."

„Ihr vier?", fragte Monsieur Valat.

„Ja. Sie haben außer mir auch noch Oscar Nussbaum, Joseph Kahn und den Neuen, Monsieur Dimmardman, gesucht. Dimmardman hatte dem Polizisten erklärt, er müsse noch etwas holen und kam dann einfach nicht zurück. Wir trafen ihn später draußen auf den Feldern!"

„Zum Glück", sagte Madame Valat, „steht der Weizen schon recht hoch!" Und wieder lachten wir alle.

Maman wollte wissen, ob die Miliz die Häuser von Onkel Oscar und Monsieur Kahn in St. Juéry gezielt aufgesucht habe. Falls dem so sei, dann seien ihre Familien dort ebenfalls nicht länger sicher.

„Ich weiß nicht, wie es bei Oscar war", sagte Papa. „Er war den ganzen Vormittag unterwegs gewesen, und Michel hatte nach ihm gesucht. Michel fand ihn schließlich, als Oscar gerade aus dem Bus stieg! Er hatte eine sehr gefährliche Fahrt nach Albi unternommen, um ein Geschenk zu Lissys Geburtstag zu besorgen!“

„Vraiment?“ rief Maman. „Il est fou.“

„Wartet erst, bis ihr die Geschichte von Monsieur Kahn hört“, fuhr Papa fort. „Zu seinem Haus kamen sie, während er noch dort war!“

„Und was ist dann passiert?“, fragten wir alle gleichzeitig.

„Er entkam aus dem Schlafzimmerfenster, und zwar im gleichen Augenblick, als die Polizei vorne die Tür einschlug. Madame Kahn tat so, als sei sie zornig und habe gerade einen Streit mit ihrem Mann gehabt. ‚Was wollen Sie?‘, fragte sie die Polizisten. Die erklärten ihr, sie suchten nach ihrem Mann.

„‚Geben Sie mir eine Pistole!‘, verlangte sie von ihnen. ‚Wenn irgendjemand meinen Mann erschießt, dann ich selber!‘

Dann drehte sie sich um und rief Joseph in elsässischem Dialekt zu, er solle sehen, dass er schnell wegkäme. Die Polizei verstand sie nicht. Sie versuchte, Zeit zu schinden, bis er vom Dach auf die Straße springen und sich verstecken konnte.“

„Und sie haben ihn nicht gesehen?“

„Nein. Er war bereits lange fort, als sie endlich das Schlafzimmer durchsuchten.“

„Madame Kahn – das war ja unglaublich von ihr!“, rief Maman begeistert. „Es ist ja ein Wunder, dass sie ihre Pistolen nicht auf sie gerichtet haben!“

Ich fragte Papa, woher er denn gewusst habe, dass wir bei den Valats waren.

„Ich kam auf dem Rückweg die Straße entlang“, sagte er, „durch die Gärten. Andrée Fedou war dort und wartete auf mich. Irgendwie hatte sie vermutet, dass ich dort entlanggehen würde. Sie hat mich hier hergebracht.“

Maman schüttelte den Kopf. „Das Mädchen wird noch selbst gefasst, wenn es nicht vorsichtig ist.“

Tatsächlich waren die Fedous einige große Risiken für uns eingegangen, seit wir in Arthès waren. Monsieur Fedou wachte wirklich aufmerksam über uns. Im Augenblick war er wahrscheinlich unterwegs, um im Dorf ein Versteck für Onkel Oscar und Joseph Kahn zu finden.

„Wir haben großes Glück", sagte Maman, wie immer, wenn wir nur knapp einer Katastrophe entkommen waren.

„Nein", widersprach Papa ihr ganz nüchtern. „Es ist mehr als bloßes Glück."

Monsieur Valat schaute Papa in dem schwach beleuchteten Raum an. „Ja", sagte er, „wir haben hier einen Mann, der einen unfehlbaren sechsten Sinn zu besitzen scheint. Es ist ihm immer wieder gelungen, dem Unheil einen Schritt voraus zu bleiben."

Papa legte plötzlich einen Arm um mich und zog mich an sich. „Aber es war Renée, die heute geholfen hat, mich zu retten", sagte er. „Sie hat die Polizei aufgehalten und mir genug Zeit verschafft, damit ich mich verstecken konnte."

Hatte ich das getan? Den ganzen Nachmittag über hatte ich mir Vorwürfe gemacht, dass ich, wenn auch nur auf geringfügige Weise, dafür verantwortlich war, dass wir die Aufmerksamkeit der französischen Polizei auf uns gelenkt hatten. Wie sonst hätten sie wissen können, wer und wo ich war? Warum waren sie zuerst zu mir gekommen, um nach Papa zu fragen?

Aber jetzt erzählte Papa mir, dass er stolz auf mich sei; und Maman sagte mir zum ersten Mal während der ganzen Zeit, die wir im Versteck lebten, dass ich ein tapferes Mädchen sei.

Madame Valat brachte uns Decken herunter, auf denen wir schlafen konnten, und dann sagten sie und ihr Mann uns gute Nacht. Obwohl sie sich selbst in Gefahr brachten, indem sie uns versteckten, waren die Valats freundlich, munter und wahrscheinlich freuten sie sich auch über die Gesellschaft im Haus. Als Madame Valat das Licht über unseren Köpfen löschte und dann die Tür oben an der Treppe schloss, vergrub ich mein

Gesicht in der Decke. Es war jetzt sogar zu dunkel, um noch das Gesicht des Mannes mit dem abgebrochenen Zahn zu sehen. Trotzdem wusste ich, dass er da war. Ich spürte, dass er uns beobachtete, auf eine andere Gelegenheit wartete – vielleicht, wenn ich einmal in der Dunkelheit allein gelassen wurde –, um mich zu fangen.

Es war alles so widersprüchlich: Die Polizisten hätte mich mitnehmen können, als sie weder Papa noch Maman fanden. Das hätte meine Eltern zur Polizeiwache gebracht. Und trotzdem hatten sie mich schließlich in Frieden gelassen.

Maman und Papa sprachen noch lange miteinander. Maman hatte Angst, in unser altes Zimmer zurückzukehren. Sie war jetzt überzeugt, dass wir ganz von Arthès weggehen mussten.

„Aber wohin sollen wir gehen?", fragte Papa bloß.

Abgesehen von Tante Sophie und Jeannette in Toulouse hatten wir in keinem anderen Teil Frankreichs Familienangehörige, und es bestand keine Möglichkeit, nach Toulouse zurückzukehren.

„Wenigstens sorgen die Leute hier für uns", murmelte Papa. „Können wir denn eine solche Gemeinschaft wie diese irgendwo anders finden?"

Bis zum Morgen hatten meine Eltern sich für einen Plan entschieden. Papa sollte bald fortgehen, allein, wahrscheinlich für mehrere Monate. Weder er noch Maman wollten mir sagen, wohin er gehen würde. Ich wusste, dass es sich um einen Ort handeln musste, den die Résistance für ihn ausfindig gemacht hatte. Aber meine Eltern würden mir nicht mehr verraten, als dass es ein sicherer Ort war, wo ihn die Miliz niemals suchen würde.

Eine Fahrt aufs Land

Wir blieben noch ein oder zwei Wochen im Haus der Valats. Jetzt, da wir wirklich versteckt lebten, ließ Maman mich nicht mehr zur Schule gehen, obwohl auch Madame Sachs nicht länger kommen konnte, um mir zu helfen. Sie hatte jetzt ebenfalls Angst, entdeckt und mitgenommen zu werden.

Als der protestantische Pfarrer kam, um Papa bei den Valats zu besuchen, begriff ich, dass er wahrscheinlich einer von denjenigen war, die eine Möglichkeit gefunden hatten, wo Papa untertauchen konnte. Sie redeten eine Stunde lang im Keller miteinander. Maman und ich gingen zu Madame Valat hinauf in die Küche, und ich durfte ihr beim Brotbacken helfen. Maman sagte, der Pfarrer helfe Papa, seine Flucht vorzubereiten, aber als der Mann schließlich ging, hasste ich ihn, weil er versuchte, uns Papa wegzunehmen, und ich begann zu weinen.

Papa kam in die Küche herauf und setzte sich neben mich an den Tisch. Er erklärte, dass er nicht länger bei uns bleibe, denn sonst bekämen wir noch mehr Schwierigkeiten mit den Behörden, die nach jüdischen Männern suchten. Der Pfarrer hatte Papa erklärt, dass Maman und ich im Dorf sicherer wären, wenn er nicht mehr hier sei.

„Wo wirst du hingehen, Papa?“, fragte ich ihn und wischte mir die Augen trocken.

„Auf einen Bauernhof. Ich werde bei einem Bauern in den Bergen wohnen.“

„Benno!“, meinte Maman. „Du solltest ihr überhaupt nichts erzählen! Falls irgend jemand sie fragt, wo ihr Vater ist...“

„Sie haben es bereits einmal getan, und sie ist sehr gut damit zurecht gekommen. Oder nicht?“ Papa lächelte. „Ich möchte lieber, dass sie wenigstens eine Vorstellung davon hat, wo ich bin, statt sich jeden Tag meiner Abwesenheit fragen zu müssen, wie es wohl um mich steht. Sie weiß genug, um nichts zu verraten“, versicherte er ihr.

„Warum können Maman und ich nicht mit dir in die Berge gehen, Papa?", fragte ich. Ich hatte noch nie in den Bergen gelebt und war es leid, im Keller der Valats zu wohnen. Vielleicht konnten wir in den Bergen in einem Haus für uns wohnen.

„Es wäre zu schwierig für uns, alle zusammen zu fliehen", erklärte Papa. „Außerdem hat dieser Bauer keinen Platz für eine ganze Familie. Du und Maman werdet hier sicher sein, und die Valats und die Fedous werden sich um euch kümmern. Wenn der Krieg erst vorüber ist, werde ich zu Maman und dir zurückkommen, und wir können leben, wo wir wollen."

„Und was ist, wenn er niemals vorüber sein wird?"

Madame Valat lachte. „Er wird schon bald vorbei sein, Renée", sagte sie. „Das weiß ich aus den Berichten aus dem Radio. Mach dir keine Sorgen, dein Vater wird in Sicherheit sein."

Aber Madame Valats Versicherung war nur ein schwacher Trost für mich. Am Abend nach dem Essen sah ich Maman zu, wie sie Papas Kleider in eine Tasche packte. Ich saß in der Ecke auf einem Sack Kartoffeln und weinte. Ich hatte keine Ahnung, wann und ob ich Papa je wiedersehen würde. Vielleicht würde er niemals zurückkommen. Woher wusste er, dass er dem Pfarrer trauen konnte?

Madame Valat brachte Papa Reiseproviant herunter, etwas Käse, Brot und Nüsse. Selbst Monsieur Valat kam herunter und bot Papa eine Flasche guten Weins und einige Bücher aus seiner Sammlung an, die er auf dem Bauernhof würde lesen können. Papa sagte, er läse immer noch nicht besonders gut auf Französisch, aber er würde den Wein gerne annehmen. Bevor er sich schlafen legte, erzählte Papa mir eine lange Geschichte. Es war eine Geschichte, die ich noch nie gehört hatte, und handelte von jemanden, die genauso hieß wie ich – Ruth. Papa erzählte mir, dass die Geschichte sich vor langer, langer Zeit, vor vielen Jahren abgespielt hatte. Ich fragte mich, wie die Frau in der Geschichte meinen Namen tragen konnte; wir hatten in Frankreich sonst niemanden getroffen, der Ruth hieß.

In der Geschichte war diese Frau, Ruth, mit einem Hebräer aus Bethlehem in Juda verheiratet. Er war zusammen mit seinen Eltern und seinem Bruder wegen einer Hungersnot in ihrer Heimat in das Nachbarland Moab ausgewandert.

Nachdem die drei Männer gestorben waren, beschloss Ruth, sich Naomi, ihrer Schwiegermutter, anzuschließen, die in das Land Juda zurückkehren wollte. Sie verließ ihre eigenen Eltern und ihre Heimat und ging mit Naomi, um unter unbekannten Menschen zu leben, dem Volk ihres Mannes. In dem neuen Land wurde Ruth bald von allen, die sie kennen lernten, geachtet und geehrt; vor allem Boas, einer ihrer Verwandten, war ihr sehr zugetan. Als Ruth Boas heiratete und ihm einen Sohn gebar, war Naomi überglücklich, wieder eine Familie zu haben, und dankte Gott dafür. Ruths Kind erhielt den Namen Obed; er war der Großvater des großen König Davids.

Als Papa zu Ende erzählt hatte, küsste er mich und sagte, ich würde die Geschichte eines Tages verstehen. Er sagte, dass ich die Geschichte im Gedächtnis behalten solle und später einmal verstehen würde, warum er mir die Geschichte heute erzählt habe. Obwohl ich von König David wusste, hatte ich von den anderen in der Geschichte noch nie zuvor gehört. Ich war zu müde, um Papa nach mehr zu fragen, und schlief sofort ein.

Als ich am Morgen aufwachte, war Papa fort.

Nachdem Madame Valat einige Tage nach Papas Abreise gehört hatte, dass es nun für uns wieder sicher sei, in unsere eigene Wohnung zurückzukehren, bedankten Maman und ich uns noch einmal bei den Valats, packten unsere Kleider zusammen und gingen in der Abenddämmerung zurück in unsere Straße. Unser Zimmer war noch im gleichen Zustand, in dem wir es verlassen hatten; die Fedous hatten es während unserer Abwesenheit sauber gehalten. In diesem Zimmer über dem Tabakladen lebten Maman und ich nun wieder allein, ohne Papa, wie wir es bereits in Alençon vor drei Jahren getan hatten. Einige Zeit nach unserer Rückkehr in diese Wohnung begannen meine Alpträume. Ich wachte mit einer jähen Bewegung auf, um dann festzustellen, dass ich mich in dem pechschwarzen Zimmer befand; danach schlief ich nicht wieder ein und lauschte lediglich der Stille.

Eines Nachts lag ich wach, hatte aber meine Augen gegen die schwarze Leere des Zimmers fest geschlossen. Wir hielten die dunkelgrünen Läden vor den Fenstern von der Abenddämmerung bis zum Morgengrauen fest verschlossen, so dass sich das Zimmer nachts ohne die beruhigenden Schatten von der Straße in einen ebenso bedrückend finsteren Raum verwandelte wie Valats Keller. Ich weiß noch, dass ich die Augen öffnete und in die Dunkelheit starrte, bis die Formen im Raum für mich langsam sichtbar wurden – und dann sah ich, dass Maman mit gefalteten Händen am Küchentisch saß und nachdachte. Sie bewegte sich nicht und wusste nicht, dass ich wach war. Sie machte sich bestimmt Sorgen um Papa.

Noch nie hatten wir uns so hilflos der Gefahr ausgesetzt gefühlt wie jetzt. Nachdem Papa fort war, muss Maman das Gefühl gehabt haben, die Verantwortung für mich, für meine Sicherheit wachse ihr über den Kopf. In diesen Tagen war Monsieur Fedou viel unterwegs; wir konnten nie darauf bauen, dass er da sein würde, wenn wir Schutz benötigten. Manchmal musste er sich selbst verstecken. Madame Fedou hatte Maman erzählt, dass die Miliz begonnen hatte, ringsum Frauen und Kinder zu verhaften. Mein Onkel wohnte ein Dorf weiter; es war also niemand da, der sich im Ernstfall wirklich verlässlich um uns kümmern würde. Dennoch, wann immer ich Maman tagsüber nach der Polizei fragte, glaubte ich ihr, dass uns niemals etwas geschehen würde, dass wir sicher waren. „Solange ich hier bin, Renée, wird dir niemand weh tun oder dich von mir trennen“, versprach sie.

Eines Nachmittags kamen Madame Kahn und Tante Hanna vorbei, um Maman zu besuchen. Sie hatten Emmy und Evelyne mitgebracht, und wir drei spielten zusammen auf dem Boden, während Maman sich mit ihren Freundinnen unterhielt. Ich hörte nicht genau zu, worüber sie sprachen, bekam aber doch mit, dass Maman Madame Kahn erzählte, dass Papa auf einen Bauernhof gegangen sei. Ich hörte, wie sie sagte: „Espéreusse, in den Montagne Noir“ und begriff, dass dies der Ort sein musste, an dem Papa sich versteckt hielt.

Madame Kahn erzählte Maman danach von einem anderen Ort, von dem sie gehört hatte, aber ich schenkte dem weiter keine Beachtung. Ich behielt aber Bruchstücke der Unterhaltung in Erinnerung, Worte, die ausländisch klangen und für mich ununterscheidbar waren, und andere Worte – „le convent“ und „les religieuses“ – mit denen ich im Zusammenhang ihres Gesprächs nichts anfangen konnte.

Während Maman zuhörte, beobachtete sie mich aufmerksam; zuerst schüttelte sie den Kopf, als ob sie sich weigerte, etwas in Erwägung zu ziehen, dass Tante Hanna und Madame Kahn vorgeschlagen hatten. Ich hörte sie sagen: „Gut, ich werde darüber nachdenken. Aber ich finde den Gedanken unerträglich!“

Als es dunkel wurde, kehrten Madame Kahn und Tante Hanna mit ihren Kindern nach St. Juéry zurück. Sobald sie fort waren, machte Maman mir etwas zu essen und erklärte mir dann, dass ich früh zu Bett gehen müsse. Das kam mir merkwürdig vor, da ich in letzter Zeit viel länger hatte aufbleiben dürfen, vor allem während der Zeit, die wir bei den Valats gewohnt hatten. Irgendwann während der Nacht hörte ich Schritte auf den Holzdielen, und dann spürte ich, dass Maman ganz dicht an meinem Bett stand. Ich wusste, dass sie auf mich herabschaute, aber sie wusste nicht, dass ich wach war, und ich machte meine Augen nicht auf. Ich spürte, wie sie die Decke über meine Schultern zog, um mich zuzudecken, und dann legte sie sich neben mich. Ich konnte sie nicht einmal atmen hören; es war, als hielte sie den Atem an, um mich nur nicht aufzuwecken. Ein Weilchen verging, und als ich mich umdrehte, legte Maman den Arm um mich und zog mich an sich.

Als ich meine Hand nach ihrem Gesicht ausstreckte, war es ganz feucht vor Tränen. „Du musst schlafen“, murmelte sie.

Am Morgen lief ich zur Pumpe, um Wasser zu holen. Das war früher Papas Aufgabe gewesen, mir war sie zugefallen, als Papa sich nicht länger auf der Straße hatte blicken lassen dürfen. Maman hatte mir eingeschärft, auf meinem Weg zur Pumpe und zurück niemals mit jemandem zu sprechen und auf keinen Fall zu erwähnen, wo Papa geblieben war. Zu jedem, der danach fragte, musste ich sagen, dass Papa bei der letzten Razzia von der Miliz mitgenommen worden sei.

Wie jeden Tag wuschen Maman und ich uns an dem Spülbecken in unserem Zimmer, und dann half ich ihr, den Boden zu fegen. Und dann, nachdem wir alles sauber gemacht hatten, fragte Maman mich, wie ich den Tag gerne verbringen wolle. Bevor ich aber Zeit hatte, etwas zu antworten, erzählte Maman mir, dass die Kahns in Urlaub fahren wollten und mich eingeladen hätten, mit ihnen zu kommen.

„Und was ist mit dir?“, fragte ich Maman.

„Ich werde hier sein, wenn du zurückkommst“, sagte sie zu mir.

„Wann werde ich zurückkommen?“

„Ich bin mir nicht sicher. Das hängt von den Kahns ab.“ Maman schaute weg und begann, einige meiner Kleider zusammenzufalten. „Es ist eine Strecke von ungefähr fünfundsiebzig Kilometern. Dir wird die Fahrt gefallen, Renée. Es ist draußen auf dem Land.“

Mir schien das sehr weit von Arthès entfernt zu sein. „Ist es in der Nähe von Papa?“, wollte ich wissen.

Maman lachte. „Nein, Renée. Aber hättest du nicht Lust auf ein bisschen Spaß im Urlaub mit Emmy? Du könntest wieder draußen spielen.“ Maman erzählte mir, dass Emmy eine prima Freundin sei und dass ich sie auf der Fahrt begleiten solle, da sie so freundlich gewesen waren, mich einzuladen. Ich stimmte zu. Ich sagte Maman, ich würde fahren.

Wir packten einige meine Kleider in eine Tasche, und Maman bürstete mir das Haar. Es kam mir damals gar nicht in den Sinn, Maman zu fragen, warum sie so viele meiner Kleider einpackte, wenn ich doch nur ein paar Tage fort sein würde.

Wir verließen unsere Wohnung und gingen zu Fuß nach St. Juéry. Ich kam mir ganz merkwürdig vor, so ohne weiteres draußen herumzulaufen, ohne das Gefühl, dass ich möglichst versteckt von Haus zu Haus flitzen musste. Da ich keine Geschwister hatte, war ich ganz aufgeregt und freute mich darauf, einige Zeit mit Emmy und Jean-Claude zusammen verbringen zu können. Als wir bei den Kahns ankamen, sah ich, dass Tante Hanna ebenfalls dort war, aber von Onkel Oscar war nichts zu sehen und auch nicht von Raymonde und Evelyne. Ich wunderte mich, warum sie nicht mit uns in Urlaub fuhren.

Ein kleines, schwarzes Auto parkte auf der Straße vor dem Haus der Kahns. Ich hatte es noch nie zuvor gesehen und hatte zuerst Angst, dass es vielleicht einem deutschen Soldaten gehören könne. Aber Maman schien nicht weiter besorgt zu sein, und als wir näher kamen, sah ich, dass Emmy und Jean-Claude bereits hinten in dem Wagen saßen; sie hatten ebenfalls Taschen mit Kleidern mitgebracht. Emmy trug mehrere Schichten Kleider übereinander, obwohl es ein warmer Tag war, und in der letzten Minute zog Maman eine Jacke aus meiner Tasche und legte sie mir um die Schultern. Dann umarmte sie mich, küsste mich und sagte: „Sei vorsichtig und sei ein braves Mädchen, Ruth“, während sie mich auf den Beifahrersitz schob. Ich sah Tränen in ihren Augen, und sie hielt sich die Hand vor den Mund.

„Maman...“, sagte ich.

„Bonnes vacances!“, rief sie, winkte dann und versuchte zu lächeln. Madame Kahn lief rasch vorne um den Wagen, riss die Tür auf und stieg ein. Im nächsten Augenblick waren wir bereits unterwegs. Maman und Tante Hanna winkten und wünschten uns schöne Ferien, und wir alle winkten zurück, während Madame Kahn den Wagen Richtung Albi steuerte. Ich glaubte, ich würde Maman in einem oder spätestens zwei Tagen wiedersehen, so dass ich mich nicht umdrehte, um ihr ein letztes Mal zuzuwinken.

Madame Kahn war eine attraktive, redselige Frau, aber mir war bereits bei unseren letzten Besuchen bei den Kahns aufgefallen, dass sie stets ängstlich und gedankenverloren wirkte. An diesem Morgen nun saß sie, während wir die Hauptstraße entlangfuhren, völlig starr auf ihrem Sitz und hielt das Lenkrad fest umklammert. Sie blickte ständig nach links und nach rechts.

„Wo hast du den Wagen her, Maman?“, fragte Jean-Claude.

Madame Kahn erklärte uns, dass uns jemand von der Résistance das Auto für einen Tag zur Verfügung gestellt habe.

„Wie werden wir dann wieder heimkommen?“, wollte ich wissen.

„Mach dir darüber keine Gedanken, Renée. Wir werden abgeholt.“

Es ging die Hauptstraße entlang, immer in Richtung Albi. Ich sah Zeichen, auf denen stand, wie viele Kilometer es noch waren, bis wir die Stadt erreichten. An viel mehr von dieser Fahrt durch den warmen Novembermorgen kann ich mich nicht mehr erinnern. Ich unterhielt mich und lachte mit Emmy und Jean-Claude, und wir spielten Rätselraten, aber Madame Kahn sagte, wir sollten leise sein; sie müsse sich auf die Straße konzentrieren. Gelegentlich schaute sie auf ein Blatt Papier mit einer Kartenskizze.

Wir kamen an braunen Feldern vorbei, die plötzlich wie belebt schienen: Ein Meer von gelben Schmetterlingen erhob sich in einer starken Brise, große Kühe grasten links und rechts der Straße, und in der Ferne sah man grüne Flecken von Kräutern und Wildblumen im Wind erzittern. Madame Kahn strich sich ihr hellrotes Haar aus dem Gesicht und starrte mit zusammengekniffenen Augen auf die Straße. Sie hatte vor dem

Krieg eine Brille getragen, sie aber während ihres Lebens im Untergrund verloren. Jetzt konnte sie sich keine neue mehr leisten.

Sie fuhr sehr schnell, als sei jemand hinter ihr her. Der Mann, der ihr das Auto geliehen hatte, arbeitete auf dem Postamt in Albi. Ohne dass seine Kollegen etwas davon ahnten, gehörte auch er der Résistance an. Er hatte Madame Kahn vor Straßenkontrollen gewarnt; damals besaß kaum jemand ein Auto, und den wenigen Glücklichen war es nahezu unmöglich, Benzin aufzutreiben. Meistens wurden Autos von Regierungsbeamten oder von Kollaborateuren benutzt, denen es ein Leichtes war, sich Benzin von den Deutschen zu besorgen. Falls Madame Kahn von der Polizei angehalten würde, sollte sie erzählen, ihr Freund auf dem Postamt habe ihr den Wagen geliehen, damit sie eine kranke Verwandte besuchen könne. Die Kahns hatten falsche Papiere, und der Mann vom Postamt hatte Madame Kahn illegal einen besonderen Ausweis verschafft, mit dem sie das Auto fahren durfte.

Ich weiß nicht mehr genau, wann mir endlich dämmerte, dass ich nicht die leiseste Ahnung hatte, wohin wir eigentlich fuhren. Ich war nie zuvor in Ferien gewesen, und merkwürdigerweise hatten sich an diesem Morgen alle so benommen, als sei es unglaublich wichtig, dass wir schnell unser Ziel erreichten. Tief in meinem Magen machte sich plötzlich Übelkeit bemerkbar. Warum hatte Maman mir nicht erzählt, wie lange ich fort sein würde?

Als wir durch Albi fuhren, sahen wir uns aus den Wagenfenstern heraus die roten Ziegeldächer der Häuser und die gewaltige Kathedrale von Saint-Cécile an. Es war dieselbe Kathedrale, an der wir an unserem ersten Abend auf dem Weg durch Albi vorbeigekommen waren. Die Kirche war ein ungewöhnliches Bauwerk. Sie war ganz aus Ziegeln gebaut, und eine Art Festung schien die eigentliche Kathedrale zu umgeben. Madame Kahn fuhr die Straße aus Kopfsteinpflaster entlang und über einen weiten Platz. Sie wollte an der Kathedrale Halt machen – warum, wusste ich nicht.

Sobald sie den Wagen dicht an der Kathedrale geparkt hatte, ließ Madame Kahn uns in aller Eile aussteigen, und führte uns eine lange, breite Flucht von Steinstufen hinauf zu einer breiten Holztüre. Von dem oberen Treppenabsatz aus konnte man ganz Albi überblicken und sah in der Ferne den Fluss Tarn.

„Beeilt euch, Kinder, beeilt euch. Wir haben nicht viel Zeit", drängte Madame Kahn.

„Was sollen wir hier?", wollte Jean-Claude wissen.

„Ich will euch etwas zeigen."

Die Kathedrale war innen dunkel und anscheinend endlos groß. Unsere Schritte hallten wider, als wir durch das Kirchenschiff liefen. Ich hatte das Gefühl, wieder in der dunklen, höhlenartigen Kirche in Toulouse zu sein, wo Jeannette und ich uns oft versteckt hatten. Madame Kahn schien genau zu wissen, was sie uns zeigen wollte. Wir folgten ihr an Wandbildern und Gemälden vorbei, bis wir zur Statue einer Frau kamen, die ein langes Kleid trug. Diese Statue war nicht vollständig weiß wie diejenige der Frau in der Kirche in Toulouse. Diese Frau war mit verschiedenen Farben bemalt. Sie trug eine Krone auf dem Kopf, und sie war sehr schön.

Madame Kahn murmelte: „Das ist ein Standbild der Königin Esther, Kinder. Ihr kennt ja die Geschichte von Esther, die die Juden in der Fremde vor dem Massaker unter der Hand des furchtbaren Haman bewahrte."

Sie sprach vor allem zu Jean-Claude, der der Älteste war und diese Geschichte kannte. „Haman versuchte, die Juden zu vernichten, so wie es jetzt die Nazis versuchen. Und wegen Königin Esther feiern wir das Fest, das Purim heißt", fuhr sie fort. „Könnt ihr euch noch an Purim erinnern?"

Wir alle nickten, obwohl ich mich natürlich nicht an Purim erinnern konnte. Madame Kahn sprach sehr leise und schaute sich ständig um, um sicherzugehen, dass uns niemand belauschte. Aber in der Kathedrale war es dunkel, und wir waren in der Finsternis kaum zu erkennen.

„Was auch immer geschieht“, sprach Madame Kahn weiter, „vergesst nie, dass ihr Juden seid. Sprecht mit niemandem darüber, aber vergesst es niemals. Seid stolz darauf, so wie Königin Esther es war.“

Dann scheuchte sie uns durch das Kirchenschiff zurück zu der Tür, durch die wir schnell nach draußen schlüpften. Wir liefen die Stufen hinunter und zum Auto hinüber. Niemand schien sich dafür zu interessieren, wer wir waren oder was wir taten. Madame Kahn folgte einer der Hauptstraßen aus der Stadt heraus. Wir fuhren über die Pont Vieux, die älteste Brücke Frankreichs. Unterwegs wunderte ich mich noch, warum es Madame Kahn so wichtig gewesen war, uns mit in die Kathedrale zu nehmen, um uns das Standbild Esthers zu zeigen. Es wäre besser, so schien es mir, wenn wir ganz vergessen könnten, dass wir Juden waren. Die Juden gerieten immer in Schwierigkeiten und wurden abgeholt. Wenn Haman versucht hatte, die Juden loszuwerden, wie es jetzt unter Hitler auch die Nazis wollten, dann konnte doch irgendetwas daran, ein Jude zu sein, nicht stimmen. Wir hatten falsche Papiere und schafften es nur deshalb, am Leben zu bleiben, weil wir vorgaben, keine Juden zu sein. Jeannette hatte mir immer wieder eingeschärft, dass ich nie, wirklich nie zugeben dürfe, dass ich Jüdin sei. So beschloss ich, einfach zu vergessen, was Madame Kahn gesagt hatte.

Ich sah Wegweiser nach Castres und Carcassone. Ich richtete mich auf, blickte aus dem Fenster und versuchte, mir den ganzen Weg genau einzuprägen, für den Fall, dass ich den Rückweg allein würde finden müssen. Wenn wir den Wagen nicht wieder würden benutzen können, um zurückzufahren, würden wir vielleicht den ganzen Weg laufen müssen oder jemanden finden, der uns fahren würde. Ich musste mir so viele markante Stellen wie nur möglich einprägen.

Hinter mir auf der Rückbank ertönte ein schrilles Lachen. Jean-Claude zog Emmy furchtbare Fratzen, und Emmy kicherte und drehte sich weg von ihm. Ihr Gelächter störte mich. Ich wollte nach Hause. Ich rief mir Mamans strenge Worte ins Gedächtnis, mit denen sie mich in den vergangenen Tage nach Papas Abfahrt ermahnt hatte. „Du musst dich benehmen, Renée. Du musst möglichst leise spielen und immer dicht beim Haus bleiben. Ich möchte nicht, dass du mehr als fünf Minuten draußen bleibst."

Meist hatte ich ihr nicht gehorcht. Ein kleiner Bach floss hinter unserer Straße entlang; dort ging ich manchmal hin, um zwischen den Steinen zu spielen. Wenn Maman mich endlich dort entdeckte, sah ich, wie sich Angst und Erleichterung gleichzeitig auf ihrem Gesicht abzeichneten. „Ich konnte nicht anders, Maman", sagte ich dann. „Ich wollte nur für ein Weilchen draußen spielen." Dann ließ sie mich normalerweise nicht mehr aus den Augen. Ich musste den ganzen nächsten Tag im Haus bleiben und lernen. Warum durfte ich nicht draußen spielen, wie es alle anderen Kinder im Dorf auch taten? Jetzt, auf dem Beifahrersitz neben Madame Kahn und weit weg von Maman, hatte ich das Gefühl, ich müsse es Maman recht machen, ich müsse ihr sagen, dass ich nie wieder in dem Bach spielen würde. Aber jetzt war es zu spät. Ich würde ein Weilchen warten müssen, bis ich Maman mein Versprechen geben konnte.

Madame Kahn hielt das nächste Mal an einem Waldrand an. Sie sagte, wir hätten nur ein paar Minuten Zeit, um zu Mittag zu essen. Sie blickte ständig auf ihre Uhr. Man merkte, dass die Fahrt sie müde gemacht hatte. Ihre Augen brannten, sagte sie. Im Kofferraum des Wagens lag ein alter Vorhang, den jemand dort hatte liegen lassen; wir breiteten ihn auf dem Gras aus und setzten uns darauf, um das Brot und den Käse zu essen, die Madame Kahn für unsere Fahrt mitgebracht hatte. Wir waren müde und durstig, aber es war nicht mehr viel Wasser übrig.

„Wo fahren wir hin?", fragte Emmy ihre Mutter.

„Zu einem Ort auf dem Land“, antwortete Madame Kahn voller Ungeduld, denn sie wollte schnell weiterfahren. „Es wird euch gefallen. Dort seid ihr in Sicherheit.“

„Warum ist Papa nicht mit uns gekommen?“

„Er hatte heute andere Dinge zu erledigen.“

Jean-Claude lief in den Wald. Madame Kahn stand auf und rief nach ihm, aber er kehrte eine ganze Weile lang nicht zurück. Als er schließlich kam, hielt er den Blick gesenkt und machte ein trauriges Gesicht. Ich glaube, Madame Kahn wird ihn sich vor unserer Fahrt einmal beiseite genommen und ihm erklärt haben, wo sie uns hinbrachte, und ihm das Versprechen abgenommen haben, uns nichts davon zu erzählen. Emmy und ich blickten einander an, aber wir sagten nichts mehr, während wir unser Brot aufaßen. Irgendetwas stimmte ganz und gar nicht – wir konnten es spüren –, aber wir hatten Angst, danach zu fragen, ja wir hatten sogar Angst, darüber nachzudenken, was mit uns geschehen würde. Ich wusste bloß, dass Maman nicht da war und dass ich nicht ohne sie hätte fahren dürfen. Wenn sie nun ohne mich versuchen würde, Papa zu finden? Vielleicht versuchten sie, mich loszuwerden.

Schließlich standen wir alle auf und schüttelten den Vorhang aus, bevor wir wieder in den alten, schwarzen Wagen einstiegen. Jean-Claude saß nun mit seiner Mutter vorn; Emmy und ich saßen hinten. Viele Kilometer lang begegnete uns kein einziges anderes Auto auf der Straße. Madame Kahn muss geglaubt haben, dass wir hinten schliefen, denn ich hörte, wie sie leise zu Jean-Claude sagte: „Du wirst jetzt sehr tapfer sein müssen, Jean-Claude, und gut auf deine Schwester achtgeben.“

Ich hatte Angst und schloss meine Augen. Wer würde auf mich achtgeben?

Ich lehne mich gegen das Fenster des Wagens. Das Fenster steht einen Spalt offen und eine kühle Brise streicht über mein Gesicht. Ich überlege, ob ich mich aufrichten und aus dem

Fenster schauen soll, aber dazu bin ich zu müde. Wir sind jetzt schon lange unterwegs, fast den ganzen Tag, aber wir machen keine Rast mehr. Madame Kahn hat uns erklärt, wir würden jetzt bis zu unserem Ziel durchfahren.

Ich habe bereits sehr viele Orientierungspunkte verpasst, weil ich eingeschlafen bin. Jetzt werde ich nicht mehr in der Lage sein, wieder nach Hause zu finden. Ich werde jemanden um Hilfe bitten müssen; vielleicht wird Jean-Claude auch mir helfen, wenn er sich schon um Emmy kümmert. Er hat die ganze Zeit aus dem Fenster gesehen. Immer, wenn ich meine Augen schließe, sehe ich Maman draußen vor der Wohnung der Kahns auf der Straße stehen und mir zuwinken. Aber Papas Gesicht kann ich nicht sehen, es sei denn, ich denke nicht daran. Manchmal, wenn ich an etwas anderes denke, erscheint sein Gesicht; dann weiß ich, wie er aussieht, aber wenn ich versuche, es mir vorzustellen, ist es wieder fort. Ich hoffe, dass es mit Maman nicht genauso geht. Ich sehe sogar das helle Muster ihres Kleides vor meinen Augen. Kleine blaue und grüne Blumen. Sie wollte mir aus dem gleichen Stoff ein Kleid machen, und sie sagte, ich brauchte ein paar neue Unterröcke.

Auch Emmy ist wach. Madame Kahn hat das Tempo gedrosselt. Emmy lehnt sich gegen das Fenster. Wir kommen an einem Schild vorbei, auf dem „SORÈZE“ steht. Wir biegen in eine breite Straße ein, dann geht es um eine weitere Ecke und wir gelangen in eine schmale Straße. Im Hintergrund sieht man einen Hügel, aber das Gras ist hier nicht mehr grün.

Madame Kahn hält an. „Hier ist es“, sagt sie. „Man hat mir gesagt, hier solle ich halten. Die Nonnen werden zu uns kommen.“

Ich weiß nicht, was Nonnen sind. Jean-Claude richtet sich auf. Er ist ängstlich. Wir blicken alle in die gleiche Richtung die Straße hinunter. Dort erkennt man einen Hof, der von einer Steinmauer eingefasst ist. Die Mauer ist sehr hoch. Dahinter erhebt sich ein hohes Gebäude aus Stein mit hohen schmalen Fenstern. Die Glasfenster sind ganz bunt. Jean-Claude sagt: „Es sieht aus wie ein Schloss!“ Ein Mann auf einem Fahrrad kommt an unserem Auto vorbei und nickt Madame Kahn zu. Ich begreife nicht, dass er von der Résistance ist und hier auf der Straße gewartet hat, um uns ein Zeichen zu geben, wann es sicher ist, aus dem Auto zu steigen.

Madame Kahn öffnet die Wagentür und steigt aus.

„Kommt, Emmy, Renée, es ist an der Zeit auszusteigen“, sagt sie bestimmt. Ich habe Angst, in ihr Gesicht zu blicken. Ich sehe, dass sie eine Tasche mit den Kleidern aus dem Wagen nimmt und mir reicht.

„Wo sind wir, Maman?“, fragt Emmy.

Madame Kahn streicht Emmy mit der Hand übers Haar und beugt sich hinunter, um ihr die Jacke zuzuknöpfen. „Ich muss euch für eine Weile hier lassen, Emmy. Ihr werdet hier zusammen mit Jean-Claude in Sicherheit sein. Dies ist ein Kloster, und die Nonnen hier werden für euch sorgen, bis ich zurückkommen kann, um euch abzuholen.“

„Aber Maman!“, ruft Emmy. „Warum kannst du nicht auch mitkommen?“

„Ich darf heute nicht hineingehen. Mach dir keine Sorgen. Du wirst nicht allein sein. Ich komme euch besuchen. Sobald es wieder sicher ist, könnt ihr Kinder nach Hause zurückkommen.“

Madame Kahn hat die ganze Zeit mit Emmy gesprochen. Zuerst denke ich, dass ich nicht hier gelassen werde. Ich werde wieder nach Hause zu Maman zurückkommen. Meine Beine zittern. Plötzlich wird mir schlecht.

Emmy läuft zu ihrer Mutter und umklammert ihre Beine. Sie weint. Ich fange ebenfalls an zu weinen. Jean-Claude steht da, die Hände in den Taschen. Er sagt gar nichts. Er muss tapfer sein.

„Ich werde ganz brav sein, Maman“, weint Emmy. „Bitte, können wir nicht wieder mit dir heimfahren?“

Aber Madame Kahn befreit sich aus Emmys Griff, nimmt sie auf den Arm und ruft uns anderen beiden zu: „Nehmt eure Taschen und kommt mit. Niemand darf uns sehen. Beeilt euch!"

Ich möchte nach Maman fragen. Wann werde ich sie sehen können? Warum hat sie mich nicht selbst hierher gebracht? Aber es ist zu spät. Madame Kahn nimmt mich an der Hand und Jean-Claude kommt hinter uns her. Wir eilen den Bürgersteig entlang. Emmy hat aufgehört zu weinen. Wir kommen zu einer Holztür mitten in der Steinmauer. Jean-Claude drückt auf die Klingel. Ein Mann öffnet die Pforte und sagt, man erwarte uns bereits. „Die Schwestern beenden gerade ihr Nachmittagsgebet", sagt er. Er trägt alte Kleider; er sieht aus, als wäre er der Gärtner. Dann kommt eine Dame. Sie ist in Schwarz gekleidet – in ein langes, schwarzes Kleid aus schwerem Tuch. Sie trägt auch ein schwarzes Tuch auf dem Kopf. Es sieht so aus, als hätte sie keine Haare mehr. Die Ärmel ihres Kleides sind weit und lang. Ich lasse Madame Kahns Hand los und weiche zurück. Sie setzt Emmy ab und schiebt uns drei dann nach vorne, während sie die Dame in Schwarz anspricht. „Dies sind meine Kinder", sagt sie und wischt sich die Tränen aus dem Gesicht. „Emmy und Jean-Claude."

Die Dame nickt, lächelt, und ihr Schleier bauscht sich im Wind. Ich habe noch nie jemanden gesehen, der so gekleidet ist. Ich weiß nicht, was ich machen soll. Ich könnte versuchen, auf die Felder zu entkommen, aber da sagt Madame Kahn schon: „Komm her." Sie nimmt mich an der Hand. „Dies ist meine andere Tochter, Renée. Sie ist ein bisschen durcheinander. Sie versteht das alles nicht."

Ich sehe Madame Kahn ins Gesicht. Warum hat sie gelogen? Ich bin nicht ihre Tochter. Hat sie mich Maman gestohlen? Ich bin unfähig, mich zu rühren; meine Beine sind schwach. Ich möchte die Straße entlang zurücklaufen oder zwischen die Bäume flüchten, aber ich habe das Gefühl, als würde ich nur in den Schmutz sinken. Die Dame nimmt meine Hand. Madame Kahn küsst Emmy und Jean-Claude ein letztes Mal und sagt, sie werde sie am Sonntag wiedersehen. Mich küsst sie nicht. Muss die Dame das nicht merkwürdig finden?

„Komm mit uns!“, kreischt Emmy, aber ihre Mutter wendet sich ab und eilt zurück zum Auto. Sie hat mir noch nicht einmal gesagt, wann ich Maman wiedersehen werde. Sie hat uns einfach auf die Straße gesetzt. Ich höre, wie der Wagen angelassen wird und fortfährt.

Die Dame schiebt uns durch die Tür, und wir stehen jetzt auf einem Hof. Sie verriegelt die Tür hinter uns.

„Kommt mit, Kinder“, sagt sie. Sie hat eine weiche Stimme. Niemand sagt uns, wie die Dame heißt.

Wir gehen schnell über den Gehsteig, der ringsum an den Mauern des Hofes vorbeiführt. Die Fläche dazwischen ist mit Kies bedeckt, mit weißen Steinen, die knirschen, wenn wir darüberlaufen. Außer uns ist kein Mensch auf dem Hof zu sehen. Die Dame geht mit gesenktem Kopf. Sie hat ihre Arme in den weiten, schwarzen Ärmeln verschränkt. „Weine nicht, Emmy“, sagt sie. „Hier wirst du sicher sein. Es wird dir ganz gut gefallen. Wir werden gut für dich sorgen.“ Emmy und ich schauen uns nicht an. Wir haben uns an die Hand genommen.

Wir folgen der Dame über die Kiesel zu einem Haus. Das ist das Kloster. Drinnen ist es düster; in kleinen Haltern brennen Kerzen und an den Wänden einige Lampen. Die Dame führt uns zu einer Holzbank in einem Sprechzimmer. „Wartet hier“, sagt sie. Wir setzen uns. Der Boden ist frisch gebohnert. Die Dame geht in einen Raum, aus dem Stimmen dringen. Sie spricht mit jemandem über uns. Ich höre, wie sie sehr langsam unsere Namen nennt. Ihre Stimme ist weich und hell.

Als sie zurück in den Flur kommt, sagt sie: „Dies ist Schwester Marie Louise.“ Sie dreht sich zu einer anderen Dame um, die genauso merkwürdig gekleidet ist wie sie selbst. „Tut, was sie euch sagt, Kinder, und habt keine Angst.“ Dann sagt uns die Dame auf Wiedersehen. Sie schüttelt uns die Hände. Das schwarze Material auf ihrem Kopf fällt ihr nach vorn über die Schulter wie Haar. Ich schaue in ihre blauen Augen, die mich anzulächeln scheinen, obwohl ihr Mund nicht lächelt. Als sie durch den Flur davongeht, schwingt ihr schwarzer Schleier hin und her. Sie ist die Mutter Oberin. Wir werden wochenlang nicht wieder mit ihr sprechen.

Die andere, Schwester Marie Louise, nimmt unsere Taschen. Sie ist sehr groß, hat ein breites Gesicht und eine strenge Stirn. „Kommt mit", sagt sie. „In den Fluren wird nicht gesprochen."

Sie spricht mit einem fremdartigen Akzent. Wir finden später heraus, dass sie aus Spanien kommt.

Sie führt uns zum anderen Ende des Flurs und dann eine Treppe hinauf. Sie sagt uns, dass wir den Nachmittagsunterricht an diesem Tag schon versäumt hätten. „Ihr werdet in meine Klasse kommen", sagt sie zu Emmy und mir, während wir durch einen engen Durchgang gehen. „Und jetzt hör auf zu weinen, Emmy. Du willst doch nicht, dass alle denken, du seist noch ein Baby, oder?"

„Ich will nach Hause! Ich will zu Maman!", erklärt Emmy ihr.

Die Frau schüttelt den Kopf. „Du hast keine Eltern", sagt sie.

„Doch, das haben wir!", verbessert Jean-Claude sie. „Wir haben uns gerade draußen auf der Straße von Maman getrennt. Sie ist in einem schwarzen Auto davongefahren. Haben Sie sie nicht gesehen?"

Die Frau bleibt stehen und starrt Jean-Claude mit zornigem Gesichtsausdruck an. „Hier werden keine Geschichten erfunden, junger Mann."

Jean-Claude ist still, aber ich weiß, dass er Schwester Marie Louise bereits hasst. Sie glaubt, Jean-Claude sei ein Lügner. Ich reiße mich von Emmy los, laufe zurück die Treppe hinunter, aber eine weitere Dame kommt gerade herauf. Sie legt mir die Hände auf die Schultern und hält mich auf. „In den Korridoren wird nicht gerannt, Mademoiselle!" Auch sie ist in Schwarz gekleidet, und sie bringt mich zurück nach oben in den Durchgang.

„Neue Schüler?“, fragt sie Schwester Marie Louise.

„Ja. Und sie sind nicht besonders erfreut, dass sie hier sind.“

Die Dame nickt.

„Bring du den Jungen in sein Dormitorium“, sagt Schwester Marie Louise. „Ich werde mich um die Mädchen kümmern.“

Wir wissen nicht, was das Wort „Dormitorium“ bedeutet, und wir haben Angst um Jean-Claude. Im nächsten Augenblick ist er schon fort. Wir haben Angst, dass wir ihn nie wieder zu Gesicht bekommen. Wir fragen nicht nach ihm, damit die Dame uns nicht erklärt: „Ihr habt keinen Bruder.“ Schwester Marie Louise nimmt mich und Emmy an die Hand. Wir tragen unsere Taschen. Sie führt uns einen anderen dunklen Korridor entlang. Wir sind jetzt in einem anderen Gebäude. Man kann vom Kloster aus in dieses Gebäude gehen, ohne dazu nach draußen zu müssen. Die Fenster sind schmal und sitzen so hoch, dass ich nicht hinaussehen kann. Ich weiß, dass wir niemals in der Lage sein werden, den Rückweg hinaus auf die Straße zu finden. Vor einer Tür bleiben wir stehen. „Hier werdet ihr schlafen“, erklärt uns Schwester Marie Louise.

Sie öffnet die Tür mit einem Schlüssel, der an ihrem Gürtel hängt, dann nimmt sie unsere Taschen und führt uns in einen lang gestreckten, düsteren Raum. Zu beiden Seiten stehen Reihen mit weißen Kinderbetten. Wir gehen bis zum Ende des Raums, und Schwester Marie Louise deutet auf eins der Betten. „Das ist deins“, sagt sie zu mir. Neben dem Bett steht ein kleiner Tisch und an der Wand zwischen meinem Bett und dem nächsten ein schmaler Schrank. Ich soll mir den Spind mit jemand anderem teilen. Emmys Bett steht auf der anderen Seite des Raumes unter einem Fenster. Wir dürfen nicht miteinander reden, es sei denn, es ist absolut notwendig. Sie werden uns trennen. Ein Gefühl der Leere breitet sich in meinem

Magen aus. Die Dame packt unsere Kleider aus und hängt sie in unsere Schränke.

„Wie? Hast du keinen Mantel?", fragt sie. „Nur diese Jacke?"

Ich nicke. „So darfst du hier nicht antworten", erklärt sie mir. Ihr Gesicht ist streng. „Du musst sagen: ‚Ja, Schwester, das ist alles, was ich habe.'"

„Ja, Schwester", wiederhole ich. „Maman hat vergessen, mir meinen Mantel zu geben."

„Mein liebes Kind, du darfst nicht über deine Mutter sprechen. Sie ist nicht länger hier. Du bist eine Waise; darum bist du hier bei uns. Dies ist ein Waisenhaus."

Ich sage nichts. Ich weiß nicht, was eine Waise ist. Mir treten Tränen in die Augen.

„Nun", fährt Schwester Marie Louise fort, „ich weiß nicht, was du tun willst, wenn der Winter kommt. Wir müssen bald einen Mantel für dich besorgen. Hier in den Bergen sind die Winter hart."

Die Worte machen mich beinahe bewusstlos: „Wenn der Winter kommt." Glaubt sie, dass ich so lange hier sein werde? Begreift sie denn nicht, dass dies alles ein Versehen ist, dass ich nicht hierher gehöre? Was würde Maman dazu sagen? Was würde sie mir sagen, was ich tun soll?

„Jetzt zieht euch aus. Ihr beide müsst vor dem Abendessen baden. Du zuerst", sagt sie zu mir.

Am Ende des Raums ist eine weiße Tür, die in einen anderen Raum führt. Schwester Marie Louise geht hinein, und ich höre Wasser rauschen, während wir uns ausziehen. Ich stehe schließlich in Unterhemd und Unterhose da. Der Raum ist so kalt, dass ich meine Arme um mich schlinge. Schwester Marie Louise kommt wieder herein und gibt mir ein Handtuch und einen Waschlappen. Sie öffnet die weiße Tür und schiebt mich in das andere Zimmer. Sie lässt die Tür nur angelehnt. Das Bad, die „salle de bains", ist zweigeteilt. Auf einer Seite des Raums befindet sich eine Reihe von Duschen mit Vorhängen davor. Auf meiner Seite steht eine Badewanne, die jetzt mit warmem Wasser gefüllt ist.

„Beeil dich!“, ruft die Dame. Sie kann hören, was ich hier drinnen mache.

Ich steige in die Wanne und besprenge mich überall mit Wasser. Es ist so kalt in dem Badezimmer, dass von dem warmen Wasser Dampf aufsteigt. Auf dem Rand der Wanne liegt ein Stück Seife. Ich reibe mir damit die Knie, die Arme und die Brust ein. Ich fange an zu weinen, aber ich bedecke mein Gesicht mit dem Waschlappen, so dass die Dame mich nicht hören kann. Zu Hause hat Maman mich gebadet. Jetzt bin ich allein. Wer wird sich um mich kümmern? „Fertig?“, fragt Schwester Marie Louise in ihrem fremden Akzent. Ich komme in ein Handtuch gewickelt aus dem Badezimmer. „Du als nächste“, sagt sie zu Emmy. Schwester Marie Louise geht ins Bad, und wir hören wieder Wasser rauschen, während Emmy sich auszieht. Als die Schwester wieder herauskommt, schiebt sie Emmy durch die Tür. Dann bemerkt sie meine Kleider.

„Nein! Nein! Nein!“ schreit sie. „Du kannst nicht deine schmutzigen Kleider, in denen du gereist bist, wieder anziehen. Du hast dich gerade gebadet! Du musst zum Abendessen ein frisches Kleid anziehen!“ Sie schaut in meinen Schrank. „Hier. Zieh das an“, weist sie mich an. Es ist ein Kleid aus Wolltuch. Es hat Jeannette gehört, als sie noch klein war. Tante Sophie hat es mir gegeben, als wir noch in Toulouse wohnten. Es ist mein Lieblingskleid. Ich denke an Jeannette und spüre beinahe ihre Gegenwart, als ich es anziehe. Schwester Marie Louise kämmt mir das Haar. Sie wirft meine schmutzigen Kleider in einen Korb auf dem Boden. Ich frage mich, was mit ihnen passieren wird.

Als Emmy zurückkommt, hilft Schwester Marie Louise ihr, sich anzuziehen, und kämmt ihr ebenfalls das Haar. „Seid ihr Mädchen hungrig?“, fragt sie uns.

Wir schütteln die Köpfe.

„Non, ma soeur“, belehrt sie uns.

„Non, ma soeur“, wiederholen wir.

„Nun, trotzdem, es ist fast schon Zeit für das Abendgebet und das Abendessen. Ihr könnt euch noch ein paar Minuten auf euren Betten ausruhen. Ich komme euch dann gleich holen.“ Dann ist sie fort. Ich höre, dass sie den Schlüssel im Schloss umdreht. Wir sind eingeschlossen.

Ich verberge das Gesicht in meinem Kissen. Ich kann nicht schlucken. Wird Maman am Sonntag mit Madame Kahn kommen? Wie soll ich den Weg durch die Korridore hinaus in den Hof finden, bevor es Sonntag wird? Ich werde warten müssen, bis niemand in der Nähe ist. Ich schwöre mir, dass ich mit niemandem sprechen werde, weil sie mir sagen werden, dass ich keine Eltern habe, dass meine Eltern tot sind. Emmy kommt zu meinem Bett herüber. Wir haben beide geweint. „Wer wird sich um uns kümmern?“, fragt sie mich.

„Ich weiß es nicht.“

Wir sitzen zusammen auf dem Rand des Bettes und warten, dass Schwester Marie Louise zurückkommt. Wir halten uns an den Händen und sprechen so leise wir können.

„Ich frage mich, wie es Jean-Claude geht.“

„Ich weiß nicht. Vielleicht darf er mit uns essen.“

„Glaubst du, dass deine Mutter am Sonntag zurückkommt, um uns abzuholen?“

„Ja, das glaube ich. Vielleicht sind dies unsere Ferien und es wird nur eine Woche dauern. Ich glaube, Sonntag ist Besuchstag. Dann werden wir wieder nach Hause fahren.“

„Ich hoffe es. Mir gefällt es hier nicht.“

„Nein.“

Andere Kinder kommen in einer Reihe in den Schlafsaal marschiert. Schwester Marie Louise steht an der Tür und scheucht sie hinein. Wir sagen kein Wort. Wir stehen an meinem Bett und halten uns an dem Metallrahmen fest. Einige der Mädchen waschen sich die Hände an den Waschbecken in der anderen Ecke des Raumes. Sie kichern. Schwester Marie Louise besteht darauf, dass alle, die sich noch nicht die Hände gewaschen haben, das nachholen. Sie ist die „Mutter unseres Schlafsaals“. Sie schaut sich Emmys Hände an, dann meine und sagt uns, wir sollen uns mit den anderen aufstellen.

„Ruhe!“, ruft sie. „Alle in eine Reihe! Jede neben ihre Partnerin!“ Sie lässt uns unsere Gebetbücher aus den Nachttischen neben unseren Betten holen. Ich weiß nicht, was sie meint. Ich tue das Gleiche wie die anderen. Ein schwarzes Buch liegt in der Schublade vor mir. Wir sollen das Buch in unsere rechte Hand nehmen und es uns auf die Brust drücken. Alle setzen ein blaues Barett auf, aber Emmy und ich haben keins.

Schwester Marie Louise führt uns zur Tür, die Treppen hinunter und durch den dunklen Korridor. Es ist ein langer Weg. Ich weiß nicht, ob wir schon wieder zurück im Klostergebäude sind. Die Fenster sehen jetzt anders aus. Wir gehen den dunklen Korridor entlang bis zu einer Holztür. „Pscht!“ sagt Schwester Marie Louise. „Darf ich euch erinnern, mes mademoiselles, dass wir jetzt das Haus des Herrn betreten!“

Alle haben plötzlich einen anderen Gesichtsausdruck. Wir blicken jetzt alle ernst. Schwester Marie Louise öffnet die Tür, und ich sehe, dass wir in einer Kirche sind. Ich weiß noch von der Kirche in Toulouse her, wie es im Inneren einer Kirche aussieht. Jeannette hat mir immer gesagt, das sei der sicherste Platz in Toulouse, um sich zu verstecken. In der Nähe des Eingangs flackern Kerzen, und Standbilder stehen in den Ecken wie das der Königin Esther in der Kathedrale. Alle Fenster sind dunkel; es ist bereits Abend. Schwester Marie Louise führt uns etwa den halben Gang entlang. Auf beiden Seiten stehen hölzerne Bänke. Schwester Marie Louise bedeutet uns mit einer Handbewegung, zu „unseren Sitzbänken“ zu gehen. Bevor wir uns hinsetzen können, müssen wir unsere Knie beugen und zu Boden schauen. Alle machen ein merkwürdiges Zeichen mit der Hand. Ich weiß nicht, was es bedeutet, aber ich entsinne mich noch, dass die Leute in der Kirche in Toulouse das Gleiche getan haben, wenn sie in die Kirche kamen und nach vorn gingen.

Wortlos hält Schwester Marie Louise Emmy und mich auf. Zusammen mit uns macht sie einen Knicks und zeigt uns, wie man dieses merkwürdige Zeichen macht; sie nennt es das „Kreuzzeichen“. Zuerst berühren wir mit der Hand unsere Stirn, dann unsere Brust und dann die linke und die rechte Schulter. Dazu flüstert sie: „Im Namen des Vaters und des Sohnes und des heiligen Geistes, Amen.“ Danach dürfen wir nicht zusammen sitzen. Emmy sitzt auf der linken Seite und ich auf der rechten.

Sobald alle sitzen, läuft vorne in der Kirche eine Dame in die Mitte und kniet sich nieder. Es ist die Dame von heute Nachmittag, die Mutter Oberin. Alle tun es ihr nach und knien nieder. Wir falten die Hände, und die Dame beginnt in einer anderen Sprache zu singen. Wir sollen es ihr nachsingen, aber ich kann die Stelle im Buch nicht finden. Das Mädchen neben mir zeigt auf die richtige Zeile, aber ich weiß nicht, wie ich die Sprache lesen soll. „Das ist Latein“, sagt das Mädchen. Ich tue so, als kenne ich die richtigen Worte, die ich singen muss. Dieser traurige Gesang dauert ziemlich lange. Zuerst singt die eine Seite, dann die andere. Alle blättern das Gesangbuch im gleichen Moment um. Das Lied ist traurig, und ich frage mich, warum das wohl so ist. Jetzt weiß ich, wie sich Maman gefühlt haben muss, als sie mit Madame Fedou und Madame Valat in der Kirche war.

Als die Gebete beendet sind, gehen wir die Korridore entlang zum Refektorium, wo wir alle unsere Mahlzeiten einnehmen werden.

Der Speisesaal ist sehr groß; die Decke ist höher als im Schlafsaal. Der Raum hallt wider vor Stimmen. Schwester Marie Louise bringt uns mit einem Händeklatschen zum Schweigen. Im Saal stehen lange Tischreihen. Die Jungen sitzen am anderen Ende des Saals. Wir können Jean-Claude nirgendwo entdecken. Sobald die Glocke ertönt ist, sind die Kinder mucksmäuschenstill. Wir müssen uns einen Platz am Tisch suchen, aber Emmy und ich wissen nicht, wo wir hinsollen. Wir halten alle auf, indem wir versuchen, einen Platz auf den Bänken zu bekommen. Wenn alle hinter den Bänken an ihrem Platz stehen, wird eine weitere Glocke geschlagen, und eine andere Nonne beginnt mit leiser Stimme zu sprechen. Wir machen wieder das Kreuzzeichen. Wir pressen unsere Handflächen zusammen und blicken zu Boden. Auch Emmy und ich tun es, damit wir nicht auffallen, aber wir wissen nicht, was es bedeutet. Alle sagen „Amen“. Als wir uns setzen dürfen, werden uns Platten und Schüsseln voller Speisen gebracht. Niemand spricht. Es ist mehr zu essen, als ich jemals zu einer Mahlzeit bekommen habe. Es kann nicht alles für uns sein. Ich versuche, etwas zu essen, aber ich kann es nicht so schnell herunterschlucken, wie ich es mir in den Mund stopfe. Es gibt Stampfkartoffeln und Bohnen. Schwester Marie Louise kommt zu mir herüber und flüstert mir über die Schulter zu: „Speisen zu verschwenden ist eine Sünde. Du musst deinen Teller leer essen und deine Milch trinken.“ Wir müssen weiteressen. Selbst als alle anderen Mädchen am Tisch aufgehört haben zu essen, muss ich weiteressen, bis ich alles aufgegessen habe. Einige der Speisen habe ich nie zuvor probiert. Sie werden auf meinem Teller kalt.

Schließlich läutet wieder die Glocke. Wir stehen auf, rücken die Bank an den Tisch und sprechen noch ein gemeinsames Gebet. Dann werden wir aus dem Saal geführt, zurück durch die kalten Korridore in unser Dormitorium. Alle Mädchen gehen zu dem Tisch an ihrem Bett und legen das Gebetbuch zurück in die Schublade. Wir ziehen uns aus und waschen uns. Ich mache alles genau so wie die anderen Mädchen, damit ich nicht auffalle. Vor jedem Wasserhahn steht eine Schlange, und ich bin eine der letzten, die mit Waschen an der Reihe ist. Nachdem Schwester Marie Louise unsere Hände inspiziert hat, unsere Ohren und unsere Gesichter, gehen wir zu Bett. Aber vorher lassen sich alle vor ihren Betten auf die Knie sinken. Beim Läuten der nächsten Glocke öffnen wir wieder die Schubladen, jedes Mädchen nimmt eine lange Kette mit weißen Perlen heraus, aber ich kann in meiner Schublade keine finden.

Ich weiß nicht, was das zu bedeuten hat. Alle Mädchen drehen sich zu den Holzkreuzen um, die über ihren Betten an der Wand hängen. Über meinem Bett ist auch eins. Ich drehe mich zu dem Kreuz um, aber ich habe keine Perlen, also halte ich einfach meine Hände zusammengelegt. Ich blicke zu dem Kreuz hinauf. Die Figur eines Mannes hängt daran. Das ist bei jedem Kreuz im Schlafsaal so. Es tritt ein langes Schweigen ein, und dann sagen Schwester Marie Louise und die anderen Mädchen etwas gemeinsam auf. Ich weiß, dass Schwester Marie Louise mich beobachtet. Mein Gesicht wird heiß. Ich kann mir nicht helfen; ich kenne diese Gebete nicht.

Schließlich ist das Schweigen beendet. Wir berühren mit der Hand die Stirn, die Brust und die Schultern und machen wieder das Kreuzzeichen. Dann lassen alle Mädchen ihre Perlenketten zurück in die Schubladen gleiten. Die Nonne sagt noch einige Worte, und dann dürfen wir die Decke zurückschlagen und uns ins Bett legen. Das Mädchen neben mir sagt: „Du musst sie morgen früh nach einem Rosenkranz fragen." Ich nicke und tue so, als verstehe ich, was sie meint.

Die Lichter gehen aus, und Schwester Marie Louise verlässt den Saal. Ich drehe mich um und verberge mein Gesicht im Kissen. Ich habe Angst, dass alle mich weinen hören. Sie werden mich auslachen und denken, dass ich eine Heulsuse bin. Ich warte sehr lange, bis ich kein Geräusch mehr von den anderen höre. Dann gehe ich durch die weiße Tür in das Badezimmer. Ich schließe die Tür hinter mir und gehe zum Fenster. Hier sind die Fenster so niedrig, dass ich nach draußen schauen kann. Unter mir sehe ich Bäume und ein Stück von der steinernen Mauer. Auf den Bäumen sind keine Blätter mehr. Ich denke an Maman. Wie hatte sie mir das nur antun können? Warum hat sie mich an diesen furchterregenden Ort geschickt? Ich muss eine Waise sein, wenn das bedeutet, mutterseelenallein zu sein, denn sonst wäre sie bestimmt schon gekommen, um mich zu holen. Ich werde sie nie mehr wiedersehen.

Das Fenster ist so kalt, dass ich die Kälte auf meinem Gesicht spüre, ohne das Glas überhaupt zu berühren. Ich gehe zurück in den Schlafsaal, am ganzen Körper zitternd, und steige in mein hartes Bett. Aber ich kann nicht schlafen. Ich kann nicht schlafen. Ich kann einfach nicht einschlafen.

Das Kloster von Sorèze

Im Kloster von Sorèze war es immer kalt. Die Wände des Schlafsaals waren aus Stein, ebenso wie der Boden, und in stürmischen Nächten pfiff der kalte Wind durch die Fensterrahmen und die Dachsparren. Pro Bett gab es eine Wolldecke. Nach einigen Tagen erkältete sich Emmy und wurde in die Krankenabteilung gebracht. Eine der Nonnen gab mir einen weiten Wintermantel, der einer Schülerin in einer höheren Klasse gehört hatte. Ich sollte ihn während der Erholungspausen im Innenhof tragen. Jeder Tag folgte einem strengen Ablauf. Schwester Marie Louise weckte uns jeden Morgen um halb sieben, und sobald wir uns gewaschen und angezogen hatten, wurden wir in die erste Etage gebracht, wo wir unsere Kittel anzogen. Jeden Morgen gingen wir in die Kapelle und blieben dort, bis die Nonnen ihre gemeinsamen Gebete beendet hatten. Dann gab es das Frühstück im Refektorium. Die Nonnen hatten schon lange vorher gefrühstückt. Ich konnte den Gebeten in dem schwarzen Buch nie richtig folgen und wusste stets, dass die anderen Mädchen mich beobachteten.

Alle Kinder im Kloster waren Waisen, wenigstens dachten wir das. Jedes Mal, wenn ich eine der Nonnen fragte, wann ich meine Mutter wiedersehen dürfe, erklärte sie mir: „Du hast keine Mutter, Mademoiselle. Deine Mutter ist bei Gott im Himmel. Die anderen Kinder hier sind auch Waisen, genau wie du. Du brauchst dich nicht dafür zu schämen. Wir werden hier für dich sorgen." Nach und nach glaubte ich den Nonnen. Warum sollten sie lügen? Sie sagten mir immer wieder, dass ich keine Eltern hätte, und nach einiger Zeit gab ich langsam auf und fragte mich, ob sie nicht Recht hatten.

Ich konnte während der ersten Woche weder essen noch schlafen.

Ich weiß nicht mehr, welche Speisen uns im Refektorium serviert wurden; ich weiß nur noch, dass ich nicht essen wollte. Ich wurde oft gescholten, weil ich Nahrung verschwendete. Während des Unterrichts fiel es mir schwer, mich zu konzentrieren. Zuerst waren die Nonnen, die uns unterrichteten, nachsichtig, aber nach einer Weile nahmen sie sich mich einmal vor und schalten mich. „Pass auf, Mademoiselle! Nimm dir ein Beispiel an deinen Klassenkameradinnen!" Ich begann zurückzubleiben und wurde dafür von Schwester Marie Louise streng zurechtgewiesen. Sie kam zu meinem Tisch und verlangte, mein Heft zu sehen. Dann musste ich ihr meine Hand hinhalten. Ich hielt ihr meine rechte Hand hin und drehte die Handfläche mit zusammengelegten Fingern nach oben, so wie ich es bei den anderen Mädchen gesehen hatte. Dann schlug mir Schwester Marie Louise einige Male mit ihrem Lineal auf die Finger. Ich spürte, wie mein Gesicht vor Scham rot wurde und meine Finger schmerzten, aber ich zwang mich, nicht zu weinen.

In der Kirche gab es jeden Vormittag etwas, das sie Heilige Messe nannten. Die Mutter Oberin hatte Schwester Marie Louise gesagt, dass Emmy und ich keine Katholiken seien; also nahm Schwester Marie Louise uns einige Male beiseite und erklärte uns, worum es bei der Messe ging.

Wir mussten zwar selbst keine Katholiken werden, aber wir wurden mit dem katholischen Glauben vertraut gemacht. Man brachte uns bei, dass die Katholiken glaubten, Jesus Christus sei der Sohn Gottes, der Messias, und auf die Welt gekommen, um die Welt mit seinem Vater zu versöhnen. Jesus Christus sei es auch, der gelitten habe und am Kreuz gestorben sei, und durch sein Opfer würden alle Sünder erlöst. Die Nonnen sagten, dass die Sünden jedes Menschen vergeben würden und die Verbindung eines jeden zu Gott dem Vater durch Jesus Christus wiederhergestellt würde. Man sagte uns, die Katholiken glaubten, dass während der Messe das Opfer Christi erneuert werde; das Brot und der Wein, die der Priester auf dem Altar vorbereitet habe, würden zum Leib und Blut Jesu Christi. Gemeinsam gingen die anderen Kinder in einer Prozession zur Absperrung vor dem Altar und knieten sich entlang dieser Absperrung nieder. Der Priester ging dann zu jedem einzelnen Kind, legte ihm eine weiße Oblate auf die Zunge und sagte: „Corpus Christi", worauf alle „Amen" erwiderten. Für die Kinder und die Nonnen waren es wirklich der Leib und das Blut Jesu Christi, die sie in der heiligen Kommunion empfingen.

Ich weiß noch, wie ich dann alleine in der Bank saß und den anderen Mädchen am Altargitter zusah. Danach kamen sie in ihre Bänke zurück, hielten auf dem Weg den Kopf gesenkt und die Hände gegeneinander gepresst. Eine jede trug einen weißen Spitzenschleier über dem Kopf, aber man konnte durch den Schleier ihre Gesichter erkennen. Es war ein ernster Augenblick; sie hatten den Leib Christi empfangen. Zurück in den Bänken priesen sie die Gnade, die ihnen widerfahren war, und bedeckten die Gesichter mit den Händen.

Während der Pausen vermisste ich Emmy besonders. An schönen Tagen wurden wir hinaus in den Hof geführt, und eine der Nonnen, entweder Schwester Victoire oder Schwester Présentation, beaufsichtigte unser Spiel: Verstecken, Fangen oder ein spanisches Spiel, das die Nonnen mit einem Namen bezeichneten, der so ähnlich wie „commados“ klang. Ich wurde in keine der beiden Mannschaften gewählt, und da Emmy krank war, hatte ich keine Partnerin und konnte bei den Spielen nicht mitspielen, für die man einen Partner benötigte. Dann saß ich auf einer der Steinbänke unter der Kastanie und sah den anderen beim Spielen zu. Die Jungen hatten ihre Pausen direkt nach uns, und manchmal sah ich Jean-Claude aus dem Haupteingang kommen, aber ich konnte nie mit ihm sprechen.

Eines Nachmittags sah ich, dass ein Mädchen ausrutschte und auf die Kiesel fiel. Sie stand wieder auf, weinte, und ihre Knie bluteten. Sie wurde sofort in das Klostergebäude an der Stirnseite des Hofes gebracht. Ich vermutete, dass die Krankenabteilung irgendwo dort drinnen sein musste. Dahin hatten sie auch Emmy gebracht. Ich überlegte, wie ich es anstellen könnte, dass ich ebenfalls dorthin gebracht würde.

Jeden Morgen zogen wir einen frisch gestärkten Kittel an, der uns am Abend gleich nach dem Abendessen wieder abgenommen wurde. Danach kamen noch die Abendgebete in der Kapelle, die sie Vesper nannten, und dann der Rosenkranz direkt vor dem Schlafengehen. Ich hatte eine Perlenkette – einen Rosenkranz – von Schwester Marie Louise bekommen, die mir erklärte, ich müsse ihn in Ehren halten. Sie sagte, der Rosenkranz sei ein Gebet an Jesus, übermittelt von Maria, seiner gebenedeiten Mutter. Das Ende des Rosenkranzes bildete ein Kreuz, mit dem man sich selbst segnete. Ich lernte das Ave Maria und das Vaterunser. Ich sprach alle die Gebete mechanisch nach; ich tat es, damit man mich in Ruhe ließ und ich nicht weiter auffiel. Manchmal lächelte Schwester Marie Louise mir zu. Sie nannte mich eine gläubige Katholikin, aber ich tat nur so, wie ich es mit Jeannette zusammen so oft in der Kirche in Toulouse getan hatte. Irgendwann während der ersten Wochen sah ich eines Nachmittags gegen Ende unserer Pause Jean-

Claude mit einigen anderen Jungen und dem Gärtner aus dem Hauptgebäude kommen. Er war ausgewählt worden, um Laub zu harken und dem Gärtner zu helfen, die Hecken und Büsche zu beschneiden. Als er mich auf einer der Steinbänke sitzen sah, kam er zu mir herüber und flüsterte: „Ich glaube, morgen kommt meine Mutter. Ich werde dir alles berichten, was sie über deine Eltern erzählt."

„Ich glaube, dass meine Eltern tot sind", sagte ich ihm.

„Wieso?"

„Weil die Nonnen mir erklärt haben, ich sei eine Waise."

„Das tun sie doch nur, weil dies ein Waisenhaus ist, Dummerchen. Sie wissen nichts über uns. Sie glauben einfach, bei uns verhielte es sich genauso wie bei den anderen Schülern. Lass dir nichts anmerken und tu, was sie sagen."

„Bist du dir sicher, Jean-Claude?"

„Ja! Weißt du nicht mehr, dass die Mutter Oberin auf der Straße mit Maman gesprochen hat? Sie muss vergessen haben, es den anderen Schwestern zu erzählen."

„Wird Emmy eure Mutter zu sehen bekommen?"

„Ich glaube, ja. Maman wird zum Hauptgebäude kommen müssen, und dort ist ja auch Emmy."

„Junger Mann!", rief Schwester Marie Louise vom anderen Ende des Hofes. „An die Arbeit!" Sie klatschte in die Hände, und Jean-Claude rannte zu dem Gärtner zurück.

Der nächste Tag war ein Sonntag. Wenn ich nur in die Krankenabteilung kommen könnte, würde ich Madame Kahn sehen können, wenn sie ankam. Sie würde ja Emmy dort besuchen, und vielleicht würde Maman bei ihr sein! Als Schwester Marie Louise meinen Namen rief, stand ich auf und rannte auf sie zu. Sobald ich die Kieselfläche erreicht hatte, tat ich so, als rutschte ich aus, und ließ mich, soweit es ging, über die Steine schliddern. Schwester Marie Louise kam zu mir herüber und half mir auf.

„Ist dir etwas passiert? Das war der eleganteste Sturz, den ich je gesehen habe!"

Ich stand auf und blickte auf meine Knie. Meine Strümpfe waren zerrissen, aber es war kein Blut zu sehen, überhaupt nichts.

„Ich glaube, das wirst du überleben", sagte Schwester Marie Louise. „Nun, jetzt wirst du wenigstens daran denken, dass du nicht rennen sollst. Jetzt stell dich mit auf."

Ich blickte noch einmal auf mein Knie und sah, dass es rot war; vielleicht würde es wenigstens einen blauen Fleck geben. Ich humpelte auf die Reihe der anderen zu. Schwester Marie Louise schaute zu mir herüber und runzelte die Stirn.

„Tut es weh, wenn du auftrittst?", fragte sie mich.

„Oui, ma soeur."

Sie wandte sich an Véronique, eine der älteren Schülerinnen. „Mademoiselle", wies sie sie an, „bring sie zur Krankenabteilung und warte dort, bis Schwester Victoire sich ihr Knie angesehen hat."

Véronique trat aus der Reihe hervor und brachte mich ins Hauptgebäude. Aus den Augenwinkeln sah ich, dass Jean-Claude mich beobachtete. Ich wollte ihn wissen lassen, dass ich alles nur vorgetäuscht hatte, damit es mir möglich wäre, Madame Kahn am nächsten Tag zu sehen, aber nichtsdestotrotz achtete ich darauf, dass ich weiter humpelte.

Als wir in das Kloster eintraten, erkannte ich die Eingangshalle wieder, in die man uns am ersten Tag gebracht hatte, und auch das Sprechzimmer mit den persischen Teppichen, wo wir auf Schwester Marie Louise gewartet hatten. Heute Nachmittag brannten dort keine Kerzen, und die Tür zu dem Zimmer, in dem sich die Mutter Oberin mit Schwester Marie Louise unterhalten hatte, war geschlossen. Vielleicht war sie auch jetzt dort. Es musste wohl ihr Büro sein.

Véronique nahm mich an der Hand und brachte mich eine breite Holztreppe hinauf. Es war schwierig, auch auf den Stufen das Humpeln beizubehalten. Wenn unsere Schuhe eine Stufe berührten, knarrte und ächzte das Holz. Am oberen Treppenabsatz wandte sich Véronique nach rechts und klopfte an eine schmale Tür, die von Schwester Victoire, der Krankenschwester, geöffnet wurde.

In dem Augenblick, als ich eintrat, begriff ich, dass ich Emmy nicht sehen würde. Ich war in ein kleines Büro gebracht worden, in eine Art Kammer. Auf den Regalen reihten sich Krüge und Dosen mit Wattetupfern. Links vom Tisch stand ein Glasschrank mit Flaschen und Arzneien. Die Krankenschwester trug eine Brille und war vom Alter gebeugt.

Schwester Victoire hieß mich den Strumpf herunterziehen und besah sich dann mein Knie. Sie hielt meine Wade hoch und beugte und streckte das Bein abwechselnd. „Tut das weh?", fragte sie.

Ich schüttelte den Kopf.

„Das denn?"

„Non, ma soeur."

„Es ist nicht gebrochen", erklärte sie mir. Als sie mein Gesicht sah, lachte sie und ging zu ihrem Arzneischrank. „Na gut, ich werde dir einen Verband machen", sagte sie. „Das wirkt dann etwas dramatischer."

„Merci, ma soeur", sagte ich.

Während sie Salbe auf die Prellung strich und mein Knie verband, sah ich, dass Véronique sich vorbeugte und aus dem Fenster starrte. Vom Fenster aus übersah man den Hof. Véronique wartete, bis Schwester Victoire mit meinem Bein fertig war, und murmelte dann: „Regardez, ma soeur! Ce sont les Allemands!"

Schwester Victoire ging zum Fenster. „Oh, mon dieu!", sagte sie und schlug ein Kreuzzeichen. „Nazis!"

Die Soldaten mussten wohl das Gebäude betreten haben. Ich konnte nicht hinaus in den Hof sehen und hatte keine Vorstellung, wie viele es waren. Merkwürdigerweise verspürte ich nicht die geringste Angst. Schwester Victoire sagte mir, ich solle meine Strümpfe wieder hochziehen. „Nun, mes mademoiselles", sagte sie, „jetzt rasch zurück in euer Klassenzimmer."

Wir wurden aus dem Büro in den Flur geschoben. Ich suchte nicht einmal mehr nach einer Tür, an der Krankenzimmer stand. Ich hatte keinen blassen Schimmer, wo Emmy steckte, aber sie musste irgendwo auf diesem Flur sein, in der Nähe des Büros der Krankenschwester. Einen Augenblick, nachdem sie uns verabschiedet hatte, ging Schwester Victoire den Korridor hinunter und dann in ein Zimmer auf der linken Seite.

Véronique und ich eilten die Treppe hinunter. Als wir die letzte Stufe erreichten, hörten wir Männerstimmen – auf Deutsch –, die aus dem Raum rechts von uns kamen. Dieser Raum, dessen war ich mir nun sicher, musste das Büro der Mutter Oberin sein. Vielleicht waren die Nazis wegen Emmy, Jean-Claude und mir gekommen, dachte ich. Jetzt werden alle wissen, dass ich eine Jüdin bin. Ob ich versuchen sollte fortzulaufen?

„Mehrere Klöster sind bereits bombardiert worden“, sagte einer der Offiziere auf Französisch. „Sie begreifen natürlich, dass Ihnen das gleiche Schicksal bevorstehen könnte.“

Ich schaute in Véroniques Gesicht auf. Sie hatte in der Eingangshalle Halt gemacht und lauschte. Sie blickte auf mich herab und legte den Finger an die Lippen.

„Ich versichere Ihnen“, hörten wir die Mutter Oberin sagen, „dass wir in diesem Kloster keine jüdischen Kinder haben. Dies ist ein Waisenhaus für französische Kinder, deren Eltern im Krieg umgekommen sind. Und wir liegen recht weit abseits, wie Sie sehen. Ich kann mir nicht vorstellen, wie irgendein jüdischer Flüchtling uns finden sollte.“

„Gleichwohl“, sagte der Offizier, „ist anzunehmen, dass Sie als Angehörige eines geistlichen Ordens dem Appell Erzbischofs Saliėges entsprochen haben könnten, der katholische Familien und geistliche Einrichtungen aufgefordert hat, den Juden Asyl zu gewähren. Sie wären zumindest nachlässig, wenn Sie den Anordnungen des Erzbischofs nicht nachkämen.“

Einen Augenblick lang herrschte Schweigen, dann hörten wir, wie die Mutter Oberin in ihrer weichen Stimme antwortete:

„Monsieur“, sagte sie, „entschuldigen Sie bitte, wenn ich nicht die korrekte Anrede verwende, da ich Ihren Rang nicht kenne. Wir, die anderen Ordensleute und ich selbst, stehen hier unter der Leitung der Dominikanerbrüder von Sorèze. Ich bin überzeugt, dass Pater Charlet, falls er denn jüdische Kinder versteckt halten wollte, das mit aller gebotenen Umsicht ins Werk setzen würde. Können Sie sich vorstellen, dass er so unbesonnen wäre, das Leben aller anderen Schüler hier in Sorèze aufs Spiel zu setzen, von den Brüdern und Schwestern ganz zu schweigen, indem er jüdische Kinder aufnimmt, obwohl die Strafen, die darauf stehen, bekannt sind? Um ehrlich zu sein, können wir bei dem herrschenden Mangel an Lebensmitteln und Kleidern ja kaum für die Kinder sorgen, die wir ohnehin schon hier haben.“

Wir blieben nicht länger, um noch mehr zu hören. Véronique nahm mich an der Hand und führte mich aus dem Gebäude heraus. Ich humpelte nicht länger, sondern ging jetzt, so schnell ich konnte. Als wir unser Klassenzimmer erreichten, sagte Véronique nichts zu mir. Seit sie die Stimmen der Soldaten gehört hatte, hatte sie die ganze Zeit gezittert. Vielleicht war sie ebenfalls Jüdin.

Den ganzen Nachmittag machte ich mir Sorgen, ob die Nazis noch im Kloster sein könnten. Vielleicht würden sie unsere Schlafsäle inspizieren und nach Emmy und mir suchen. Noch schlimmer wäre es, wenn sie morgen Vormittag wiederkämen, dann also, wenn Madame Kahn kommen sollte. In diesem Fall, das wusste ich, würden wir alle deportiert werden.

Am Abend in der Kapelle beobachtete ich die Mutter Oberin in der ersten Bankreihe. Sie saß mit gesenktem Kopf da, ihr schwarzer Schleier fiel ihr ganz gerade über den Rücken, und an der Hüfte hatte sie einen hölzernen Rosenkranz hängen. Bestimmt wusste sie, dass Emmy, Jean-Claude und ich Juden waren. Und trotzdem hatte die Mutter Oberin den deutschen Offizier belogen. Es stimmte also, was sie gesagt hatte, dass jeder ein Sünder war, wenn selbst die Mutter Oberin gelogen hatte und Lügen eine Sünde war. Ich hatte so viele Fragen. Ich fieberte dem Sonntag entgegen.

Als es endlich Morgen wurde, kam Emmy unmittelbar vor dem Hochamt in den Schlafsaal. Als wir unsere Kittel anzogen, fragte ich sie, ob ihre Mutter schon da sei. „Sie kann heute nicht kommen“, erklärte mir Emmy.

Mir rutschte das Herz in die Hose. „Warum nicht?“

„Irgendetwas ist passiert. Schwester Victoire sagte mir, ich müsse zurück in den Schlafsaal und könne nicht länger im Krankenzimmer bleiben. Dann kam die Mutter Oberin, um mit mir allein zu sprechen. Sie sagte mir, dass ich Maman heute nicht sehen könne.“ Emmy hatte Tränen in den Augen.

„Wann wirst du sie sehen können?“

„Ich weiß es nicht.“

„Hat sie irgendetwas über meine Mutter gesagt?“

„Nein. Sie glaubt, wir wären Schwestern. Sie sagte mir, ich solle dir ausrichten, dass wir noch länger warten müssten, bis wir Maman wiedersehen.“

Ich umarmte Emmy und platzte beinahe vor Glück. Wenn Emmys Mutter lebte und die Mutter Oberin zugegeben hatte, dass sie mit Madame Kahn in Verbindung stand, dann konnte meine Mutter auch noch am Leben sein. Dann kam mir ein Gedanke. „Es ist wegen der Soldaten!“, sagte ich.

„Welche Soldaten?“

„Die Deutschen. Sie waren gestern hier! Sie haben mit der Mutter Oberin gesprochen und sie gefragt, ob es hier irgendwelche jüdischen Kinder gebe. Sie hat ihnen gesagt, das sei nicht der Fall. Sie hat sie belogen.“

Emmy sagte nichts. Sie sah über meine Schulter zu einem der Mädchen aus meiner Klasse, das Marguerite hieß. Marguerite stand am Waschbecken. Sie hatte alles gehört, was wir gesagt hatten. Emmy und ich verfielen in Schweigen, bis wir uns ganz umgezogen hatten. Dann stellten wir uns mit den anderen zusammen auf und gingen zur Sonntagsmesse. Wir würden noch eine weitere Woche warten müssen, ehe wir Madame Kahn wiedersehen konnten.

Das Kloster bereitete sich auf Weihnachten vor.

Es war Anfang Dezember, und Tannenzweige und Kerzen wurden überall in die Fenster gestellt. Im Religionsunterricht lernte ich, was Advent und die Geburt Christi bedeuteten. Schwester Présentation prüfte mich. „Wer waren die ersten Besucher, die nach Jesu Geburt in den Stall zu Bethlehem kamen?", fragte sie mich.

„Je ne sais pas, ma soeur", murmelte ich.

Die anderen Mädchen in der Klasse lachten. Das war etwas, das jeder wusste, aber ich war nicht in der Lage, eine Antwort zu geben. Schwester Présentation brachte die Klasse zum Schweigen und antwortete selbst: „Natürlich waren es die Hirten, die bescheidensten und niedrigsten Menschen, Menschen, von denen man am wenigsten glauben möchte, dass es die ersten waren, die den neugeborenen König begrüßten. Wir wissen, dass Jesus für seine Geburt einen solch bescheidenen Ort auswählte, weil er der gute Hirte der Menschen sein sollte, der Erlöser der Armen, der Niedrigen und derjenigen, deren Herzen voller Demut sind."

In der Kapelle hing neben dem Altar ein mit den roten Beeren der Stechpalme besetzter Kranz aus Tannenzweigen. Jeden Sonntag, so sagten uns die Nonnen, würde ein Schüler ausgewählt, der die Adventskerze für die Woche anzünden dürfe. Es gab drei purpurfarbene Kerzen und eine rosafarbene auf dem Kranz, für die vier Sonntage des Advents. Mit jedem Sonntag kamen wir der Geburt Christi näher. Ich wurde nie gebeten, eine der Kerzen anzuzünden. Ich dachte an Chanukka, das Fest des Lichtes, zu dem Tante Sophie Kerzen in der Menora angezündet hatte; Jeannette hatte mir damals erklärt, was die Chanukkalichter bedeuteten. Tante Sophie hatte die Menora, den

Kerzenleuchter, in Tücher verpackt aus dem Elsass mitgebracht. Sie hatte sie die ganze Zeit versteckt halten müssen. Aber im Kloster wurde Chanukka nicht erwähnt. Die Adventskerzen erinnerten mich jedenfalls daran und ich sehnte mich danach, mit meiner ganzen Familie zusammen zu Hause zu sein. Die anderen sprachen über das Christkind, das bald kommen würde, aber ich konnte überhaupt nichts mehr sprechen.

Eines Nachmittags wurden wir im Religionsunterricht aufgefordert, jeder eine Geschichte aus der Bibel vorzutragen. Die anderen Schüler hatten sich schon viele Jahre mit den Geschichten aus der Bibel beschäftigt, aber ich hatte einige dieser Geschichten nie zuvor gehört. Da gab es das Gleichnis vom Senfkorn und das Gleichnis vom Sämann, die Geschichte des guten Samariters, die Geschichte von der Wiedererweckung der Tochter des Jairus und die Geschichte, wie Jesus übers Wasser ging.

Jesus sprach häufig in Gleichnissen und sagte ständig: „Wer Ohren hat, der höre." Manchmal verstanden nicht einmal seine Apostel, was er sie zu lehren versuchte. Es gab Geschichten von Leuten, die von Blindheit und vom Aussatz geheilt worden waren, und jemand sagte auch, dass ein Mann namens Lazarus durch Jesus von den Toten wieder auferweckt worden sei. Als ich mit einer Geschichte an die Reihe kam, stand ich auf. Alle im Klassenzimmer drehten sich um und schauten mich an. Aus irgendeinem Grund erzählte ich die Geschichte, die Papa mir erzählt hatte, bevor er zu dem Bauernhof in den Bergen aufbrach, die Geschichte aus dem Buch Ruth. Ich konnte mich noch genau an die Worte erinnern, die Ruth zu ihrer Schwiegermutter, Naomi, gesagt hatte, denn ich hatte sie jeden Abend, seit Papa fortgegangen war, für Papa und Maman gesprochen:

Wo du hingehst, da will ich auch hingehen;
wo du bleibst, da bleibe ich auch.

Dein Volk ist mein Volk,
und dein Gott ist mein Gott.
Wo du stirbst, da sterbe ich auch,
da will ich auch begraben werden.
Der Herr tue mir dies und das,
nur der Tod wird mich und dich scheiden.

Als ich zu Ende gekommen war, fragte Schwester Présentation: „Wo hast du diese Geschichte gehört, Mademoiselle?"

„Das weiß ich nicht mehr, Schwester", sagte ich.

„Ich verstehe." Schwester Présentation wandte sich an den Rest der Klasse. „Diese Geschichte, die Geschichte von Ruth, ist aus dem Alten Testament, meine Kinder. Wir haben sie in dieser Klasse noch nicht durchgenommen, weil wir das Alte Testament erst später in diesem Schuljahr durchnehmen. Die meisten der Geschichten, die wir heute gehört haben, sind aus dem Neuen Testament, aus den Evangelien. Trotzdem ist die Geschichte von Ruth wichtig, und ihr solltet sie im Gedächtnis behalten. Gut gemacht, Mademoiselle."

Überrascht setzte ich mich wieder auf meinen Stuhl. Ich spürte, wie mein Gesicht rot wurde. Im Stillen bedankte ich mich bei Papa tausend Mal dafür, dass er mir diese Geschichte erzählt hatte. Ich fragte mich wieder, warum ich wohl nach dieser Frau aus dem Alten Testament benannt worden war.

Eines Nachmittags wurden wir alle noch vor dem Abendessen gebeten, bei der Ausschmückung des Sprechzimmers mitzuhelfen. Eine hohe Zeder war von draußen hereingebracht worden, und auf dem Boden des Sprechzimmers verteilt standen Kartons mit Schmuck für den Baum. Jeder Schüler suchte sich zwei Teile davon heraus und hängte sie in die Zeder. Die Mutter Oberin kam dazu, und wir alle knieten nieder und sahen ihr zu, wie sie die Figuren von Maria und Josef an die Krippe stellte. Bisher lag noch kein Jesuskind in der Krippe. Es würde erst am Weihnachtstag in die Krippe gelegt werden.

Am nächsten Sonntag sahen Emmy und ich uns während der Messe ständig an. Wir waren beide ängstlich gespannt, ob Madame Kahn wohl kommen und Maman mitbringen würde. Während des ausgedehnten Frühstücks am Sonntag bekam ich kaum etwas herunter, aber mein Mangel an Appetit war eher der Aufregung zuzuschreiben als der Angst, sie könnten nicht kommen.

Die jüngeren Schüler im Kloster machten jeden Sonntag Nachmittag einen Mittagsschlaf. Wir sollten für eine Stunde still auf unseren Betten ruhen oder schlafen. Ich konnte nicht schlafen. Ich betete, dass Maman kommen und man mich holen möge, um sie zu sehen. Nach unserem Mittagsschlaf, als es für die jüngeren Schüler zum Lesen in die Bücherei ging, kam die Mutter Oberin und winkte Emmy und mich aus der Reihe der anderen. Sie sagte, wir sollten ihr den Gang entlang folgen. Schweigend folgten wir ihr durch den Durchgang in das Kloster. Unsere Herzen schlugen uns bis zum Hals. Im Foyer warteten Jean-Claude und zwei andere Jungen auf uns, die ich noch nie gesehen hatte. In diesem Augenblick wusste ich, dass Maman kommen würde.

Wir gingen einen weiteren langen Flur entlang und dann eine Treppenflucht hinauf. Die Stufen waren eng und steil; es musste sich um die Hintertreppe für das Personal handeln, dachte ich. Als wir den Treppenabsatz erreichten, merkte ich, dass wir uns auf der gleichen Etage befanden, auf der auch die Krankenstube lag. Ich erkannte die Tür zum Büro der Krankenschwester sofort.

Die Mutter Oberin führte uns in die entgegengesetzte Richtung durch den Flur. Es war sehr dunkel, und wir konnten nichts sehen. Wir hielten vor einer Tür an. Die Mutter Oberin schloss die Tür mit einem Nachschlüssel auf.

„Kinder, ihr habt fünfundvierzig Minuten Zeit. Ich werde euch vor dem Abendessen wieder abholen.“ Dann lächelte sie, tätschelte mir den Kopf und war verschwunden. Die Tür schloss sich hinter uns. Die erste Person, die ich erkannte, saß an einem Tisch am Fenster; es war Madame Kahn. Sie stand auf, kam zu Emmy und Jean-Claude herüber und drückte die beiden. Ich sah auch andere Mädchen aus verschiedenen Klassen – wir müssen zu viert oder zu fünft gewesen sein – und die beiden Jungen, die zusammen mit Jean-Claude gekommen waren. Sie alle, begriff ich, mussten Juden sein, und sie alle waren hier, um ihre Mütter zu treffen.

Ich blickte mich im ganzen Raum um, aber Maman war nirgends zu entdecken.

Emmy hatte angefangen zu weinen, als sie Madame Kahn sah, und jetzt klammerte sie sich an ihre Mutter. „Dürfen wir mit dir heimfahren?", bettelte sie wieder und wieder, aber Madame Kahn erklärte ihr, es sei immer noch zu gefährlich im Dorf.

„Wo ist meine Mutter?", fragte ich.

„Arme Renée", sagte Madame Kahn, und zog mich an sich. Sie sagte mir, Maman hätte nicht mitkommen können. „Aber es geht ihr gut, das kannst du mir glauben; sie weint um dich und denkt die ganze Zeit an dich, Renée. Sie glaubt, dass dein Vater vielleicht bald nach Arthès zurückkehren kann!"

„Warum konnte sie heute nicht kommen?", wollte ich wissen. „Wenn sie lebt, warum ist sie dann nicht mit dir gekommen?"

„Es wäre zu gefährlich für sie gewesen. Sie ist ja keine Französin. Das weißt du doch. Darum musste ich der Mutter Oberin sagen, du wärest meine Tochter. Das Waisenhaus ist nur für französische Kinder. Emmy und Jean-Claude sind Franzosen, und deine Mutter und ich wussten, dass du für ein französisches Kind durchgehen würdest."

„Ich will heute mit dir zurückfahren!" verlangte ich. „Ich hasse dieses Waisenhaus! Wenn Maman noch am Leben ist, will ich sie sehen! Warum lässt du mich nicht?"

Madame Kahn sagte mir, ich solle leise sprechen. In bestimmtem Ton erklärte sie mir, dass ich tapfer sein müsse. „Kinder, ihr müsst hierbleiben, wo ihr in Sicherheit seid, bis sich die

Lage bessert. Es ist draußen viel zu gefährlich. Ihr habt keine Vorstellung, wie gefährlich es ist. Die Polizei holt jede Woche irgendwelche Leute ab. Ihr müsst hier bleiben, wo ihr gut zu Essen bekommt und weiter Schulunterricht habt. Das wäre draußen gar nicht möglich. Wir sind so froh, dass es euch gut geht. Deine Mutter ist sehr stolz auf dich, Renée", sagte Madame Kahn, an mich gewandt. „Sie ist am Leben, ganz bestimmt. Die Nonnen sagen dir, du seiest eine Waise, weil all die anderen Kinder hier Waisen sind. Überleg doch mal, wie viel glücklicher du dran bist als sie; du wirst deine Maman wiedersehen, aber diese Kinder werden ihre Mütter nie mehr sehen."

Ich saß auf einem Stuhl, während Emmy und Jean-Claude sich mit ihrer Mutter unterhielten und ihr aus der Schule erzählten. Ich sagte nichts mehr. Emmy erzählte Madame Kahn, dass sie in der Krankenabteilung gewesen sei, und Jean-Claude fragte seine Mutter, wann sie wiederkommen würde. Das konnte Madame Kahn nicht sagen. Sie würde nur dann kommen können, wenn sie sich einen Wagen würde ausleihen können. Ich blickte mich in dem kahlen Raum zu den anderen Kindern um, die mit ihren Müttern sprachen. Einigen von ihnen liefen die Tränen übers Gesicht. Auch Marguerite war dabei, das Mädchen aus unserem Schlafsaal, das mich und Emmy über die deutschen Soldaten hatte sprechen hören. Sie war also auch Jüdin.

Madame Kahn hatte Neuigkeiten von Raymonde und Evelyne. Sie erzählte uns, dass einige Freunde aus Alençon sich auf einem Bauernhof in der Nähe von Albi versteckt hatten. Onkel Oscar und Tante Hanna hatten mit ihnen in Verbindung gestanden und waren schließlich zu ihnen gestoßen, um ebenfalls für eine Weile auf dem Bauernhof unterzutauchen. Dann hatte man erfahren, dass die Polizei nach Onkel Oscar suchte. Er und Tante Hanna hatten daraufhin sofort den Bauernhof verlassen und waren in eine Einzimmerwohnung in einem Haus in Albi gezogen, dass etwas abseits von der Straße lag.

Auch dort lebten sie versteckt und wurden von der Résistance geschützt. Nur Tante Hanna ging aus; aus Angst, dass er von der Miliz aufgegriffen werden könnte, verließ Onkel Oscar die Wohnung nicht mehr. Durch Onkel Oscars Verbindungen in St. Juéry waren Raymonde und Evelyne in einem katholischen Kloster in Albi untergekommen.

Madame Kahn gab jedem von uns ein Bonbon und flüsterte: „Ein frohes Chanukka wünsche ich euch, Kinder", während sie uns zum Abschied drückte. Dann gab sie mir eine kleine Tasche aus Kreppapier. „Ein Geschenk von deiner Mutter", sagte sie. „Deine Mutter sagte, du würdest schon verstehen, was sie meint."

Ich öffnete die Tüte und sah, dass sie Bonbons enthielt. Es war die Sorte, die Maman immer für mich kaufte! Sie lebte also und kannte noch unser verabredetes Zeichen dafür, dass alles in Ordnung war. Ich fragte mich, wo sie die Bonbons wohl bekommen hatte. Ich würde mir sie für später aufheben.

Madame Kahn stand auf und ging zur Tür. Sie musste fort, bevor die fünfundvierzig Minuten um waren, sagte sie, sonst würde sie es vor Einbruch der Dunkelheit nicht zurück bis St. Juéry schaffen. Wir saßen auf unseren Holzstühlen und warteten darauf, dass die Mutter Oberin uns holte. Keiner von uns sprach. Das Schlimmste wussten wir jetzt: Wir mussten in dem Kloster bleiben, bis der Krieg vorüber war. Und niemand, nicht einmal die Mutter Oberin, konnte uns sagen, wann das sein würde.

Das Gebet des Rabbis

Jeden Morgen wachte ich mit einem überwältigenden Gefühl von Angst auf, und mir war speiübel. Und jedes Mal hatte ich das Gefühl, unmöglich auch nur einen einzigen weiteren Tag durchstehen zu können, ohne zu wissen, was mit meinen Eltern geschehen war. Aber Maman kam immer noch nicht nach Sorèze. Es war für sie einfach zu gefährlich.

Obwohl Madame Kahn mir versichert hatte, dass meine Eltern lebten, waren sich die Nonnen gleichzeitig ganz sicher, dass sie tot waren. Einige andere Schüler sprachen ebenfalls häufig über ihre Eltern, als ob diese noch lebten; also nahmen sich die Nonnen uns eines Nachmittags vor und erklärten uns sehr bestimmt, dass wir nicht mehr von unseren Familien sprechen dürften. Wir seien allesamt Waisen und es habe keinen Sinn, uns unserer Trauer und unserem Kummer hinzugeben, sagten sie. Im Kloster hätten wir eine neue Familie – unsere Brüder und Schwestern in Jesu.

Obwohl ich inzwischen wusste, wer die anderen jüdischen Kinder in Sorèze waren, konnten wir nie miteinander über unsere Eltern oder darüber sprechen, dass wir Juden waren. Wir mussten uns anpassen, und wir hatten Angst, dass es Schwester Marie Louise erfahren würde, wenn man herausfand, dass wir Juden waren und nicht in das Kloster gehörten. Wir sprachen das Wort Jude nie aus, wenn wir nicht völlig sicher sein konnten, dass keine anderen Kinder es mithörten.

Bei besonderen Anlässen durften Emmy und ich helfen, die Sakristei sauber zu machen, einen kleinen Raum direkt neben der Kapelle, in dem der Priester sein Messgewand anlegte, bevor er die Messe las. Wir staubten dort den Holztisch und die Stühle ab, die Bienenwachskerzen in ihren eisernen Haltern, die aus Holz geschnitzte Statue der heiligen Jungfrau mit dem Jesuskind und das große Kreuz, das auf einem Podest neben der Tür stand. Christus an seinem Kreuz war in diesem Raum das Interessanteste für uns. Das Kreuz war so hoch, dass wir von Jesus nur die Füße abstauben konnten, durch die ein Nagel getrieben worden war. Ich starrte hinauf zu der Dornenkrone, dem Blut auf Christi Stirn, den Nägeln, die seine Hände und Füße durchbohrt hatten. Schwester Marie Louise stand hinter mir. „Schau dir die Augen unseres Herrn an“, sagte sie. „Wie sieht er aus?“

„Er sieht traurig aus.“

„Das ist richtig, Mademoiselle. Er leidet für die ganze Welt. Aber er hat all unsere Sünden auf sich genommen."

„Aber warum?", fragte Emmy.

„Damit er uns aus der Sklaverei der Sünde befreit und so unsere abgerissene Verbindung zu seinem Vater, zu Gott, erneuert."

Ich verstand nicht alles, was Schwester Marie Louise sagte, aber ich überlegte, welche Sünden ich mir hatte zuschulden kommen lassen. Es gab verschiedene Arten von Sünden: lässliche Sünden und Todsünden. Schwester Marie Louise sagte, wenn wir unser Gewissen gründlich erforschten und unsere Sünden ernsthaft bereuten, würde uns vergeben werden. „‚Vergib jedem seine Schuld gegen dich', spricht der Herr, ‚damit dein Vater im Himmel dir auch deine Schuld vergibt'", zitierte Schwester Marie Louise. „Vielleicht", erklärte sie uns, „werdet ihr eines Tages eure erste Beichte ablegen und dann eure erste heilige Kommunion empfangen."

Wir schüttelten den Kopf. Sie wusste nicht, dass wir Juden waren.

Die Beichte war eins der Sakramente, so wie die Taufe, die Firmung und die heilige Kommunion. Sie sagte uns, die Sakramente seien die Selbstoffenbarung Jesu durch sichtbare Zeichen; sie seien besondere Geschenke der Liebe Gottes und Zeichen, durch die Jesus im Leben der Seinen wirkte und sie seinem Vater näher brachte. Wir hatten im katechetischen Unterricht gelernt, dass bei der Taufe Wasser und Öl die Zeichen waren, durch die Jesus sich selbst offenbarte. Durch die Taufe wurde man ein neuer Mensch, ein neues Geschöpf, ein Kind Gottes, und Gott lebte in einem. Wer ein Sakrament empfing, mit dem teilte Jesus seinen Geist.

Schwester Marie Louise begriff nicht, dass wir nie getauft worden waren, und wir sagten es ihr auch nicht. Jedes Mal, wenn Schwester Marie Louise die Mutter Oberin fragte, wann wir so weit wären, unsere erste Beichte abzulegen, erwiderte die Mutter Oberin, wir seien immer noch zu jung. Schwester Marie Louise verstand das nicht. Sie sagte uns, sie würde dafür beten, dass die Mutter Oberin uns bald für reif genug halten würde, die Sakramente zu empfangen.

Bei der Beichte werde die Seele geläutert, erklärte sie uns. Die Sünden würden abgewaschen und die Seele werde wieder weiß wie Schnee, weil Jesus einem mehr von sich selbst gebe. Nachts hatte ich Kopfschmerzen vor Anstrengung, das alles zu behalten und zu verstehen. Dann sagte ich mir, dass nichts davon für mich eine Rolle spielte. Ich würde nicht katholisch werden. Manchmal kam mir der Gedanke, Maman würde nicht alles gefallen, was hier mit mir geschah.

Eines Nachmittags kam die Mutter Oberin und holte uns aus dem Unterricht. Draußen im Flur traf ich Emmy, Jean-Claude und einige weitere Kinder. Auch Véronique war dabei. Die Mutter Oberin sagte, wir sollten ihr folgen. „Beeilt euch", sagte sie noch.

Wir folgten ihr den Flur entlang und eine Treppe hinunter. Dann kamen wir vor die Kapelle, wo sich eine schmale Holztür befand, die uns nie vorher aufgefallen war. Die Mutter Oberin schloss die Tür auf und führte uns die Stufen hinunter. Véronique ging als erste von uns; mir schien, dass sie das schon einmal gemacht haben und wissen musste, wo wir hingingen. Wir kamen schließlich in eine unterirdische Kapelle, jedenfalls etwas, das wie ein kapellenartiges Kellergewölbe aussah und unter der eigentlichen Kapelle lag. In eisernen Haltern steckten mehrere Kerzen, ein Holztisch war mit einem weißen Tischtuch bedeckt, und auf dem Steinboden standen Kniebänke. Das war alles, was sich an Möbeln in dem Keller befand. Die Mutter Oberin sagte, wir sollten uns auf die Bänke setzen und mucksmäuschenstill sein. „Kein einziges Wort, habt ihr verstanden?", sagte sie.

„Oui, ma mère" antworteten wir wie aus einem Mund.

„Ich komme zu euch zurück, sobald es wieder sicher ist. Vergesst in der Zwischenzeit nicht, dass dies eine Kapelle ist und dass ihr still und ehrfürchtig sein müsst", meinte sie. Sie ließ uns in dem Keller zurück, nachdem sie uns eine einzige Kerze angezündet hatte, damit wir etwas sehen konnten. Wir hörten, wie sie wieder die Stufen hinaufging, die Holztür über uns öffnete, dann hinter sich schloss und versperrte. „Die Nazis", sagte Véronique sofort, als wir allein waren.

„Wirklich?", fragte ich.

„Ja. Das ist schon zwei Mal so gewesen, aber da warst du noch nicht hier. Sie kommen und inspizieren das gesamte Gelände und alle Räumlichkeiten. Dies ist der einzige Raum hier, von dem sie nichts wissen."

Jean-Claude fragte: „Sind sie jemals auf die Idee gekommen zu fragen, was sich hier unten befindet?"

„Bisher noch nicht", antwortete Véronique.

Einige der anderen Kinder flüsterten, aber kaum eines bewegte sich mehr als ein paar Zentimeter. Wir lauschten im Halbdunkel auf Stimmen oder andere Geräusche, die uns die Ankunft der Nazisoldaten verraten würden, aber wir hörten nichts.

Véronique begann bald wieder zu sprechen, in normaler Lautstärke. „Ich glaube, es wäre besser, uns einfach aufzugeben", sagte sie. „Ich bin dieses ewige Verstecken leid. Es macht uns zu Außenseitern. Keins der anderen Kinder muss sich hier unten verstecken."

Einer der Jungen sagte: „Das ist doch dumm. Begreifst du denn nicht, dass gefasst werden das gleiche bedeutet wie getötet werden?"

„Weißt du", antwortete Véronique angriffslustig, „mir ist es egal, ob ich gefasst werde. Mir ist es egal, ob ich umgebracht werde. Meine Eltern sind tot; ich weiß es. Ich habe gesehen, wie sie in Paris weggebracht wurden. Wir wohnten in einer Straße mit vielen Katholiken. Wir dachten, sie würden uns nicht verraten, aber eines Nachmittags kam ich aus der Schule und sah die Gestapo mit Maman und Papa aus dem Haus kommen. Sie hatten nichts mitnehmen können – keine Kleider, nichts. Ich versteckte mich im Gebüsch. Nachdem sie meine Eltern mit einem Lastwagen weggebracht hatten, sah ich, dass einige der Nachbarn die Stufen zu unserer Haustür hinaufstiegen und hineingingen. Keiner hatte sich die Mühe gemacht abzuschließen. Ich sah, dass die Lichter angingen, denn draußen wurde es schon dunkel. Als nächstes sah ich eine der Damen aus der Nachbarschaft mit dem Nerzmantel meiner Mutter die Stufen wieder herunterkommen. Und ich sah einen Mann auf dem Fahrrad meines Bruders davonfahren. Sie haben alles genommen, was sie haben wollten. Ich hasse sie! Sie sind genauso schlimm wie die Nazis."

„Aber hier hat uns niemand verraten", sagte ich. „Diese Leute sind katholisch, und sie verstecken uns."

„Vielleicht tun sie das für den Augenblick. Aber früher oder später wird uns schon irgendjemand verraten."

Wir saßen schweigend da, und keiner pflichtete Véronique bei oder widersprach ihr. Sie hatte ihre Geschichte im Zorn erzählt, und trotzdem war sie diejenige, die am ängstlichsten schien in dem Keller, während wir auf die Nazis warteten.

Nach mehreren Stunden, so schien es uns jedenfalls, kehrte die Mutter Oberin endlich zu uns zurück und sagte uns, wir könnten nun wieder nach oben und in unsere Schlafsäle gehen. Sie bat uns, niemandem zu sagen, wo wir gewesen waren. Véronique drehte sich noch einmal um, als wir die Treppe hinaufgingen, und fragte die Mutter Oberin, ob die Nazis in die Schule gekommen seien. „Nein", erwiderte die Mutter Oberin. „Es war falscher Alarm."

Es kam vielleicht noch ein- oder zweimal vor, dass die Mutter Oberin mitten in der Nacht in unseren Schlafsaal kam und uns wieder die enge Treppe hinunter in den Keller unter der Kapelle führte, um uns zu verstecken. Sie wartete, bis alle anderen Kinder und auch die Nonnen schliefen und brachte uns dann nach unten, wo sie uns für Stunden allein ließ. Wie ich erst viel später begriff, muss die Mutter Oberin gewarnt worden sein, in diesen Nächten besondere Vorsichtsmaßnahmen zu treffen.

Eines Morgens inspizierte Schwester Marie Louise unsere Schränke. Als sie sich meinen vornahm, entdeckte sie die kleine Tüte mit Bonbons, die Madame Kahn mir von Maman mitgebracht hatte.

„Wo hast du die her?", fragte Schwester Marie Louise mich und hielt die Tüte mit den Bonbons hoch, so dass alle sie sehen konnten.

Ich zuckte die Schultern. Wie konnte ich es ihr erklären? Die Mutter Oberin hatte uns eingeschärft, niemals den anderen Nonnen oder unseren Mitschülern gegenüber zuzugeben, dass wir Besuch bekamen. „Ich habe sie gefunden, Schwester."

„Mademoiselle", sagte sie, „du weißt, dass es eine Sünde ist, zu lügen. Hast du diese Bonbons gestohlen?"

„Nein, Schwester."

„Ich denke, du hast sie gestohlen. Ich vermute, du hast sie während des Weihnachtsspiels gefunden. Es gibt keine andere Möglichkeit, wie du sonst zu so vielen Bonbons hättest kommen können! Man hat dir gesagt, dass jedes Kind nur eins bekommt, und dennoch hast du eine ganze Handvoll genommen und sie in deinem Schrank versteckt."

„Nein, Schwester", wiederholte ich inständig. Ich weinte inzwischen. Alle anderen Mädchen hörten zu. Schwester Marie Louise war sehr böse. Sie hatte ihre Augenbrauen hochgezogen und die Augen weit aufgerissen.

„Bis du gestehst, was du getan hast, wirst du nicht mehr zum Abendessen gehen."

„Ich habe sie nicht genommen!", weinte ich. „Sie sind von meiner Mutter! Sie hat sie mir geschickt!"

„Mademoiselle", stieß die Nonne hervor, „du weißt, dass du keine Mutter hast; also konnte sie dir auf keinen Fall die Bonbons schicken. Deine Mutter ist im Himmel. Jetzt warten wir alle darauf, dass du zugibst, was du getan hast."

Ich wandte mich um und sah in die vielen Gesichter, die mich anstarrten. Emmy weinte ebenfalls. Ich sah Véronique am Bücherregal stehen. Sie schaute aus dem Fenster. Die Sonne schien auf die goldene Krone der Figur der heiligen Jungfrau, die in der Ecke stand. Ich wusste, dass es eine Sünde war, zu lügen. Wenn ich zugab, die Bonbons genommen zu haben, würde ich lügen. Aber wenn ich es nicht zugab, würden sie niemals aufhören mich anzustarren. Sie würden mich nie mehr in Ruhe lassen.

„Ich habe sie gestohlen!", rief ich.

„Ja", sagte Schwester Marie Louise und tätschelte mir den Kopf, jetzt, da ich es zugegeben hatte. „Und es tut dir leid, was du getan hast?"

„Ja."

„Oui, ma soeur."

„Oui, ma soeur", wiederholte ich.

„Gut, jetzt wasch dir das Gesicht. Und dann stellen sich alle auf, damit wir zum Abendessen gehen können."

Ich sah, wie die Tüte mit Bonbons in Schwester Marie Louises Tasche verschwand. Ich hatte sie mir aufgehoben und erst eins oder zwei davon gegessen, als niemand es hatte sehen können. Sie waren das letzte, was mir von meiner Maman geblieben war, und jetzt waren sie fort.

Wir wurden zum Abendessen gebracht, ich setzte mich auf den Platz, auf dem ich immer saß, und blickte während der ganzen Mahlzeit nicht von meinem Teller auf. Ich spürte, dass die anderen Mädchen mich beobachteten. Ich hätte ihnen gern gesagt, dass ich nicht gelogen hatte, dass die Bonbons mir gehörten und dass meine Mutter noch lebte. Als ich vor dem Zubettgehen meine Gebete aufsagte, beichtete ich Gott, dass ich gelogen hatte, aber ich gab nicht zu, gestohlen zu haben. Schwester Marie Louise hatte mich zur Lüge gezwungen.

Madame Kahn kam das nächste Mal nach Weihnachten in das Kloster.

Wieder war Maman nicht mitgekommen. Diesmal gab es keine Bonbons. Es gab kein Zeichen dafür, dass Maman noch am Leben war. „Die Nonnen sind gemein zu uns", erzählte Emmy ihrer Mutter. „Sie sagen, wir hätten keine Eltern."

„Nur noch ein kleines Weilchen, Kinder", war alles, was Madame Kahn darauf erwidern konnte.

„Was ist mit meinen Eltern?", fragte ich. „Du erzählst mir, sie leben, aber ich bekomme sie nie zu sehen. Die Nonnen sagen, Maman und Papa sind tot – und sie dürfen nicht lügen."

„Renée", sagte Madame Kahn, „die Nonnen sagen das, weil sie es nicht besser wissen. Sie wissen nichts von uns. Wir müssen es geheim halten zu eurem eigenen Schutz, damit ihr hierbleiben dürft. Verstehst du das denn nicht? Solange du hier bist, wissen deine Eltern genau, dass du in Sicherheit bist, und es ist dann leichter für sie, sich selbst vor der Polizei zu verstecken. Manchmal müssen sie sich tagelang auf den Feldern verstecken!"

„Heißt das, dass Papa zurückgekommen ist? Sind er und Maman zusammen in Arthès?"

„Ja. Macht dich das nicht froh?"

„Ich könnte mich ebenfalls vor der Polizei verstecken! Ich weiß ja, wie das geht, ich habe es ja vorher auch schon getan! Ich könnte ihnen helfen!"

„Nein, nein, nein. Du verstehst das nicht. Deine Eltern können dir nicht einmal genug zu essen geben. Sie haben für sich selbst kaum genug. Hier hast du alles, was du brauchst. Versuch doch zu verstehen, Kind. Dies ist der sicherste Platz, den es jetzt für dich gibt. Wir wollen, dass du in Sicherheit bist, damit wir nach dem Krieg wieder alle zusammen sein können."

Die Besuche endeten immer so. Ich ging durch die Flure zurück, das Gesicht tränenüberströmt und überzeugt, dass Madame Kahn mich anlog. Mir schien niemand mehr vertrauenswürdig; alle logen. Emmy und Jean-Claude hielten mir die Hand und flüsterten: „Glaub doch einfach nicht, was die Nonnen sagen. Sie wissen es doch gar nicht." Aber es war leicht für die beiden Kahn-Kinder, tapfer zu sein; sie hatten ihre Mutter gesehen, hatten mit ihr gesprochen, hatten sie im Arm gehalten.

Im neuen Jahr wurde ich in eine höhere Klasse versetzt. Man sagte mir, dass ich „den Anschluss gefunden" habe und jetzt in der Klasse sei, in die ich eigentlich gehöre. Schwester Visitation war meine Lehrerin. Der Unterricht war schwieriger, aber ich kam mit. Ich wusste, wenn ich hinter den anderen zurückblieb, würde ich wieder vor allen anderen mit dem Lineal etwas auf die Finger bekommen.

Die Fastenzeit kam. Die Statuen und Kruzifixe in der Kapelle wurden während dieser Zeit mit violetten Tüchern verhängt. Selbst der Priester trug während der Messe ein violettes Gewand. Violett war die Farbe der Reue und Buße; wir sollten an das Leiden und den Tod Christi erinnert werden. Wenn die Nonnen ihre Stundengebete sangen, klang ihr Chor traurig. Ich wusste, dass es in den lateinischen Liedern um das Leiden Christi am Kreuz ging. Die Fastenzeit dauerte vierzig Tage und Nächte. Ich weiß noch, dass uns am ersten Tag ein Kreuz aus Asche auf unsere Stirn gezeichnet wurde. Wir mussten diese Asche den ganzen Tag lang „tragen". Es war der Aschermittwoch. Der Priester sagte: „Denkt daran, ihr seid Staub und ihr werdet wieder zu Staub werden", während er das Aschenkreuz auf unsere Stirn zeichnete. Einige der Schüler legten während der Fastenzeit ihre erste Beichte ab. Schwester Visitation erklärte uns, wir sollten immer daran denken, dass wir nicht mehr als Staub seien, dass wir aber durch das Leiden und den Tod Jesu das ewige Leben erlangen könnten.

Unsere Kittel waren jetzt auch von anderer Farbe und unsere Gebete schienen zur Vesper immer länger zu werden. Ich betete immer, dass Gott mich zu Maman und Papa heimkehren lassen möge. Während der Fastenzeit mussten wir dem Herrn etwas opfern und mit ihm das Kreuz tragen. Ich wusste nicht, worauf ich während der Fastenzeit verzichten sollte, also entschied ich mich dazu, während der Pausen nicht mehr mit Emmy zu spielen. Ich beschloss außerdem, nie wieder von meinen Eltern zu sprechen. Das war das größte Opfer, das ich mir vorstellen konnte. Emmy und ich saßen auf den kalten Steinbänken und sahen zu, wie die anderen Kinder auf dem Hof fröhlich lachten. Wir kamen uns vor wie zwei alte Frauen im Park, die sich nichts mehr zu erzählen haben.

Die Sonntage kamen und gingen, aber wir wurden nicht mehr abgeholt, um Madame Kahn zu treffen. Nach einiger Zeit fiel mir auf, dass eins der anderen jüdischen Kinder nicht mehr da war. Wir sahen Marguerite nicht mehr und Jean-Claude erzählte uns, dass einer der Jungen aus seiner Klasse die Schule verlassen hatte. Wir hatten Angst zu fragen, was aus ihnen geworden war.

Eines Nachmittags im Frühjahr, unmittelbar vor Ostern, holte Schwester Marie Louise Emmy und mich aus dem Unterricht. „Man hat mir gesagt, dass ich euch in den Schlafsaal bringen soll", sagte sie mit gedämpfter Stimme.

Als wir dort waren, ließ Schwester Marie Louise uns unsere Kittel ausziehen. Sie packte unsere Kleider in unsere Taschen. Unsere Wintermäntel, die sie uns gegeben hatte, sollten wir behalten; wir würden sie noch benötigen. Oben auf unsere Taschen legte Schwester Marie Louise unsere Gebetbücher und unsere Rosenkränze aus den Schubladen in unseren Nachttischen. „Denkt daran, jeden Abend eure Gebete zu sprechen", erklärte sie uns. „Betet für die, die nicht an Gott glauben, und vergesst niemals euren Heiligen Vater im Himmel." Emmy und ich sahen uns an, aber wir sagten nichts.

Im Flur wartete Jean-Claude auf uns. Er trug eine Schultasche in der Hand und eine Kappe auf dem Kopf. Ich weiß noch, dass ich dachte, als ich ihn so fertig für die Reise sah: „Entweder geht es nach Hause oder die Nazis holen uns ab. Die Nazis waren noch einmal hier wegen uns."

„Beeilt euch, Kinder", sagte Schwester Marie Louise.

Sie lief uns rasch voran, die Treppen hinunter und durch den großen Flur. Wir ließen das Haus mit den Schlafsälen hinter uns und kamen nach draußen, wo wir den steingepflasterten Weg zum Kloster einschlugen. Es war ein bewölkter, windiger Tag; es fiel leichter Regen. Ich spürte, dass ich befreit worden war; zum ersten Mal in jenem Frühjahr wurde mir der Duft der Eukalyptusbäume bewusst, ich sah die kleinen Knospen an den Zweigen der Kirschbäume, und ich fragte mich, warum wir nicht den Weg durch die Gebäude zum Kloster genommen hatten. Schwester Marie Louise führte uns die Steinstufen zum düsteren Foyer hinauf. Dort wartete die Mutter Oberin auf uns, die Hände in ihre tiefen Ärmel geschoben.

„Bring die Kinder zu mir hinein", wies sie Schwester Marie Louise an und dann verschwand sie in ihrem Büro.

Schwester Marie Louise lächelte und drückte jeden von uns fest an sich. Während sie unsere Mäntel zuknöpfte, sagte sie: „Heute werdet ihr uns verlassen, mes enfants. Das ist für uns ein sehr trauriger Tag, aber es gibt in der Nähe eine Familie, die euch adoptieren möchte! Ist das nicht eine wunderbare Neuigkeit? Ich hoffe, ihr werdet in eurem neuen Zuhause sehr glücklich sein. Vielleicht werdet ihr ja auch zurückkommen, um uns ab und zu einen Besuch abzustatten."

Ich sah Jean-Claude mit vor Schrecken ganz groß gewordenen Augen an, aber er schüttelte den Kopf und gab mir zu verstehen, dass ich nicht widersprechen solle.

Schwester Marie Louise führte uns in das Büro der Mutter Oberin. Dort sagte sie uns auf Wiedersehen. Sobald sie die Tür hinter sich geschlossen hatte, deutete die Mutter Oberin auf die drei strohbezogenen Stühle, die für uns dort standen. Wir mussten uns setzen und warten. Ich blickte mich voller Ehrfurcht um. So einen Raum hatte ich noch nie gesehen. Auf dem Boden lag ein großer Perserteppich, auf dem ein breiter Schreibtisch aus dunklem Holz stand, und aus einem breiten Fenster hinter dem Schreibtisch blickte man auf den ummauerten Hof hinunter. Mir ging auf, dass die Mutter Oberin uns jeden Tag während der Pause im Hof hatte sehen können. Sie musste uns während der vergangenen Monate sehr oft gesehen haben.

„Meine Kinder“, sagte sie, „wir erwarten innerhalb der nächsten Stunde einen Wagen, der euch abholt. Wenn alles nach Plan verläuft, werdet ihr Sorèze heute Nachmittag verlassen. Ich hoffe und bete dafür, dass ihr eine sichere Fahrt haben und nicht alles vergessen werdet, was ihr hier in der Schule gelernt habt. Euer Unterricht ist sehr wichtig; ihr müsst damit weitermachen. Ich habe Schwester Marie Louise gebeten, euch die Schulbücher, die ihr dazu benötigt, in eure Taschen zu packen.“

Keiner von uns sprach. Wir waren fasziniert von dieser Frau und lauschten ihren Anweisungen, als ob sie uns auf den ganzen Rest unseres Lebens vorbereitete. Es lagen viele Bücher auf ihrem Schreibtisch, und noch mehr standen in den Regalen an der hinteren Wand ihres Büros. Ich erinnere mich noch, dass eine ganze Wand voller Bücher war. Die Mutter Oberin zog ein Buch aus ihrem Schreibtisch, ein großes, schweres, und sagte uns, dass sie uns gerne etwas vorlesen wolle, bis der Wagen eintreffe. In dem Bücherregal stand eine Uhr, die man ticken hörte. Die Mutter Oberin fand die richtige Stelle in dem Buch und begann zu lesen. Es waren die Seligpreisungen aus dem Evangelium des Matthäus, die wir im Religionsunterricht durchgenommen hatten:

Selig sind, die da geistig arm sind;
denn ihrer ist das Himmelreich.
Selig sind, die da Leid tragen;
denn sie sollen getröstet werden.
Selig sind die Sanftmütigen;
denn sie werden das Erdreich besitzen.

Die Mutter Oberin schlug eine Seite um und fuhr fort:

> Und wenn dich jemand nötigt, eine Meile mitzugehen, so geh mit ihm zwei. Gib dem, der dich bittet, und wende dich nicht ab von dem, der etwas von dir borgen will.
>
> Ihr habt gehört, dass gesagt ist: „Du sollst deinen Nächsten lieben“ und deinen Feind hassen. Ich aber sage euch: Liebt eure Feinde und bittet für die, die euch verfolgen, damit ihr Kinder seid eures Vaters im Himmel.

Dann schloss die Mutter Oberin die Augen und begann das Vaterunser zu beten. Wir hörten ihrem Gebet zu:

> Vater unser im Himmel!
> Geheiligt werde dein Name.
> Dcin Reich komme.
> Dein Wille geschehe, wie im Himmel so auf Erden
> ...

Die Mutter Oberin klappte das Buch zu und strich über dessen dunklen Ledereinband. Dann stand sie auf, ging zu ihrem Bücherregal und nahm ein anderes großes Buch heraus, das sie an einer mit einem Stück Papier markierten Stelle aufschlug. Sie stand vor uns, lächelte uns an und sagte: „Das Gebet, das ich euch jetzt vorlesen werde, ist eins meiner Lieblingsgebete. Eure Eltern kennen es wahrscheinlich. Es wird oft in den Synagogen gebetet. Vor nicht allzu langer Zeit verbrachte ein Rabbi einige Wochen mit uns hier in Sorèze, und er hat uns dieses Gebetbuch hiergelassen. Er ist genau einen Tag, bevor ihr hierher kamt, wieder abgereist. Ich werde euch dieses Gebet vorlesen:

> Meister des Universums! Ich vergebe hiermit jedem, der mich geärgert, erzürnt oder geschädigt haben mag, ganz gleich,

ob er sich gegen meine Person, meinen Besitz oder meinem Namen vergangen haben mag. Lass niemanden meinetwegen Strafe erleiden, ganz gleich, ob das mir angetane Unrecht unabsichtlich oder aus bösem Willen geschah, unwissentlich oder beabsichtigt, in Wort oder Tat. Möge es dein Wille sein, o Herr, mein Gott und Gott meiner Väter, dass ich nicht mehr sündige. Möge ich dich nie wieder erzürnen, indem ich tue, was in deinen Augen von Übel ist. Ich bete, dass du mich von meinen Sünden reinwäschst, nicht durch Krankheit und Leiden, sondern durch deine große Gnade. Mögen die Worte meines Mundes und die Gedanken meines Herzens vor dir Gnade finden, o Herr, mein Fels und mein Erlöser.

Es herrschte Schweigen, nachdem sie das Gebet gesprochen hatte; dann schloss die Mutter Oberin das Buch, legte es auf ihren Schreibtisch und ging zum Fenster. Sie stützte sich mit den Händen auf das hölzerne Fensterbrett, hatte uns den Rücken zugekehrt und wartete. Die alte Uhr auf dem Bücherregal tickte, und wir saßen regungslos auf unseren Stühlen. Es war heiß in dem Büro, und ich hätte gern meinen Mantel ausgezogen. Ich weiß noch, dass ich die Nonne anschaute und mich fragte, wer sie wohl war. Warum war sie so geheimnisvoll? Hatte sie keinen anderen Namen und kein anderes Leben außer den Namen und das Leben der „Mutter Oberin"?

Aus weiter Entfernung klang, kaum hörbar, eine Glocke herüber.

Die Mutter Oberin wandte sich lächelnd zu uns um. „Es ist Zeit, Kinder. Ich werde mit euch bis zum Tor gehen."

Wir standen auf und nahmen unsere Taschen. Die Mutter Oberin folgte uns ins Foyer und dann hinaus in die Kälte. Wir gingen im Regen über den Hof bis zu dem Holztor, an dem der Türhüter stand und darauf wartete, uns hinauszulassen. Selbst in dem Wind war der Mutter Oberin keine Eile anzumerken;

sie ließ nicht zu, dass sie vor Kälte zitterte. Ich beobachtete, wie sie langsam ging, die Hände in ihren Ärmeln zusammengelegt. Sie schwebte über den Hof, während Emmy und Jean-Claude vorausrannten. Ich hatte noch nie in meinem Leben ein so starkes Bedürfnis gehabt zu rennen, aber ich ging gemessen weiter, dicht hinter der Mutter Oberin.

Unmittelbar bevor wir den Torhüter erreichten, machte die Mutter Oberin Halt und schaute uns drei an. Eine kleine Hand war aus ihrem Ärmel aufgetaucht. Sie streckte sie aus, um uns dreien die Hände zu schütteln. „Au revoir, mes enfants. Gott sei mit euch."

„Merci, ma mère", sagten wir.

Ihre Hand verschwand wieder in den weiten Ärmeln; sie hielt die Ärmel zusammen, so dass ihre Hände nicht mehr zu sehen waren. Sie wandte sich um und ging zurück zum Kloster, wiederum langsam trotz des starken Regens. Ich sah, wie ihr Schleier sich im Wind bauschte, genauso, wie er es am ersten Tag getan hatte. Ich würde sie nie wiedersehen.

Der Torhüter, ein kleiner, knorriger alter Mann, sagte: „Geduld, Kinder", während er das Tor entriegelte. Dann öffnete er es und wir standen auf der Straße. Das hölzerne Tor des Klosters von Sorèze schloss sich wieder hinter uns. Wir sahen die Straße hinauf und hinunter, bis wir schließlich am Fuß des Hügels das schwarze Auto entdeckten. Madame Kahn winkte uns von dort aus zu. Sie stand am Wagenschlag und wartete.

Wir rannten alle drei gleichzeitig los. Keiner von uns rief etwas oder lachte oder schrie. Wir rannten stumm, so schnell wie wir konnten, und trugen das geheimnisvolle Schweigen von Sorèze in uns.

Als wir den Wagen erreichten, riefen Emmy und Jean-Claude: „Maman!" Sie drückte uns alle und scheuchte uns auf die Rücksitze des Wagens. Sobald sie den Motor angelassen hatte und den Wagen wendete, wusste ich, dass es nach Hause ging. Als wir zum letzten Mal an den Mauern der Schule vorbeifuhren, wollte ich sie nicht mehr sehen und wandte mich ab. Ich hatte nie ein Gefängnis gesehen, aber in meiner Vorstellung war es, als wäre ich gerade einem entkommen.

Ich brauchte Monate, um die Übelkeit zu vergessen, mit der ich in Sorèze jeden Morgen aufgewacht war. Sooft ich mir auch vorgestellt hatte, dass Maman und Papa noch leben mussten, ebenso oft hatte ich mich selbst davon überzeugt, dass sie tot waren. Warum sonst hätten sie mich im Stich gelassen, die Familie auseinandergerissen und mich Fremden überlassen, wenn sie nicht glaubten, dass sie in diesem Jahr 1943 wirklich sterben würden?

Teil 3: Die Befreiung

AUGUST 1944 – JUNI 1946

... aus Betrübnis zum Glück, aus der Trauerzeit
zu einem Festtag, aus der Dunkelheit
ins Tageslicht und aus der Knechtschaft
zur Erlösung.
– aus der Passah-Haggada

Wieder vereint in Arthès

Madame Kahn lässt den Wagen vor ihrer Wohnung in St. Juéry ausrollen, und schnell steigen wir alle aus. Von Maman oder Papa ist nichts zu sehen. Dann kommt ein Mann hinter dem Gartentor hervor; er hatte sich dort versteckt und auf uns gewartet. Wortlos übergibt Madame Kahn ihm den Wagen. Er steigt ein und fährt davon.

„Langsam, langsam", sagt Madame Kahn, während wir den Weg zu ihrer Wohnung entlangrennen. Plötzlich ist das Gefühl wieder da, dass wir beobachtet werden. Ich war fünf Monate in Sorèze und habe ganz vergessen, wie es ist, wenn man sich ständig umschauen muss. Ich sehe, dass im Garten die ersten Blumen zaghaft aus der Erde kommen. Als ich zum letzten Mal hier war, war nur vertrocknetes Gras und altes Laub zu sehen. Jean-Claude rennt plötzlich los. Im nächsten Augenblick ist er schon hinter dem Haus verschwunden, öffnet die schmale Hintertür und geht hinein. Wir folgen ihm. In der Küche warten Monsieur Kahn, Tante Hanna und Andrée Fedou. Ich stürze mich auf Tante Hanna, und sie hält mich in den Armen.

„Ach Renée", sagt sie, „du musst dir keine Sorgen machen.

Deine Eltern leben und sind in Sicherheit. Sie warten auf dich. Wir wissen, welche Ängste du ausgestanden hast, aber deine Maman konnte nicht kommen. Es wäre zu gefährlich gewesen für dich und für sie. Deine Maman wollte dich nicht gern in das Kloster stecken, aber es geschah zu deinem eigenen Schutz. Madame Kahn und ich haben sie dazu überredet. Die Festnahmen durch die Polizei wurden immer schlimmer, und jede Woche wurden neue Kinder abgeholt. Wir mussten uns etwas überlegen, um euch zu schützen, und wir hörten, dass die katholischen Schulen und Klöster jüdische Kinder aufnahmen ..."

„Ich will jetzt bloß Maman sehen!", sage ich, unfähig, meine Tränen länger zurückzuhalten. Andrée steht auf und streckt mir ihre Hand hin. Ich soll mit ihr gehen. Ich denke nicht einmal mehr daran, Emmy und Jean-Claude auf Wiedersehen zu sagen. Ich will nur noch meine Eltern sehen. Ich will nicht mehr länger warten.

Ich drücke Tante Hanna noch einmal und dann Madame Kahn zum Dank, dass sie mich zurück ins Dorf gebracht hat. Dann blicke ich noch einmal zurück, um Emmy zuzuwinken. Sie lässt die Hand ihrer Mutter nicht mehr los.

Ich gehe mit Andrée zur Tür hinaus auf die Straße. Sie sieht anders aus als früher – dünner. Sie plappert den ganzen Weg, erzählt mir, wie oft die Polizei da war, um ihre Wohnung zu durchsuchen, wie oft ihr Vater sich auf den Feldern hat verstecken müssen. Ich möchte am liebsten sagen: „Findest du das so schlimm?", aber ich bleibe stumm. Nichts wird mich dazu bringen, über Sorèze zu reden, jetzt, da ich wieder zurück im Dorf bin.

Wir müssen den ganzen Weg von St. Juéry nach Arthès laufen. Sobald wir die Brücke über den Tarn überquert haben, sehe ich das Schild des Tabakladens vorn an unserem Haus. Wenn die metallenen Blendläden offen gestanden hätten, hätte ich gewusst, dass Papa und Maman am Fenster stehen und auf mich warten, aber es ist kein Lebenszeichen zu entdecken. Von außen wirkt das Gebäude verlassen.

Andrée führt mich eine andere Straße entlang. Wir gehen nicht zur Wohnung meiner Eltern und auch nicht zu den Fedous. Ich weiß, dass wir jetzt auf dem Weg zu meiner alten Schule sind, aber bevor wir sie erreichen, biegen wir rechts ab, eine andere verlassene Straße entlang. Meine Tasche wird mir langsam schwer. Als wir die Straße zur Hälfte zurückgelegt haben, stoßen wir auf der linken Seite auf eine Gasse. „Dort entlang“, sagt Andrée. Wir gehen durch die dunkle Gasse, die ihre Gosse in der Mitte hat. Rechts ist eine Treppe. „Hier entlang“, sagt Andrée. Sie führt mich die Stufen hinauf. Am zweiten Treppenabsatz machen wir vor einer düsteren Tür Halt. Andrée benutzt ein geheimes Klopfzeichen. Einen Augenblick später öffnet ihre Mutter die Tür.

Ich schlüpfe hinein. Maman und Papa sind die ersten, die ich sehe; ich laufe zu ihnen. Ich komme mir vor wie in einem Traum. Ich kann kaum glauben, dass sie leben und vor mir stehen. Sie lachen alle und freuen sich, wie ich mich an Maman geklammert habe und weine. Auch Maman weint. Wir können kein Wort herausbringen. Ich gehe zu Papa, der mich ebenfalls an sich drückt.

„Jetzt weine nicht, Renée, du bist doch wieder zu Hause!“ sagt er. Dann wendet er sich an die anderen. „Sie ist groß geworden“, verkündet er.

„Ja“, pflichtet Maman ihm bei. „Sie wird erwachsen.“

Maman wischt mir mit einem Taschentuch das Gesicht ab und bemerkt meine Handschuhe und meinen Mantel. Kaum noch in der Lage zu sprechen, sagt sie: „Wer hat dir die gegeben?“

„Schwester Marie Louise.“

„Das war sehr freundlich von ihr. Du siehst darin wie eine junge Dame aus, Renée.“

Ich erzähle nichts vom Kloster, von der Mutter Oberin und von den Bonbons, die man mir weggenommen hat. „Warum bist du nicht gekommen, um mich zu besuchen, Maman?“

„Es war nicht möglich", sagt sie und drückt mich an sich. „Wir wären von der Polizei entdeckt und mitgenommen worden. Sie wissen über uns Bescheid. Nur Madame Kahn konnte hinfahren, weil sie Französin ist. Wir mussten so tun, als wenn du auch eine Französin wärst, damit du im Kloster bleiben konntest."

„Warum sind wir hier?", frage ich und schaue mich in der trostlosen Wohnung um. Die Tapeten an den Wänden verfaulen, die Dielenbretter sind völlig verzogen. Es ist ein krasser Gegensatz zu den sauberen Räumen in Sorèze. „Warum können wir nicht in unsere eigene Wohnung gehen?"

Maman sagt, Monsieur Fedou habe ihr erklärt, sie müsse sich für eine Weile von unserer Wohnung fernhalten. Er habe uns dieses Zimmer organisiert, wo wir bleiben könnten, bis sich die Situation im Dorf wieder beruhigt hätte.

Monsieur Fedou hat das Radio angestellt, so dass wir am Abend das Programm der BBC hören können. Ich bin erstaunt, dass er uns das Radiohören noch gestattet. Wir hatten im Kloster gehört, wie gefährlich es ist, ein Radio zu besitzen; jeder, den man dabei erwischte, wie er BBC hörte, würde augenblicklich festgenommen.

Es ist später Nachmittag. Madame Fedou und Maman haben etwas zu Essen für uns vorbereitet. Es ist allerdings sehr wenig da: nur etwas altes Brot, Tomaten, die noch nicht reif sind, und ein paar gekochte Eier. Ich werde mich wieder an sehr schmale Kost und ungeheizte Räume gewöhnen müssen.

Es ist jetzt April. Wir lassen unsere Mäntel an. Ich sitze neben Papa. Er erzählt mir von dem Bauernhof, auf dem er in den „schwarzen Bergen" gelebt und gearbeitet hat. Es ist, als ob Papa mich davon abhalten wollte, selbst zu reden: Sobald ich davon spreche, dass ich von Maman und ihm getrennt war, werde ich wieder anfangen zu weinen – das weiß er.

Papa war in einem Weiler nördlich von Carcassone gewesen, der aus vier Höfen bestand. Der Pachtbauer, für den Papa gearbeitet hatte, hatte ihn bis Ende Dezember bei sich gehabt; er hatte nicht gewusst, dass Papa Jude war.

Papa hatte auf dem Getreidespeicher des Hofes geschlafen. Jede Nacht kamen die Ratten heraus und trippelten über Papa hinweg, um an das Getreide zu gelangen. Eines Morgens beschwerte sich Papa schließlich bei dem Bauern. „Ich würde lieber bei den Kühen als bei den Ratten übernachten!“, sagte er. „Wenn du das Getreide nicht wegschaffst, dann gehe ich!“

„Nein! Nein!“, hatte der Bauer gerufen. „Ich werde das Getreide beiseite schaffen.“

Danach gab es nichts mehr, was der Bauer Papa abgeschlagen hätte. Er benötigte Papas Hilfe auf dem Hof, da so viele Männer aus der Nachbarschaft entweder in den ersten Kriegsmonaten gefallen oder – nachdem sie sich der Résistance angeschlossen hatten – untergetaucht waren.

Papa hatte das Bauernhaus gemocht und beschrieb es mir. Es hatte einen Steinfußboden, eine niedrige Balkendecke und einen offenen Kamin mit einem einfachen, aus Stein gehauenen Sims darüber. Die Stühle hatten Sitze aus Strohgeflecht. Papa und der Bauer hatten meist bis spätabends zusammen gesessen und sich Geschichten vom Krieg erzählt, aber Papa hatte ihm nie verraten, dass er ein Jude war. Oft waren sie dann noch vor Morgengrauen wach geworden und hatten sich über sich selbst geärgert, dass sie trotz der vielen Pflichten, die auf sie warteten, am Abend zuvor so lange geredet hatten.

„Wie bist du wieder nach Hause gekommen, Papa?“, fragte ich.

„Der protestantische Pfarrer hat mich abgeholt. Er hatte einen Bericht erhalten, dass per Erlass alle Männer, die im Krieg gedient haben, einschließlich der Angehörigen der Fremdenlegion, von zukünftigen Razzien oder Verhaftungen verschont bleiben sollten. Er sagte mir, ich könne also nicht mehr verhaftet werden. Und es sei meine Pflicht, wieder nach Hause zu kommen und mich um Maman zu kümmern. Er hatte von den

Fedous gehört, dass Maman Angst hatte, allein in der Wohnung zu bleiben, und zu den Valats gezogen war. Also kehrte ich mit dem Pfarrer wieder zurück. Aber ungeachtet dessen, was er mir erzählt hatte, haben wir uns weiter auf den Feldern versteckt, sobald wir von Razzien in unserer Gegend erfuhren."

„Ich hatte Angst, dass die Deutschen diesen Erlass vielleicht nur als List verwenden, um alle Juden aus ihren Verstecken zu locken", murmelte Maman.

„Ja", stimmte Papa zu. „Wir können uns ja nicht sicher sein, dass die Polizei sich auch an den Erlass hält. Wenn es hart auf hart kommt, ist kein einziger Jude vor irgendetwas sicher."

Papa hatte den Bauernhof Ende Dezember verlassen, „direkt nach den Festtagen", sagte er. Zu Weihnachten hatte der alte Bauer ein Schwein geschlachtet. Er hatte es ausbluten lassen und das Blut dann gebraten, so wie man es auch bei der Traubenernte tat.

Ich verzog vor Ekel das Gesicht.

„Ich habe ihm gesagt", fuhr Papa fort, „dass ich das nicht mag." Der Bauer hatte Papa angeschaut, als ob er verrückt sei. „Machen Sie Witze, mein Herr? Das ist das allerbeste daran! Wenn ich es nicht besser wüsste, würde ich denken, du wärst ein Jude!" Papa hatte laut gelacht und der Bauer hatte in das Lachen eingestimmt. Als Papa den Bauernhof verließ, weinte der Bauer und schenkte Papa eine Ente von neun Pfund.

Wir alle lachten über Papas Geschichten. Monsieur Fedou stellte noch einmal das Radio ein, und wir saßen ruhig auf unseren Stühlen, um zuzuhören. Aber in Wirklichkeit hörte ich gar nicht zu. Ich schaute in Mamans und Papas Gesichter und fragte mich, ob ich wirklich in Sicherheit war. Maman hatte mir gesagt, wir würden nie wieder getrennt werden. Ich fragte mich, wie ich ihr jemals von alldem erzählen konnte, was passiert war, von all den alptraumhaften Gedanken, die mir in der Zeit im Kloster durch den Kopf gegangen waren. Es war, als hätte ich fünf Monate lang ein anderes Leben geführt. Ich wusste, dass Maman das niemals würde verstehen können.

Nachdem die Radiosendung vorüber war, erhoben sich die Fedous und verabschiedeten sich. Wir sagten ihnen auf Wiedersehen. Madame Fedou küsste mich auf die Wangen und sagte: „Willkommen daheim, Renée!" Andrée drückte mich. Dann gingen sie die enge Treppe hinunter und den gleichen Weg zurück, den Andrée und ich gekommen waren.

Es war still im Zimmer, nachdem die Fedous gegangen waren, und ich wusste nicht, was ich Maman und Papa nun sagen sollte. Sie richteten mir einen Schlafplatz auf einer alten Matratze in einer Ecke des Raums. Ich begann, meine Tasche auszupacken. Maman besah sich meine Kleider und regte sich darüber auf, dass so viele meiner Kleider zu kurz waren, ausgefranste Kragen hatten oder Risse. „Haben sie dir dort deine Kleider nicht geflickt, Renée?", fragte sie. Das war die einzige Frage, die sie mir jemals zu meiner Zeit in Sorèze stellte. Es fiel ihr zu schwer, über die Zeit zu sprechen, in der wir getrennt waren.

Maman und Papa machten sich daran, die Wohnung aufzuräumen. Ich fand meinen Rosenkranz und kniete mich neben die Matratze, auf der ich in der Nacht schlafen sollte. Ich machte das Kreuzzeichen und begann, den Rosenkranz zu beten. Ich wollte Christus dafür danken, dass er mich zu meiner Familie zurückgebracht hatte. Hinter mir hörte ich meinen Vater sagen: „Lissy, was tut sie da?"

Maman erwiderte: „Lass sie in Frieden. So ist es viel sicherer. Die Leute werden glauben, wir seien Katholiken und keine Juden. Lass sie ihre Gebete sprechen."

Ich wusste, dass ich meinen Heiligen Vater im Himmel nicht vergessen durfte, so wie es uns Schwester Marie Louise gesagt hatte, als wir Sorèze verließen, und trotzdem kam es mir merkwürdig vor, den Rosenkranz vor meinen Eltern zu beten. Es hing kein Kreuz an der Wand, es gab keine Figur von Christus oder unserer Jungfrau, die ich während des Gebets anschauen konnte, aber ich betete trotzdem. Ich betete für die, die nicht an Gott glauben. Ich betete für die jüdischen Kinder, die noch in Sorèze waren, dafür, dass sie bald wieder bei ihren Eltern sein konnten. Meine eigenen Eltern wandten den Blick ab. Sie verstanden mich nicht, und ich wusste nicht, wie ich es ihnen erklären sollte.

Im Frühjahr waren wir immer bei den Valats und hörten Radio. Die Berichte der BBC waren oft verwirrend und widersprüchlich. Wann würden die Alliierten in Frankreich landen?

Ich wollte nicht wieder zur Schule gehen, und Maman ließ es dabei bewenden. Sie sagte, sie wolle nicht, dass wir noch einmal getrennt würden. Ich machte mit dem Stoff in dem Schulbuch weiter, das Schwester Marie Louise mir gegeben hatte. Ende Mai war ich damit fertig, und Maman sagte, ich sei inzwischen zu weit für die „école communale“. Papa arbeitete nicht mehr in der Fabrik; der Aufseher dort hatte ihn gewarnt, dass es dort immer noch Kontrollen gebe. Er sagte, Papa solle sich fernhalten, ganz gleich, ob er nun angeblich vor Razzien und Verhaftungen sicher sei oder nicht. Wir blieben immer in unserer Wohnung; ich kann mich nicht daran erinnern, jemals das Haus verlassen zu haben, außer um für Maman Wasser von der Pumpe zu holen. Monsieur Valat und Monsieur Fedou gingen regelmäßig ins Café, und sie hielten uns über die Neuigkeiten im Dorf auf dem Laufenden. Der Ausrufer hatte noch nicht entdeckt, wo wir jetzt wohnten, und machte uns nie wieder zu schaffen.

Während der ersten Juniwoche berichtete die BBC immer wieder das Gleiche. Tagelang sendeten sie die ersten Zeilen eines Gedichts von Paul Verlaine:

Les sanglots longs
Des violons
De l'automne
(Die langen Seufzer der herbstlichen Violinen ...)

Monsieur Fedou sagte, das sei ein Signal, um alle Franzosen zu alarmieren. Er erklärte uns, das ganze Dorf sei in gespannter Erwartung. Was die Sache noch schlimmer machte, war, dass die erste Juniwoche im Süden ungewöhnlich heiß war. Wir vergingen in unserem Versteck schier vor Hitze, weil wir die Fenster kaum einen Spalt öffnen konnten, um Luft hereinzulassen. Bis zum Abend stand die Luft. Wir waren alle gereizt und fragten uns, was als nächstes geschehen würde.

Eines Abends schließlich erlöste uns ein Gewitter von der unerträglichen Hitze. Das Unwetter erreichte seinen Höhepunkt gerade während der Übertragung der BBC; wir saßen mit den Fedous und den Valats, die nur ein paar Minuten vor Beginn des Unwetters eingetroffen waren, in unserer winzigen Wohnung. Wir verharrten völlig regungslos, weil es so schwierig war, den Bericht zu verstehen. Durch das Rauschen und Knistern sagte eine Männerstimme etwas von Singen, aber niemand außer Papa hörte genau, was er sagte. „Es klang für mich wie ‚Le coq chantera ce soir'", erklärte er uns. (Der Hahn wird heute Abend krähen.) Bald darauf wurden zum Abschluss die nächsten Verse aus Verlaines Gedicht rezitiert:

Bercent mon cour
D'une languer
Monotone
(... trösten mein Herz in seiner eintönigen Wehmut.)

Sobald er diese Worte hörte, begann Monsieur Fedou breit zu grinsen. Er stand auf, um das Radio abzustellen, und verließ uns sogleich. Monsieur Valat und Papa diskutierten über die Bedeutung der Übertragung. Monsieur Valat sagte, da der Hahn das Symbol für Frankreich sei, müsse das Ganze wohl ein Hinweis darauf sein, dass Frankreich bald befreit werden würde. Papas Augen füllten sich mit Hoffnung und Erwartung.

Am nächsten Morgen, dem 6. Juni, wurde ich von Geschrei

und Gesang unter unserer Wohnung wach. Die Kirchenglocken läuteten, und überall lachten die Menschen aus vollem Herzen. Papa öffnete die Blendläden und sah unten auf der Straße Männer und Frauen, die durcheinander riefen und tanzten. Andere eilten zum Tabakladen, um Genaueres zu erfahren. Fenster wurden geöffnet, und andere Dorfbewohner fragten schlaftrunken, was denn da vor sich gehe.

Wir zogen uns schnell an und liefen hinaus auf die Straße. Die Alliierten waren in der Normandie gelandet! Das war der Anfang unserer Befreiung, der 6. Juni. Papa und Maman umarmten sich; ihre Gesichter waren vor Tränen ganz feucht. Wir fingen alle gleichzeitig an zu lachen, und Maman und Papa küssten mich wieder und wieder. Wie aus dem Nichts war plötzlich ein Mann mit einer Ziehharmonika da und fing an zu spielen. Die Valats und Fedous tanzten auf der Straße. Ich hatte das Gefühl, dass all die Tage und Nächte unseres Lebens im Untergrund von diesem einen, von Freude erfüllten Morgen ausgelöscht wurden.

Unser Glück nach diesem Tag wurde getrübt durch die verheerenden Folgen der vierjährigen Besatzungszeit. Es war fast unmöglich, etwas zu Essen aufzutreiben. Maman hatte bereits alles an Leinen, Silber und Schmuck verkauft, was sie auf der Flucht hatte retten können. Im Sommer hatten wir Gemüse, aber es gab keine Möglichkeit, irgendetwas zu lagern. Papas Gesicht wirkte immer ausgezehrt und ernst; ich wusste, dass er an Tante Sophie und Jeannette dachte.

Nach der Landung der Alliierten wurden in Arthès und St. Juéry nächtliche Ausgehverbote verhängt. Es gab viele Bombardierungen durch die Alliierten und die deutschen Truppen zogen sich zurück. Papa wusste nicht genau, ob wir im Dorf würden bleiben können. Wenn es Alarm oder Luftangriffe gab, mussten wir aus dem Dorf heraus und auf den Feldern Deckung suchen. Papa glaubte, die Fabrik Sauts du Tarn könnte ein Ziel der Bombardierung sein, wenn die Flugzeuge kämen. Wir blieben stundenlang draußen auf den Feldern, bis im Dorf alles wieder ruhig war. Ich begriff langsam, wie Maman und Papas Leben ausgesehen haben musste, während ich im Kloster in Sicherheit gewesen war. Oft lag ich draußen, während wir darauf warteten, dass Ruhe einkehrte, und dachte an die Mutter Oberin, an Schwester Marie Louise und Schwester Présentation. Ich fragte mich, was aus den anderen jüdischen Kindern geworden war, die dort versteckt gehalten wurden, vor allem aus Véronique. Würde sie alles überstehen?

Das Warten auf die Freiheit und die Befreiung wurde schließlich qualvoll. Onkel Oscar und Tante Hanna kehrten aus Albi ins Dorf zurück. Raymonde und Evelyne waren bei ihnen. Nur mit ihnen und mit Emmy und Jean-Claude konnte ich über unser Leben im Kloster reden. Sie verstanden, welch geheimnisvoller, manchmal von Frieden erfüllter, aber oft verwirrender Ort es für uns gewesen war. Die Erwachsenen hörten so oft wie möglich das Programm der BBC. Papa glaubte, dass Ende des Sommers alles vorüber sein würde.

Viele Fremde kamen durchs Dorf, manche blieben. Ich weiß noch, dass eines Morgens ein russischer Soldat von der Straße hereinkam, der auf eine Mahlzeit und ein warmes Plätzchen hoffte, wo er bleiben konnte. Die Fedous nahmen ihn auf, weil sie genug Platz hatten, und Maman und Papa wurden oft dazu gebeten, um mit ihm zu reden, denn der Soldat sprach etwas Deutsch, aber kein Französisch. Er spielte gern Karten und brachte mir viele Kartenspiele und -tricks bei. Zum Abschied schenkte er mir ein Päckchen Karten.

Als die Royal Air Force das letzte deutsche Flugfeld bombardierte, wurde ganz Albi dabei in Brand gesteckt. Wir hörten das Bombardement, und ich weiß noch, dass alles auf die Straße lief und rief: „Les Anglais! Les Anglais bombardent!“ Papa und ich stiegen auf einen steilen Hügel hinter der Schule; von seinem Kuppe aus konnten wir Albi in der Ferne erkennen, denn es lag nur vier Kilometer von Arthès entfernt. Wir sahen, wie Albi in Flammen aufging. Dort oben auf dem Hügel, hoch über dem Dorf, lächelten Papa und ich; seit Jahren spürten wir zum ersten Mal wieder, was es heißt, frei zu sein. Wir blickten über die ziegelgedeckten Dächer von Arthès und St. Juéry, über den Fluss hinweg und in die Ferne bis nach Albi. Endlich war unsere Zeit des Versteckens vorüber. Wir hörten später, dass das Postgebäude in Albi bombardiert worden war. Ich hätte gern gewusst, wie es dem Postangestellten ergangen war, der Madame Kahn seinen Wagen geliehen hatte, damit sie uns nach Sorèze bringen konnte, aber wir erfuhren nie, was aus ihm geworden war.

Die ehemalige südliche Zone wurde befreit, als die Alliierten am 15. August 1944 in der Nähe von Fréjus landeten. Eine Woche später war Toulon frei. Alles in Arthès stürzte auf die Straßen. Alle waren wieder einmal außer sich; es war wie am Tag der Landung der Alliierten. Wir sahen die Fedous, die Valats und andere, die sich vor Erleichterung und Freude wie die Verrückten aufführten. Die Leute liefen von Tür zu Tür, klopften und riefen ihre Nachbarn und Freunde heraus. Aus Fenstern und von Balkons wurden französische Flaggen gehisst. Alles rief: „Libération! Frankreich ist frei!" Wir sahen auch Onkel Oscar und Tante Hanna, Raymonde und Evelyne. Die Kirchenglocken läuteten, bis die Nacht hereinbrach. Maman und Tante Hanna umarmten einander und weinten. Wir hatten überlebt. Danach zeigten wir uns wieder in der Öffentlichkeit. Es gab Berichte aus Albi von spontanen Gewaltakten gegen diejenigen, die mit dem Feind gemeinsame Sache gemacht hatten. Der Ausrufer wurde am Tag nach der Befreiung von einem Widerständler erschossen. Bekannte Denunzianten wurden in Albi aus ihren Verstecken geholt und kahlrasiert; andere wurden auf der Stelle erschossen.

Ich erinnere mich, dass ich eines Abends, möglicherweise am Tag der Befreiung, an meinem Bett kniete. Wir wohnten wieder in unserer alten Wohnung über dem Tabakladen. Ich begann den Rosenkranz zu beten. Ich wollte Gott dafür danken, dass er uns unsere Freiheit zurückgegeben hatte. Ich betete das Vaterunser und das Ave Maria. Da kam Maman zu mir und sagte: „Renée, der Krieg ist vorbei. Du brauchst das jetzt nicht mehr zu tun."

Papa erklärte mir auch, dass wir jetzt in Sicherheit seien, aber ich war mir nicht einmal im Klaren darüber, was das eigentlich bedeutete oder wie ich mich verhalten sollte. Ich konnte mich an keine Zeit in meinem Leben erinnern, in der wir uns nicht hatten versteckt müssen.

Paris

Papa nahm seine Arbeit in den Sauts du Tarn wieder auf; er blieb dort bis zum Oktober 1945.

Unser letztes Jahr in Arthès war auf gewisse Weise schwieriger als alle anderen. Wir lernten jetzt die wahre Bedeutung des Wortes Mangel kennen. Im Winter gab es nichts zum Heizen, und unsere Versorgung mit Nahrungsmitteln war außerordentlich mager. Im Winter bügelte Maman ständig, damit wir wenigstens warme Jacken anzuziehen hatten. Wir schliefen voll bekleidet und in Decken eingehüllt. Wir lebten von Eiern, Kartoffeln, Käse und natürlich Brot.

Als die Deutschen sich am 7. Mai schließlich den Alliierten ergaben, konnten wir endgültig an unsere Freiheit glauben. Aber der Rückzug der Nazis hatte in Frankreich ein Trümmerfeld hinterlassen. Die Deutschen hatten Gebäude niedergebrannt, Eisenbahnlinien unbrauchbar gemacht, ganze Städte zerstört und Menschen auf den Straßen erschossen. Wir hörten von dem furchtbaren Massaker von Oradour-sur-Glane, einem Dorf nicht weit von Limoges. Viele Menschen in Limoges hatten während des Krieges den jüdischen Flüchtlingen auf vielfache Weise Schutz und Hilfe geboten. Bereits zum Rückzug gezwungen, hatten die Nazis ihrer Vergeltungswut freien Lauf gelassen. Sie waren in das Dorf einmarschiert, hatten alle Männer, die es dort zu Ende des Kriegs noch gab, erschossen und dann fast fünfhundert Frauen und Kinder mit dem Dorfpriester in die katholische Kirche getrieben. Sie wurden dort eingeschlossen und dann bei lebendigem Leibe verbrannt. Danach setzten die Nazis das ganze Dorf in Brand und hinterließen nichts als rauchende Ruinen. Es war ein böser und rachsüchtiger Rückzug aus Frankreich.

Wir brauchten in unserem kleinen Dorf Monate, um das Gefühl loszuwerden, dass wir ständig beobachtet wurden. Nach und nach erfuhren wir aus dem Radio und den Zeitungen davon, was die Nazis in ihren Fabriken des Schreckens, den Todeslagern, den Juden angetan hatten. Maman und Papa versuchten, die Wahrheit über die Greueltaten der Nazis möglichst von mir fernzuhalten, waren aber schließlich nicht mehr in der Lage, ihren Zorn und ihre Empörung zu verbergen. Papa wurde immer schweigsamer und zog sich in sich zurück; er dachte ständig an unsere in Deutschland zurückgebliebenen Familienangehörigen.

Papa dachte, dass keine Juden mehr übrig geblieben waren. Wir hatten nur deshalb überlebt, glaubte er, weil wir das Glück gehabt hatten, zum richtigen Zeitpunkt in das Dorf Arthès zu kommen. Andere Juden, die erst während der deutschen Besatzung dorthin gelangt waren, hatte man gefasst, lange bevor sie die Gelegenheit fanden, Kontakt zu knüpfen oder eine geeignete Unterkunft zu finden. Wir vergaßen nie, welchen Dank wir den Fedous und den Valats für ihr Engagement und ihre Umsicht schuldeten, mit deren sie über uns gewacht hatten.

Onkel Oscar kehrte als erster nach Paris zurück. Er wusste nicht genau, ob „La Standard" immer noch existierte und ob er dieses Familienunternehmen zurückerhalten würde. Er riet Papa: „Bleib du hier, bis ich in Paris etwas für uns gefunden habe." Einige Tage später kehrten die Nussbaums St. Juéry den

Rücken. Der Abschied war kurz und gefühlvoll. Maman und Tante Hanna konnten sich kaum voneinander trennen; sie sagten: „Wir haben so viel zusammen durchgemacht. Hoffentlich kommen jetzt glücklichere Zeiten.“ Tante Hanna hatte immer noch Angst, dass ihnen auf dem Weg nach Paris irgendeine Katastrophe bevorstände.

„Wir werden bald nach Paris nachkommen“, sagte Papa.

Nachdem Onkel Oscar, Tante Hanna und meine Cousinen fort waren, wurde Papa noch stiller; er saß stundenlang da und grübelte. Er schrieb mehrfach nach Toulouse an Tante Sophie, erhielt aber keine Antwort. Sein einziger Wunsch war es, die Familie wieder zusammenzubringen. Mir fiel auf, dass er niemals von Onkel Heinrich sprach; er erwähnte nicht einmal mehr seinen Namen.

Bald traf ein Brief von Onkel Oscar ein, in dem er die Fahrt seiner Familie nach Paris beschrieb. Hinter Orléans war die Bahnlinie wegen vorausgegangener Bombardierungen unbrauchbar gewesen, so dass sie eine längere Strecke zu Fuß hatten gehen müssen, bis sie mit einem anderen Zug nach Paris weiterfahren konnten. Nach seiner Ankunft dort war Onkel Oscar zu ihrer alten Wohnung gegangen, aber der Eigentümer weigerte sich, sie ihm wieder zu vermieten. „La Standard“ war von den Deutschen an einen Franzosen verkauft worden, und Onkel Oscar würde vor Gericht klagen müssen, um sein Eigentum zurückzuerhalten. Er schrieb Papa, dass es noch zu früh sei, nach Paris zurückzukehren, da überall noch Chaos herrsche. „Bleibt in Arthès“, hatte Hanna am Ende des Briefes hinzugefügt, „wo alles vernünftiger zugeht.“

Während sich das Jahr 1945 dem Ende zuneigte, sprachen Maman und Papa immer öfter davon, dass sie nach Paris zurückkehren wollten. Papa wollte endlich mit dem Roten Kreuz Verbindung aufnehmen und hoffte auf die Züge, mit denen die Überlebenden aus Deutschland kommen sollten. Falls jemand aus unserer Familie in Deutschland überlebt hatte, würde er –

davon war mein Vater überzeugt – darum bitten, nach Paris gebracht zu werden, denn von dort hatte die Familie die letzten Nachrichten von Maman und Papa erhalten. Es war ein Brief vom September 1939 gewesen, in dem meine Eltern ihren Familien mitgeteilt hatten, wo wir geblieben waren. Aber vor allem dachte Papa an Tante Sophie und Jeannette. Er war entschlossen, sie zunächst einmal in Toulouse ausfindig zu machen und dann erst nach Paris zurückzukehren.

Im Februar 1946 hatten meine Eltern alles vorbereitet, um Arthès zu verlassen. Unsere geschnürten Bündel waren erbärmlich klein; nach fünf Jahren im Untergrund war von unseren Besitztümern fast nichts mehr übrig geblieben. Die Fedous, die Valats, die Kahns, der protestantische Pfarrer und selbst der Aufseher der Fabrik Sauts du Tarn kamen, um uns auf Wiedersehen zu sagen. Als ich versuchte, mich von Emmy und Jean-Claude zu verabschieden, begann ich völlig unbeherrscht zu weinen; zwischen uns würde es immer ein ganz besonderes Band geben, obwohl wir nur selten von unserer Zeit in Sorèze sprachen. Es gab Tränen und peinliches Schweigen, als Maman und Papa versuchten, den Menschen aus dem Dorf ihre Dankbarkeit zu zeigen. Madame Valat drückte mich noch einmal auf dem Weg zur Tür; sie sagte, sie würde den Tag nie vergessen, an dem ich sie in ihrem Haus besucht hätte.

Wir winkten unseren Freunden zu, während der klapprige Bus losfuhr. Ich schaute aus dem Fenster, hatte einen Kloß im Hals und versuchte, meine Tränen zurückzuhalten; irgendwie hatte ich Angst, das Dorf zu verlassen, teilweise aus Furcht vor dem, was wir in Toulouse und Paris vorfinden würden. Zudem trennte ich mich von Freunden, die mich von Herzen liebten und die für mich gesorgt hatten. Als wir in Albi in den Zug gestiegen waren und Fensterplätze gefunden hatten, nahm Papa unsere Hände, Mamans und meine, und hielt sie fest, als wolle er sagen: „Was immer uns von nun an bevorsteht, wir werden es zusammen bewältigen."

Der Zug war voll besetzt; viele der Reisenden waren Flüchtlinge auf dem Rückweg nach Toulouse oder Paris. Die meisten reisten allein; außer uns gab es nur noch wenige Familien im Zug, und ich weiß noch, wie die anderen Fahrgäste uns verwirrt anschauten. So selten war es damals, Menschen zu sehen, die es irgendwie geschafft hatten, zusammenzubleiben.

Unsere erste Zwischenstation war Toulouse. Über das Rote Kreuz hatte der protestantische Pfarrer Onkel Heinrichs Familie ausfindig machen können und Papa am Tag vor unserer Abreise in Arthès eine Adresse auf einen Zettel geschrieben. Als wir in Toulouse ankamen, mussten wir ein Stückchen gehen, bis wir die richtige Adresse gefunden hatten. Dort wohnte ebenfalls eine jüdische Familie, nämlich die von Jeannettes bester Freundin.

Unser Wiedersehen mit meiner Cousine war tränenreich und erschütternd. Der Vater von Jeannettes Freundin brachte uns in ein nur spärlich möbliertes Zimmer. Wir hatten einige Stunden Zeit, um mit Jeannette allein zu sprechen. Die ersten paar Minuten verstrichen fast vollständig in Schweigen; uns allen fiel es schwer zu reden. Jeannette war mager geworden und hatte dunkle Ringe unter den Augen. Sie erzählte Maman und Papa, dass Tante Sophie verhaftet worden sei.

„Oh nein!", rief Maman.

„Unmittelbar, bevor der Süden befreit wurde", erklärte Jeannette mit schwacher Stimme. „Ich war mit Maman ausgegangen, um etwas zu essen zu besorgen. Wir hatten fast nichts mehr und versuchten gerade, etwas zu essen zu kaufen. Wir wussten, dass wir nur von drei bis vier Uhr nachmittags einkaufen durften und dass wir weder in ein Kaufhaus noch in ein Geschäft gehen durften. Aber an dem Tag machten die Deutschen auch Kontrollen auf den Straßen, und zwei Soldaten hielten Maman an. Sie wollten ihren Ausweis sehen und beschuldigten sie, in einem Kaufhaus gewesen zu sein, was wir aber nicht waren. Außerdem war es drei Minuten nach vier.

„Nachdem sie sich Mamans Ausweis und meinen angesehen hatten", fuhr Jeannette fort, sagten sie: ‚Diese Papiere sind gefälscht', und verhafteten Maman an Ort und Stelle."

Mir kamen die Tränen, und ich lief hinüber zu Jeannette. Ich weinte um sie, erinnerte mich daran, wie ich mich in Sorèze ohne meine Maman gefühlt hatte, wusste aber nicht, wie ich sie trösten sollte.

„Sie sagten mir, ich solle heimgehen", fuhr Jeannette fort, „und auf Maman warten. Sie sagten, sie würde am nächsten Tag wieder da sein, aber sie kam nicht mehr zurück. Jeden Tag, wochenlang, bin ich zum Roten Kreuz gegangen, um etwas zu erfahren, aber sie konnten mir nicht weiterhelfen.

„Dann, letzte Woche endlich", setzte Jeannette zögernd hinzu, „setzten sie sich mit mir in Verbindung und sagten, sie hätten Informationen über Maman und Papa. Als ich hinging, sagten sie mir, Maman sei zuerst zur Caserne de Caffareli gebracht worden, einer Kaserne, wo sie eine Weile blieb, und dann habe man sie nach Auschwitz deportiert, wo sie bis zur Befreiung überlebt habe. Aber im Zug ..." Jeannette schluchzte und konnte nicht weitererzählen.

„Im Zug", sagte sie nach einem kurzen Augenblick, „ist sie dann an Typhus gestorben. Sie starb in dem Zug, der sie zu mir zurückbrachte!"

Das war für uns alle zu viel. Ich erinnere mich noch, dass auf dem Bücherregal eine Uhr stand, so ähnlich wie die auf dem Bücherschrank der Mutter Oberin in ihrem Büro in Sorèze, und dass man nur noch das Ticken dieser Uhr und unser aller Schluchzen hörte. Maman hielt Jeannette in den Armen und versuchte, sie zu trösten. Papa versuchte sie zu überreden, mit uns nach Paris zu kommen, aber Jeannette war entschlossen, in Toulouse bei ihren neuen Freunden zu bleiben.

Nach einiger Zeit mussten wir zurück zum Bahnhof. Papa dankte dem Mann, der sich um Jeannette kümmerte, und versprach, mit ihr in Verbindung zu bleiben. Sobald er dazu in der

Lage sei, würde er Geld für sie schicken. Ich klammerte mich an Jeannette, als wir uns verabschiedeten; ich dachte daran, wie glücklich sie 1942 mit ihren vielen Freunden in Toulouse gewesen war. Jetzt, nur ein paar Jahre später, hatte sich alles völlig verändert: Sie war gebrochen, verängstigt und hilflos.

Am frühen Morgen fährt der Zug in den Gare d'Austerlitz ein. Für mich ist es das erste Mal, dass ich in Paris eintreffe. An das Paris von 1939 habe ich keinerlei Erinnerung. Die Stadt ist kalt und grau. Wie dunkel Paris ist, denke ich, so dunkel verglichen mit dem warmen Süden, mit Arthès. Maman und Papa sprechen kaum ein Wort, während wir auf dem Bahnhof stehen und uns an die Umgebung zu gewöhnen versuchen. Ich bemerke, wie angespannt meine Eltern sind. Aber Papa weiß, wo wir hinmüssen. Um uns herum sehen wir überall sehr dünne Menschen. Maman sagt, diese armen Leute hätten vier Jahre Besatzung durch die Nazis in Paris überstanden und seien total verarmt. Papa hat einen Zettel, auf dem die Adresse steht. Dort müssen wir hingehen, und zwar zu Fuß. Es gibt weder Taxen noch Busse. Wir gehen ziemlich lange. Aber das sind wir ja gewohnt.

Die Adresse lautet 176 Rue du Temple. Dort werden wir wohnen. Wir gehen durch einen braunen Torbogen; links in der Hofeinfahrt befindet sich der Hauseingang. Maman führt mich die ausgetretenen Stufen zum Erdgeschoss hinauf. Ein Fenster geht zum Hinterhof hinaus. Wir wohnen im Erdgeschoss.

In unserer Wohnung stehen ein Tisch und drei Stühle. Es gibt zwei alte Betten. Im Schrank finden wir drei Teller, drei Tassen, drei Löffel, Gabeln und Messer. Sie sind uns von der O.S.E. (Oeuvre de Secours aux Enfants) zur Verfügung gestellt worden. In der Apotheke der O.S.E. bekomme ich auch Spritzen und werde medizinisch behandelt, weil ich im Untergrund gelebt habe. Ich habe Angst vor den Spritzen, aber Papa sagt, ich sei zu schwach und brauche sie, und alle würden dort freundlich zu mir sein.

Später gehen Maman und ich an Häusern vorbei, die teilweise zerstört sind, an Straßen, die abgeriegelt sind. Wir haben Rationierungskarten. Auf meiner steht „J-3“, weil ich über sechs Jahre alt bin. Jeden Morgen geht Papa zum Markt und versucht, seine Waren zu verkaufen – meistens strapazierfähige waschbare Stoffe. Mehr können wir im Augenblick nicht unternehmen. In den Läden kann man jetzt wieder Hemden, Schlafanzüge und Unterwäsche kaufen, aber das kostet Maman eine ihrer Textilkarten. Jeder Kunde darf nur einen Artikel kaufen, und die Kunden sind böse darüber.

Wir erfahren, dass es ringsum Menschen gibt, die Juden bei der Gestapo denunziert haben. Jemand sagt Maman im Hof, sie solle nicht beim Bäcker an der Ecke kaufen und auch nicht in dem Milchladen auf unserer Straße. „Sie haben während des ganzen Krieges Juden denunziert“, sagt man uns.

Ich gehe zur Grundschule. Auf dem Spielplatz nach der Schule werde ich „sale juif“ genannt, also: „dreckiger Jude“. Jetzt erfahre ich, was Antisemitismus bedeutet. Ein Klassenkamerad nimmt mir mein Brot weg, ohne dass der Lehrer irgend etwas deswegen unternimmt. Ich komme tränenüberströmt zu Maman nach Hause. Sie ist wütend. Es gibt so wenige jüdische Kinder, mit denen ich mich anfreunden kann. Am wichtigsten ist ihr, dass ich meinen Glauben kennen lerne und keine Angst mehr davor habe. Ich trete „Les Petites Ailes“ (den Kleinen Flügeln) bei. Das ist eine jüdische Pfadfinderorganisation. Wir machen am Wochenende Ausflüge und werden im Sommer zelten. Raymonde ist ebenfalls Mitglied geworden. Unsere Gruppenleiterin ist fünf oder sechs Jahre älter als wir und wird „Caiman“ oder Krokodil genannt. Alle Gruppenleiter tragen Tiernamen. Jahre Später wird Raymonde Caiman in einem Country Club wiedertreffen und erfahren, dass Caiman, genau wie ich, Ruth heißt und zusammen mit ihrer Mutter eine Überlebende des Warschauer Ghettos ist.

Ich habe nur jüdische Freundinnen. Ich warte immer noch

auf Nachricht von Onkel Heinrich. Niemand spricht je über ihn. Ich glaube, Papa weiß, was mit ihm geschehen ist, aber er will es uns nicht sagen.

Ende 1946 meldet sich das Rote Kreuz bei Maman.

Man hat Mamans Vater und ihre Stiefmutter, die im Konzentrationslager Theresienstadt gewesen sind, identifiziert. Sie leben und werden zu uns kommen, um bei uns zu wohnen. Maman versucht, in unserer kleinen Wohnung etwas Platz für sie zu schaffen. Sie macht sich Sorgen, dass sie nicht genug zu essen für sie haben wird. Eines Abends erklärt sie mir ganz offen, wie meine Großeltern aussehen werden: „Ich will dich nicht erschrecken, Renée, aber du musst versuchen, dich durch ihr Äußeres nicht erschüttern zu lassen. Sie haben Furchtbares erlebt und hatten kaum etwas zu essen. Wir können uns gar nicht vorstellen, wie schlimm sie es hatten..."

Es dauert noch einige Tage, bis meine Großeltern kommen. Ich versuche, nicht daran zu denken. Ich gehe zur Schule und spiele bei den Pfadfindertreffen mit meinen Freundinnen. Maman nimmt mich mit zum Einkaufen in die Rue de Rosiers, wo man koschere Lebensmittel kaufen kann.

Eines Nachmittags, als ich aus der Schule heimkomme, treffe ich Maman und Papa nicht an. Sie haben die Tür für mich unverschlossen gelassen und auf dem Tisch liegen Bonbons. Ich gehe nach draußen auf den Hof, um seilzuspringen. Jedes Geräusch hallt hier von den hohen Wänden der umstehenden Häuser wider. Ich bin immer noch allein, als sie eintreffen. Ich sehe sie langsam durch die Hofeinfahrt kommen. Papa führt meinen Großvater am Arm, und Maman stützt meine Großmutter. Sie wirken sehr alt. Unter den Augen haben sie dunkle, rötliche Ringe. Es sind die dünnsten Menschen, die ich je gesehen habe. Maman ruft mich.

Ich lasse das Springseil fallen und laufe ihnen entgegen. „Das ist Ruth", sagt Maman. Mein Großvater lächelt. Ich weiß nicht genau, was ich tun soll, also drücke ich sie beide. Sie halten mich fest, als sei es Jahre her, dass irgend jemand sie mit freundlicher Absicht berührt habe.

Maman kümmert sich um meine Großeltern. Sie gibt ihnen von ihrem Essen ab, ohne dass sie es merken. Sie sprechen niemals über das Konzentrationslager, wenn ich in der Nähe bin. Als ich Maman nach dem Grund dafür frage, sagt sie: „Sie sind alle so zerstört, Ruth." Sie ist wieder dazu übergegangen, mich Ruth zu nennen.

Onkel Oscar und Tante Hanna wohnen nicht weit von uns. Wir besuchen sie oft. Onkel Oscar nimmt schließlich die Produktion von Regenbekleidung wieder auf, und Papa schließt sich ihm in einer ähnlichen Branche an. Jeden Morgen setzen sie unten im Hof die Regenmäntel zusammen. Dort gibt es Ständer über Ständer mit Regenmänteln.

Ich bin inzwischen acht Jahre alt. Nachmittags gehe ich zu den Pfadfindern. Ich erzähle all meinen Freunden von meinen Großeltern und deren Schicksal. Allen tut es für uns leid. Ich glaube immer noch, dass Onkel Heinrich bald zurückkommt und dass ich dann nie mehr einsam sein werde. Er wird mir wieder vorlesen und im Hof mit mir spielen. Ich werde all meinen Freunden erzählen, wie Onkel Heinrich aus dem Lager zurückkam.

Meine Schule ist die „école primaire", aber ich gehe nicht gerne hin. Wenn ich meine Arbeiten zurückbekomme, sind sie unkommentiert und unbenotet. Es ist, als sei ich gar nicht richtig in der Schule, als existiere ich nicht. Aber die anderen Schüler – die nicht „Cohen" oder „Levi" heißen, haben allerhand Anmerkungen in ihren Arbeiten stehen, vor allem, wenn es sich um jemanden mit einem vornehmen Namen handelt, mit einem „de" darin. Der Lehrer lässt sie in einem solchen Fall vor der Klasse aufstehen und fragt, wie jemand mit solch einem Namen so eine schlechte Arbeit schreiben kann: „Comment? Avec un nom pareil! C'est inexcusable, impardonable!" Das scheint diesen Schülern aber nicht peinlich zu sein; es ist fast eine Art Schmeichelei für sie. Ich will meinen falschen Namen behalten.

Wenn die Post kommt, stehen Maman und Papa immer an der Tür und sehen sofort alles durch. Eines Nachmittags haben sie beide etwas bekommen. Es sind Briefe vom Roten Kreuz. Maman und Papa setzen sich auf die Stühle und öffnen langsam die Umschläge. Papa braucht lange, um zu lesen, was darin steht. Es sind mehrere Formulare. Maman verbirgt ihr Gesicht in den Händen.

Dann bricht auch mein Vater zusammen.

Er versucht gar nicht, der Tränen Herr zu werden, die ihm übers Gesicht strömen. Er schluchzt laut. Was er in Händen hält, bestätigt ihm das Schicksal seiner in Deutschland verbliebenen Familie. Onkel Heinrich ist zuerst im Camp du Vernet interniert worden, bevor man ihn deportierte. Dann ist er, genau wie Sittie, Hettie und die Mutter meines Vaters, in Auschwitz vergast worden. Sie sind bereits seit vier Jahren tot. Mamans Schwester, Lottie, ist ebenfalls umgekommen. Sie werden nie mehr zurückkommen.

An diesem Abend herrscht in unserer Wohnung ein drückendes Schweigen. Wir sprechen Gebete für unsere Familienangehörigen, die eines solch furchtbaren Todes gestorben sind. Papa spricht nicht mehr. Ich weine im Bett um meinen Lieblingsonkel, mit dem ich nie mehr reden werde. Jedes Mal, wenn ich die Augen schließe, habe ich die schreckliche Vision, wie Onkel Heinrich in etwas gezwängt wird, was man eine Gaskammer nennt. Maman kommt zu mir herein. „Was ist nun mit Jeannette?“, frage ich sie. Sie hat jetzt niemanden mehr.

Maman schüttelt nur den Kopf. „Wir werden ihr irgendwie helfen“, sagt sie.

Einige Zeit, nachdem wir von Onkel Heinrichs Schicksal erfahren haben, sitze ich im Parc Louis XIII auf einer Bank, mache meine Schularbeiten und warte darauf, dass mein Pfadfindertreffen beginnt. Ich sehe zwei kleinen Mädchen zu, die sich am anderen Ende des Parks einen Ball zuwerfen. Sie wirken glücklich und sind ganz in ihr Spiel vertieft. Während sie den Ball hin- und herwerfen, singen sie zusammen ein Lied. Schließlich stehe ich auf und will den Park verlassen; auf dem Weg zum Tor sehe ich ein Buch, das mit dem oberen Buchdeckel nach unten im Gras liegt. Der Einband ist rot und kommt mir vage vertraut vor. Ich denke, dass eins der Mädchen es aus seiner Tasche verloren hat; also hebe ich es auf, um es zurückzugeben. Als ich es aufschlage, erblicke ich ein bekanntes Bild und die Worte, die ich schon so lange auswendig kenne. Es ist die französische Fassung des „Rotkäppchens", das Märchen, das Onkel Heinrich mir in Toulouse fast jeden Nachmittag vorgelesen hat. Ich kenne es auswendig. Trotzdem lese ich es jetzt noch einmal. Mit Tränen in den Augen sitze ich im Park und versuche, den Weg zurück nach Toulouse zu finden, den Weg in die Zeit, bevor uns all die schlimmen Dinge zugestoßen sind.

Nur für einen Augenblick bin ich dort, sitze auf Onkel Heinrichs Schoß und lache.

Nachwort

Erst nach Kriegsende begriff ich, was ein großer Teil des französischen Volkes während der Besatzungszeit getan hatte. Aufgrund unserer Erfahrungen in Südfrankreich hatte ich geglaubt, dass neunzig Prozent der Franzosen dem Widerstand angehört hatten. Wie sehr ich mich geirrt hatte.

Trotz aller Angst, die wir ausgestanden hatten, während wir uns die Kriegsjahre über vor der französischen Polizei und den Nazis verstecken mussten, lernte ich den offenen Antisemitismus erst kennen, nachdem ich mit meinen Eltern nach Paris zurückgekehrt war. So viele Franzosen hatten mit den Besatzern kollaboriert, dass bis zur Befreiung Frankreichs achtzigtausend Juden deportiert worden waren.

Paris befand sich 1946 noch in einem Schockzustand; niemand wusste recht, was er machen sollte, wie er wieder zu einem normalen Leben zurückfinden sollte. Viele Leute setzten einfach ihr unmenschliches Verhalten fort, das sie während der Besatzungszeit gezeigt hatten. Sie weigerten sich, Wohnungen, Firmen oder ehemals jüdisches Eigentum, das nun von den rechtmäßigen Eignern zurückverlangt wurde, wieder herauszugeben. Kleine Händler machten die Juden für ihre wirtschaftlichen Schwierigkeiten verantwortlich; die Schwarzmarkthändler konnten die Juden nicht ausstehen, weil ihre eigenen korrupten Machenschaften mit der Befreiung Frankreichs ein Ende gefunden hatten und sie die Menschen nicht weiter übervorteilen konnten.

Wie lässt es sich erklären, dass wir in Südfrankreich von den Menschen, die wir dort kennen lernten, ganz anders aufgenommen wurden? Warum waren dort so viele bereit, ihr eigenes Leben zu riskieren, um für die Résistance zu arbeiten und jüdischen Familien Zuflucht zu gewähren? Viele Juden, die die Besatzungszeit in Frankreich überlebt haben, verdanken ihr Leben diesen unbeirrbaren Leuten vom Land, die die Bedeutung der Worte „Jude" und „Antisemitismus" buchstäblich nicht kannten. „Qu'est-ce que c'est au juste un juif?", fragten sie Papa oft. „Was ist denn nun eigentlich ein Jude?'

Ende der sechziger Jahre begleitete mich Harry, mein Mann, nach Südfrankreich. Ich erkundigte mich im Bureau du Tarn nach den Familien Fedou und Valat, und dann führte uns unser erster Weg nach Arthès. Das Dorf hatte sich in der Zwischenzeit nicht sehr geändert, obwohl mir die Proportionen jetzt anders vorkamen. Die Häuser waren lange nicht so hoch, wie sie mir früher erschienen waren. Dort, wo früher die Latrinen waren, in denen sich mein Vater einmal versteckt hatte, standen nun Wohnungen. Wir fanden die Wohnung, wo ich mich mit meinen Eltern versteckt hatte, und dort entdeckten wir auch Andrée Fedou. Sie wohnte mit ihrer eigenen Familie im Obergeschoss. Wir konnten die Tränen nicht zurückhalten, als sie mich erkannte und ich sie. Worte waren nicht nötig; zwischen uns bestand noch immer eine tiefe Verbindung. Ich lernte Andrées fünfzehnjährige Tochter kennen und stellte ihr meinen Ehemann vor.

Lucette Fedou wohnte inzwischen in St. Juéry. Sie hatte schon vor langer Zeit geheiratet und eine Familie gegründet. Nun lud sie alle Fedous zu sich nach Hause ein und gab eine Feier für uns. Lucette, so erfuhren wir, war inzwischen Großmutter und Madame Fedou Urgroßmutter. Die Feier war mehr wie ein Wiedersehen von Freunden, die sich lange aus den Augen verloren hatten, als ein Wiederaufleben vergangener Ereignisse. Wir redeten nicht viel über die Kriegsjahre, sondern darüber, was seither passiert war. Die Fedous freuten sich für mich und waren ganz hingerissen, meinen amerikanischen Mann kennen zu lernen!

Es kam den Fedous gar nicht in den Sinn, jemals zu erklären, was sie getan hatten, warum sie ihr Leben riskiert hatten, um meine Familie zu schützen. Für sie war das ganz selbstverständlich. Sie können wahrscheinlich bis heute nicht verstehen, warum so viele andere bestenfalls gleichgültig geblieben waren und schlimmstenfalls mit den Nazis kollaboriert hatten.

Während meines Besuchs bei den Fedous stieg eine Flut von Erinnerungen in mir auf. Für mich hatte sich ein Kreis geschlossen, und dieser Besuch in den beiden Dörfern Arthès und St. Juéry stellte einen gewissen Abschluss dar. Ich erlebte noch einmal, wie ehrlich und aufrichtig diese Menschen waren, und verspürte einen Frieden und eine Dankbarkeit, die mir lange nicht zugänglich gewesen waren.

Ihre für sie ganz selbstverständliche Tapferkeit, die sie Tag für Tag gelebt hatten, erwuchs aus dem Diktat des kollektiven Gewissens der Dorfbevölkerung. Sie war nicht unbedingt durchdacht, man sprach noch nicht einmal darüber. Wo Not am Mann war, halfen sie ganz einfach. Die Menschen von Arthès, ganz gleich, ob sie nun Gaullisten, Christen, Kommunisten oder Sozialisten waren, wussten aus ihrer gemeinsamen Geschichte, was Verfolgung bedeutet. Ihre Vorfahren hatten unter der Ungerechtigkeit des Feudalsystems gelitten, unter der Kirche und auch unter den Verhältnissen im 19. und 20. Jahrhundert. Vielleicht waren diese Erfahrungen der Grund, weshalb sie ein besonderes Verantwortungsgefühl entwickelten, als sie mit den Schrecken des Holocaust konfrontiert wurden. Das Leiden der Juden, das sie unmittelbar miterlebten, war eine Realität, auf die sie beinahe instinktiv reagierten. Vielen dieser wahrhaft vornehmen Menschen wurde ihre praktische Humanität zum Verhängnis.

Dieses Buch ist nicht nur eine persönliche Chronik, sondern auch ein Zeugnis des natürlichen Heldentums dieser Menschen. Ihre Taten, die so vielen Unschuldigen zugute gekommen sind, haben uns ein Vermächtnis hinterlassen, das wir in Ehren halten müssen und das, wenn es erfüllt wird, dazu beitragen kann, dass sich die schrecklichen Ereignisse in der Zukunft nie wiederholen werden.

Ruth Kapp Harz

Die deutsche Besetzung Frankreichs

Noch vor der Besetzung Frankreichs durch die Deutschen erreichten die Juden in Frankreich Gerüchte und Berichte über die Pogrome der Reichskristallnacht vom November 1938. Nachdem Ernst von Rath, der dritte Sekretär der Deutschen Botschaft in Paris, von Herschel Grynszpan (einen jungen polnischen Juden, dessen Eltern und Familie in ein polnisches Lager deportiert worden waren und der selbst in Paris lebte)[1] ermordet worden war, übten die Nazis grausame Vergeltung an den sechshunderttausend Juden in Deutschland. Parteifunktionäre der NSDAP organisierten antijüdische Demonstrationen, die von SS-Männern und anderen Parteimitgliedern durchgeführt wurden – in Zivil, damit man sie nicht als Nazis erkennen konnte.

Am Abend des 9. November bis zum Morgen des 10. November wurden in ganz Deutschland Synagogen geschändet und niedergebrannt, Geschäfte zerstört, Schaufenster eingeschlagen und Wohnungen ausgeraubt und geplündert. Viele Juden, reiche wie arme, junge wie alte, wurden brutal ermordet; andere wurden verletzt oder an Ort und Stelle verhaftet. Inhaber von Läden und Geschäften, deren Häuser und Besitz in Brand gesteckt worden waren, fanden keinen Beistand. Die „spontanen Aktionen" wurden so rasch durchgeführt und erfassten ganz Deutschland in einer solchen Welle des Zorns, dass man von Anfang an nicht glauben mochte, dass die Kristallnacht nicht Tage oder gar Wochen der Vorbereitung bedurft hätte.[2]

Die Gewaltakte im Rheinland, der Heimat von Ruths Eltern, waren von unvergleichlicher Brutalität gewesen, denn dort sollte von Raths Beerdigung stattfinden. Die Brandstiftungen an jüdischen Häusern, Schulen, Geschäften und Synagogen gingen weiter. Tausende jüdischer Männer aus Mittel- und Süddeutschland wurden in die Konzentrationslager Dachau, Buchenwald und Sachsenhausen gebracht. In diesen Lagern entledigte sich der Nationalsozialismus seiner Gegner; Dachau, das erste Lager, war 1933 eingerichtet worden.

Nachdem Adolf Hitler in Deutschland Reichskanzler geworden war, flüchteten Juden in großer Zahl nach Frankreich. Hunderte jüdischer Familien zogen dann später weiter nach Süden, in den noch nicht besetzten Teil Frankreichs. Die Regierung Vichy behauptet, dass diese ausländischen Juden den Franzosen ihre Arbeit wegnähmen und ihre Geschäfte schädigten. Der Plan der Vichy-Regierung war, alle ausländischen Juden aus dem nicht besetzten Teil Frankreichs in den von den Deutschen besetzten Teil auszuweisen; dort würden sie nicht länger ein Problem sein, mit dem sich Pétain und seine „Marionettenregierung" auseinandersetzen musste. Stattdessen würden ihnen dort Verhaftung und Deportation durch die Deutschen drohen. Deren Ziel war es, Europa von den Juden zu „reinigen".[3]

Im August 1940 wurde die Grenze zwischen dem besetzten und dem unbesetzten Teil Frankreichs geschlossen, so dass die Juden nicht mehr frei in den nicht besetzten Landesteil reisen konnten. Um dorthin zu gelangen, war nun ein nichtjüdischer Führer, ein „passeur", nötig, der für seine Dienste gewöhnlich schwindelerregende Summen verlangte. Viele Juden konnten dieses Geld nicht aufbringen.

Am 7. Dezember 1941 begann für die Juden in Europa Hitlers „Endlösung"; es war der gleiche Tag, an dem die Japaner in Pearl Harbour die Flotte der Vereinigten Staaten angriffen. An diesem Tag wurden siebenhundert Juden in ein Todeslager bei Chelmno in Polen deportiert.[4] Die Nachricht vom Kriegseintritt der Vereinigten Staaten ließ die Juden hoffen, dass der

Krieg nicht mehr lange dauern werde und dass ein Sieg der Alliierten nun fast sicher war. Aber diese Hoffnung wurde bald durch Berichte zunichte gemacht, die selbst in die entlegensten Dörfer in Südfrankreich drangen – Berichte über weitere Gewaltakte und Gräueltaten der Nazis. Im Dorf wurde bekannt, dass in Paris im Dezember mehr als vierzig polnische Juden wegen Widerstandaktivitäten erschossen worden waren. Im März 1942 waren Juden aus dem Rheinland mit einem Zug an einen unbekannten Bestimmungsort im Osten gebracht worden. In Paris waren über tausend Juden verhaftet, in einem Straflager bei Compiègne gefangen gehalten und dann Ende März „in den Osten" deportiert worden.[5] Niemand wusste, was aus den Menschen wurde, die deportiert worden waren.

Im Januar 1942 gab es zwischen dreihunderttausend und dreihundertfünfzigtausend Juden in Frankreich, von denen die Hälfte als Ausländer galten.[6] Nach der Wannseekonferenz am 20. Januar 1942 drohte allen Juden Europas die völlige Vernichtung durch die Nazis. Nach Statistiken, die auf der Konferenz präsentiert worden waren, sollten elf Millionen Juden „in den Osten" umgesiedelt werden. Während Einzelheiten über die „Endlösung" strengstens geheim gehalten wurden[7], kursierten selbst im nicht besetzten Teil Frankreichs entsetzliche Gerüchte darüber, was man mit den gefangen genommenen Juden machte. Berichte über die schreckliche Razzia im Velodrôme d'Hiver in Paris am 16. Juli 1942 schürten die Angst. An jenem Tag waren in Paris etwa 13 150 Juden wie Vieh zusammengetrieben worden. 8160 von ihnen wurden in der großen Sporthalle, dem Velodrôme d'Hiver, festgehalten. Von dort aus wurden ungefähr 4000 Eltern mit ihren Kindern in verschiedene Lager geschickt, von denen aus die Eltern und älteren Kinder deportiert, die jüngeren Kinder aber Mitte August in ein unfertiges Gebäude in Drancy zurückgebracht und von dort in der Zeit vom 20. bis zum 31. August deportiert wurden.[8]

Selbst gegen Ende des Krieges, als die Deutschen sich bereits zurückzogen, gingen die Gräueltaten weiter, zu denen auch das Massaker von Oradour-sur-Glane am 10. Juni 1944 gehört. Die Deutschen übten Vergeltung für Partisanenangriffe auf SS-Verbände, die vom Südwesten in die Normandie verlegt wurden, nachdem dort am 6. Juni 1944 die Alliierten gelandet waren. Sie besetzten das Dorf Oradour-sur-Glane und erschossen alle Männer, die sie dort vorfanden. Dann trieben sie fast fünfhundert Frauen und Kinder in die katholische Kirche, schlossen sie dort mit dem Dorfgeistlichen, dem Abbé J. B. Chapelle, ein und verbrannten sie bei lebendigem Leibe. Als sie abzogen, waren von dem Dorf nur noch rauchende Trümmer übrig. Hunderte verkohlter Leichen wurden nach dem Massaker aus der Kirche und den Häusern überall im Dorf geborgen. Dort, wo früher einmal der Beichtstuhl gewesen war, fand man zwei kleine Jungen. Sie lagen dort Hand in Hand. Eine Frau war aus einem der Fenster der Kirche gesprungen und hatte überlebt. Sie war sechsundvierzig Jahre alt und hatte in Oradour ihren Mann, ihren Bruder, ihre beiden Söhne und ihren Enkelsohn verloren. Bis heute hat man Oradour-sur-Glane genau in dem Zustand belassen, in dem es die Deutschen 1944 zurückließen.

Die Résistance

In den kleinen Dörfern Südfrankreichs hat der Widerstand eine lange Tradition, die zurückreicht bis zu den albigensischen Häretikern Südfrankreichs und Norditaliens im zwölften Jahrhundert. Die Albigenser, die nach der Stadt Albi benannt worden sind, gehörten zu einer Sekte, die den Selbstmord und das Hungern befürworteten und es unter anderem ablehnten, Kinder zu bekommen, zu heiraten und Fleisch zu essen. Die unter dem Namen Katharer bekannte Sekte verzeichnet regen Zustrom, bis sie von der römisch-katholischen Kirche Mitte des zwölften Jahrhunderts für häretisch erklärt und in einem Kreuzzug bekämpft wurde. Um 1300 waren die Albigenser nicht nur in Frankreich, sondern überall in Westeuropa ausgelöscht worden.

Politisch stehen die Dorfbewohner traditionell den Sozialisten nahe; einer der ersten Führer der sozialistischen Partei, Jean Jaurès, kommt aus dieser Gegend. Diese Menschen haben schon seit Jahrhunderten gegen Eindringlinge gekämpft. Während der Besatzung durch die Deutschen gehörte fast jeder junge Mann in diesen Dörfern der Résistance an oder unterstützte sie auf irgendeine Weise.

Der Zweig der Résistance, zu dem die jungen Männer aus Arthès und St. Juéry gehörten, hieß „Le Réseau Garel" (der Garelkreis) und stand unter der gemeinsamen Leitung von Georges Garel, einem aus Russland stammenden Ingenieur aus Lyon, der die Juden repräsentierte und sich besonders auf Sabotage und geheime Aktivitäten verstand, der O.S.E. (Oeuvre de Secours aux Enfants) und dem Erzbischof Saliège von Toulouse, der als Vermittler zwischen der O.S.E. und den nichtjüdischen sozialen und religiösen Institutionen fungierte. Das Geld, das über die O.S.E. zur Verfügung gestellt wurde, um Flüchtlingsfamilien wie den Kapps zu helfen, kam größtenteils von den Quäkern. Allgemein geht man davon aus, dass sich 1944, gegen Ende des Krieges, die Streitkräfte des Freien Frankreich auf etwa 100 000 Mann beliefen. Sie standen aber nicht unter einer Leitung.[9] Es gab also keinen einheitlichen französischen Widerstand; die verschiedenen Zweige dessen, was man allgemein die Résistance nennt, blieben bis zum Ende des Krieges gespalten.[10]

Auch die Kirchen setzten der Verhaftung und Deportation der Juden Widerstand entgegen. Viele Pfarrer gehörten „L'Amitié Chrétienne" (Christliche Freundschaft) an, einer gemeinsam von im Untergrund für jüdische Familien engagierten Katholiken und Protestanten[11] und von Pierre Kardinal Gerlier, dem Erzbischof von Lyon getragene Organisation. Père Chaillet war der damalige Gebietsleiter.[12] Andere wiederum gehörten dem Nîmes-Kommittee an, einer Vereinigung von fünfundzwanzig sowohl geistlichen als auch weltlichen Organisationen, die sich zusammengeschlossen hatten, um allen Flüchtlingen Hilfe zu gewähren: denen, die sich in den Internierungslagern befanden, denen, die im Untergrund leben, und auch denen, die sich nicht zu verstecken brauchten.[13]

Gegen die Razzien in Paris protestierten die Kardinäle und Erzbischöfe Nordfrankreichs mit einem Brief an Marschall Pétain. Als die Verfolgung auch im Süden begann, protestierte Kardinal Saliège, der Erzbischof von Toulouse, im August 1942 als erster Bischof öffentlich gegen die Deportation der Juden.[14]

Rabbi Kaplan, der Großrabbiner in Frankreich, suchte den Kardinal von Lyon, Gerlier, am 17. August auf und berichtete ihm von der brutalen und unmenschlichen Behandlung der Juden, deren Zeuge er während einer Razzia auf einem Bahnhof geworden war. Kardinal Gerlier traf sich daraufhin sofort mit dem protestantischen Pastor Marc Boegner, einem der Geldgeber von L'Amitié Chrétienne, und die beiden kamen überein, „dem Staatsoberhaupt zu schreiben, der eine im Namen der Protestanten, der andere im Namen ‚aller Erzbischöfe der freien Zone'." Kardinal Gerlier begann sein Protestschreiben, indem er „seine Übereinstimmung mit dem offiziellen Protest aus Paris versicherte." Nach diesem Brief verringerte sich die Anzahl der Deportationen aus Frankreich, die bis dahin stetig gestiegen war, für eine Weile. Gegen Ende des Monats entschlossen sich dann der Erzbischof von Toulouse und Kardinal Gerlier von Lyon zu einem gemeinsamen Protestschreiben. Und am 23. August verlas jeder katholische Pfarrer in jeder Gemeinde der Diözese Toulouse den Brief des Erzbischofs Saliège auf der Kanzel, in dem dieser gegen die jüngsten Razzien überall in der unbesetzten Zone protestierte. Das Protestschreiben von Lyon wurde „am 6. September auf die gleiche Weise verbreitet wie zuvor das von Toulouse."[15]

Diese Protestschreiben bewirkten eine stärkere Anteilnahme der Öffentlichkeit am Schicksal der Juden. Nicht selten führten sie sogar zur öffentlichen Empörung darüber, wie man die Juden behandelte. Es folgten Debatten darüber, wie man „die Kinder retten könne; ... Gerlier war eng in diese Entwicklung einbezogen"; aber dennoch folgten am 26., 27. und 28. des Monats weitere Razzien. Sie führten zu noch massiveren Protesten – dem des Bischofs von Montauban am 30. August, dem des Bischofs von Marseille am 6. September (zusammen mit dem von Gerlier), dem des Bischofs von Albi am 20. September und des Bischofs von Bayonne am gleichen Tag. Sowohl die Schreiben von Bischof Théas von Montauban und Kardinal Gerlier von Lyon wurden von Radio London am 15. September zitiert. Trotz der immer strengeren Zensur und ungeachtet der Drohungen gegen Leib und Leben sowohl der protestantischen als auch der katholischen Geistlichen, die mutig ihre Stimme erhoben hatten, setzten sich diese Kirchenmänner weiterhin energisch für die jüdischen Kinder und deren Eltern ein. Sie bemühten sich, sie in katholischen Klöstern oder Familien unterzubringen und sie „mit falschen Papieren und allem anderen“ zu versorgen, was sie zum Überleben benötigten.[16]

Auch Organisationen wie die O.S.E. und L'Amitié Chrétienne bemühten sich, den jüdischen Kindern Zufluchtsmöglichkeiten zu verschaffen.

Die École de Sorèze im Departement Tarn war während des Krieges ein Internat, das unter der Leitung der Dominikaner stand. Sorèze war Anfang des neunzehnten Jahrhunderts gegründet worden und stand während des Krieges unter der Leitung von Père Créchet. Wie es an vielen dominikanischen höheren Schulen üblich war, kümmerten sich Nonnen um die Kapellen, die Wäsche, die Kleider und die Küche der Schule.

Den Mönchen, deren Orden sich die Erziehung der Jugend zur besonderen Aufgabe gemacht hatte, oblag an der Schule die Ausbildung und Erziehung der älteren männlichen Schüler; die Nonnen dagegen führten eine angeschlossene Waisenhausschule für jüngere Kinder. Die Nonnen in Sorèze waren spanische Angehörige des Ordens der Annunziaten, dessen Mutterhaus sich in Spanien befindet. Weil Sorèze so nahe bei Toulouse liegt, ist es wahrscheinlich, dass der Vorsteher von Sorèze der Bitte des Erzbischofs Saliège entsprach, der die Katholiken dazu aufgefordert hatte, jüdische Kinder von der Gestapo und der französischen Polizei zu beschützen.

Es sind keine Dokumente darüber erhalten, wie viele jüdische Kinder in Sorèze versteckt wurden; ein Buchhalter, der heute an der Schule arbeitet und dessen Großmutter während des Krieges als Krankenschwester in Sorèze war, erinnert sich, dass etwa zehn jüdische Kinder unter falschem Namen dort Unterschlupf gefunden hätten. Einige der Angestellten dort waren ebenfalls deutsche Juden. Nur der Geistliche des Konvents, Pater Audouard, der „Ökonom“, Père Chaillet, und die

Mutter Oberin wussten überhaupt, dass es dort jüdische Kinder gab. Die anderen Nonnen mussten annehmen, dass alle von ihnen betreuten Kinder Waisen waren. Die Kinder mussten zwar nicht zum Katholizismus konvertieren[17], aber sie wurden in den Glauben eingeführt. Weil ständig Inspektionen durch die Ortspolizei und später durch die Gestapo drohten, wurden nie mehr als zehn jüdische Kinder gleichzeitig aufgenommen.

Anmerkungen

[1]Rita Thalmann und Emmanuel Feinermann: *Crystal Night: 9–10 November 1938* (New York: Coward, McCann, and Geoghegan 1974), 33.
[2]Ebd., 66, 68.
[3]Michael R. Marrus und Robert O. Paxton: *Vichy France and the Jews* (New York: Schocken 1983), 10.
[4]Martin Gilbert: *The Holocaust: A History of the Jews of Europe during the Second World War* (New York: Holt, Rinehart and Winston 1985), 240.
[5]Ebd., 241, 307, 309.
[6] Marrus und Paxton, *Vichy France and the Jews*, xiv.
[7]Gilbert, *The Holocaust*, 281, 284, 313.
[8]Beate Klarsfeld, persönliche Auskunft, 21. Dezember 1999.
[9]Serge Klarsfeld, French Children of the Holocaust (New York: New York: New York University Press 1995).
[10]H. R. Kedward: Resistance in Vichy France (Oxford: Oxford University Press 1978), 232, 247. S. Zuccotti: The Holocaust, the French, and the Jews (New York: Basic Books, 1993), 275, 277.
[11]J. Kieval Hillel: Legality and Resistance in Vichy France: The Rescue of Jewish Children. Proceedings of the American Philosophical Society, Bd. 124, Nr. 5 (Oktober 1980): 339, 360.
[12]Nora Levin: The Holocaust – The Destruction of European Jewry 1933–1945 (New York: Schocken 1973), 435. Kieval: Legality and Resistance, 358, 360.
[13]Kilval, Lyality and Resistance, 358, 360
[14]Donald Lowrie: The Hunted Children (New York: W. W. Norton 1963), 83.

[15]Hénri de Lubac: Christian Resistance to Anti-Semitism: Memories from 1940–1944 (San Francisco: Ignatius 1990), 146–147.
[16]Ebd. 150–151, 158–159, 163.
[17]Ebd. 150–151, 158–159, 163.
[18]Levin: The Holocaust, 435. L'Amitié Chrétienne hatte versprochen, dass christliche Einrichtungen und katholische Ordensgemeinschaften, die jüdischen Kindern Unterschlupf gewährten, nicht versuchen würden, diese Kinder dazu zu bewegen, zum katholischen Glauben überzutreten.

Danksagung

Die Verfasserin möchte sich herzlich bei folgenden Personen für Hilfe und Ermutigung während der Arbeit an diesem Buch bedanken:

Milton Dank; Nora Levin, Professorin für Geschichte am Gratz College; Joan Adess Grossman; Schwester C. Chapuis, Sécrétaire de la Provinciale, Religieuses du Sacré Cœur, die uns als erste über Sorèze ins Bild gesetzt und uns mit vielen weitern Quellen bekannt gemacht hat; Schwester Françias De-Linares von Les Religieuses de Notre-Dame de Sion, die mir aus ihrer Sicht das Paris der Besatzungszeit schilderte und von ihren eigenen Anstrengungen zur Rettung jüdischer Kinder berichtete. Außerdem danken wir Madame Denise Bergon (sie wurde von Ruth interviewt), einer Schwester des Ordens von Notre-Dame de Massip in Capdenac, Frankreich. Als Ordensfrau rettete sie während des Krieges achtzig Kinder und wurde 1981 dafür geehrt. Ich bedanke mich auch bei Monsicur Sam Taub, der mir 1985 den Kontakt zum Büro der O.S.E. in Paris vermittelte.

Wir danken vor allem Madame Catherine Schulmann und Madame Samuel vom O.S.E. in Paris, die viele Stunden damit zubrachten, mit uns die Akten zu durchforschen und uns von den Aktivitäten der O.S.E. während des Krieges zu erzählen; Madame Monique Cohen, Archivarin für die Kriegsjahre der Öffentlichen Bibliothek in Toulouse; Pater Raymond Vandergrift, Archivar der Dominican College Library der Catholic Univerity in Washington, D.C.; dem Reverend Professor Henry C. Johnson, Jr., Professor für Geschichte der Pädagogik und politische Wissenschaften an der Pennsylvania State University und zwei Jahre lang Gastprofessor an der Catholic University; Bernhard Stehle für seine sorgfältige Durchsicht der Manuskripte; Madame Josette Marchez und Madame Alfred Kahn aus Alençon, die so freundlich waren, sich von mir interviewen zu lassen; Andrée Fedou, die sich in Arthès von mir interviewen ließ; und, vor allen anderen, Monsieur und Madame Benno Kapp für ihre Bereitwilligkeit, bei verschiedenen Gelegenheiten Interviews zu geben und dafür, sich vieler, oft schmerzlicher Dinge zu erinnern.

Ich persönlich möchte den Sisters of the Assumption vom Assumption Convent in Merion, Pennsylvania, für ihre Ermutigung, Gastfreundschaft und Bereitschaft danken, mich an ihren Einsichten und Überlegungen teilhaben zu lassen; Patricia und Philip Turmel, die mir in allen Computerfragen hilfreich zur Seite standen und mir im Nacken saßen, bis ich die jeweils fällige Revision des Manuskript abgeschlossen hatte; Trudy McConnell Bazemore von der Öffentlichen Bücherei von Georgetown in South Carolina für ihre Hilfe bei meinen Recherchen; und Pater John F. Bench für stete Ermutigung und Anleitung. Aber auch Julie Zimmerman von der Biddle Publishing Company danke ich; sie hat die Verdienste meiner Arbeit gewürdigt und das Manuskript einer sorgfältigen Redaktion unterzogen.

Ganz besonders möchte ich meinen Eltern danken, Patricia und Charles Cretzmeyer, denen ich zu tiefem Dank verpflichtet bin. Ohne ihr Vertrauen in mich, ihre finanzielle Unterstützung, ihre Geduld und Hilfe hätte ich dieses Buch nicht schreiben können.